江戸落語事典

古典落語超入門200席

飯田泰子　著

江戸落語事典 古典落語超入門200席……目次

はじめに

　古典落語を二百席収録する噺の事典をお届けします。演目は江戸時代の暮らしが覗ける明治期までに完成したものを中心に選びました。今では当たり前の「古典落語」という呼称は実は日が浅く、終戦後に登場したそうです。できた当時は新作といわれた、幕末から明治の巨星三遊亭円朝《さんゆうていえんちょう》作の怪談噺や『芝浜』などは、こんにちでは立派に「古典」です。

　誕生から優に四百年を超える長い時間の中で無数の噺が作られては消えて、それでも千を超えようという莫大な演目が残されています。山でいえば休火山状態の噺でも、いつ何時《なんどき》復活するかは分かりません。取り上げた二百席は、いわば「活火山」といったところです。

　掲載演目は五十音順で原則一話一頁。あらすじの他にコラム「噺の豆知識」、関連図は四百点ほど。タイトル周りには登場人物や噺の舞台の紹介欄、笑いの偏差値が一目で分かるマークを添えました。マークは爆笑、笑える、怒るぞ！、しんみり、こわい〜、不思議な気持ちの六種類（左頁参照）。

「噺の豆知識」は、例えば『明烏《あけがらす》』の落ちに欠かせない「大門《おおもん》」とはなにか、

『時そば』なら間抜けな客がしくじった訳が分かる「時の数え方」についてふれるなど、知ると楽しい豆知識を図付きで紹介しています。

なお、各章の終わりに江戸時代人の暮らしに関わる情報を「落語を楽しむ江戸の豆知識」と名付けて江戸時代の金銀銭、時刻の呼び方の仕組みなどを図版を多用して解説しました。落語体験の予習復習に便利な、早引き、早分かりの手帳としてご利用下さい。

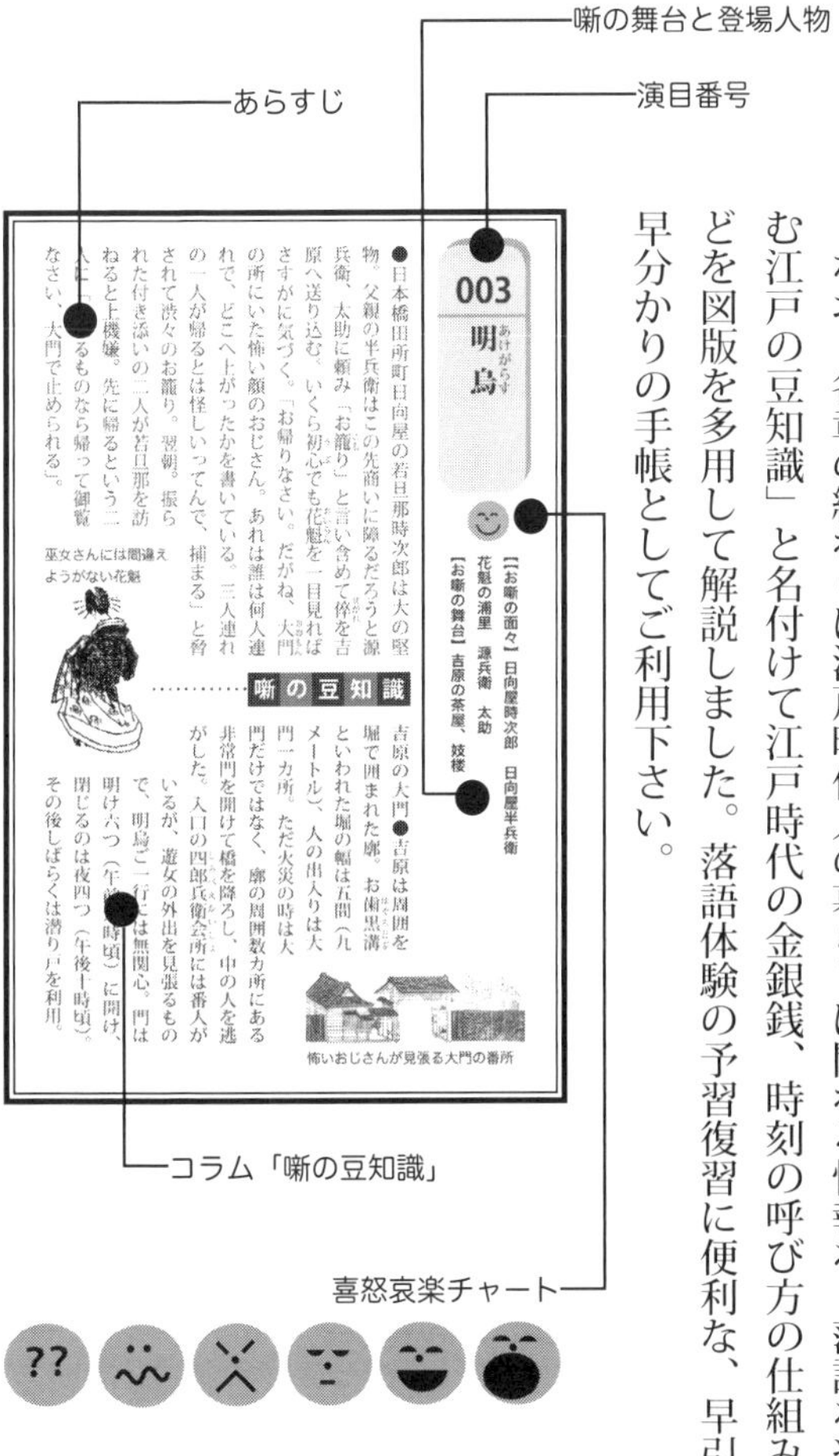

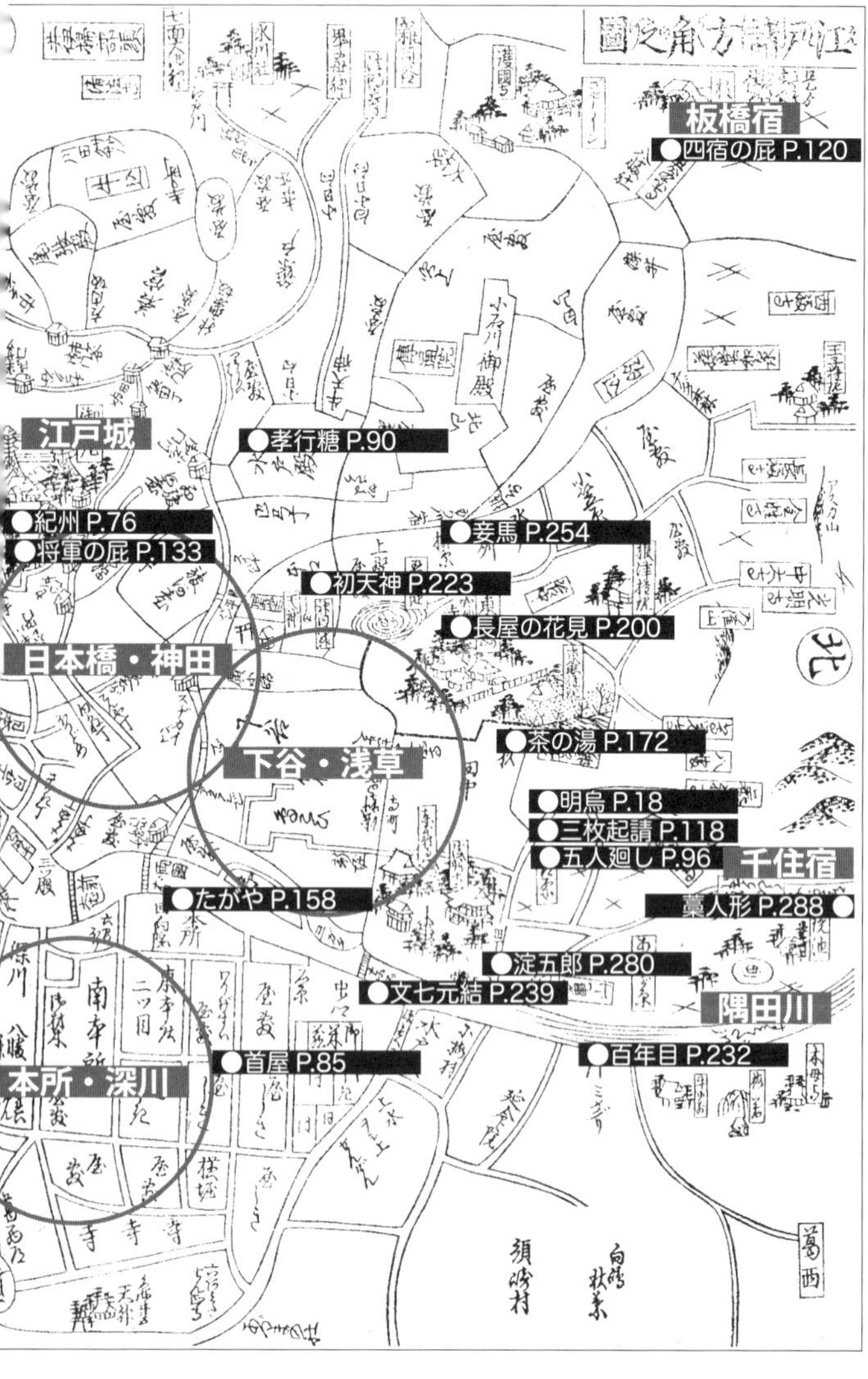

■図は江戸時代の江戸。熊さんたち長屋の住人は、主に円で囲んだ町人の町で暮らしている。街道の宿場、例えば品川宿の先は、もう町奉行の御威光が及ばない地域。江戸は意外に狭い。

『永代節用無尽蔵』掲載の御府内の図

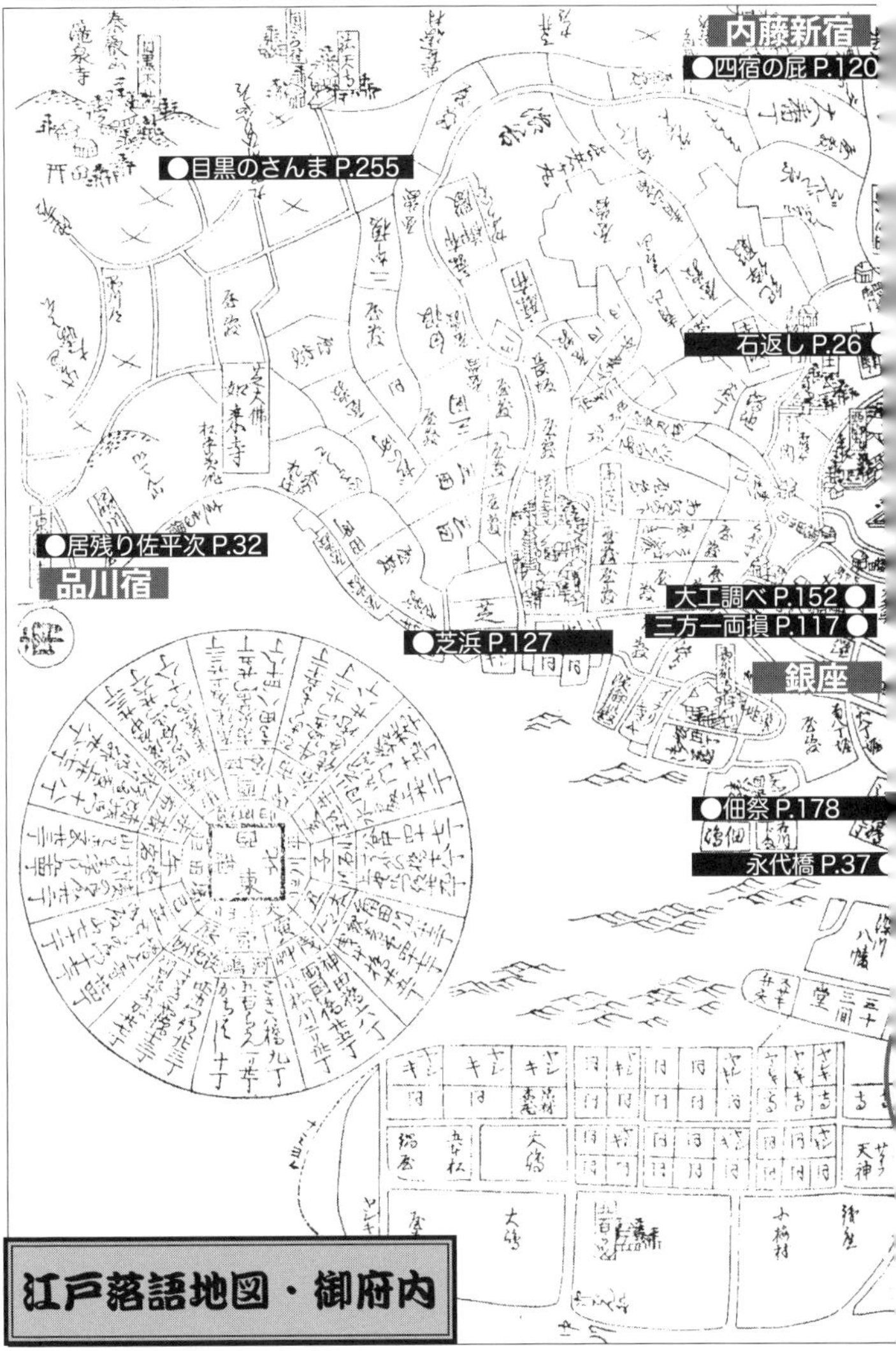

＊噺の舞台が特定されている演目をいくつか地図上に記しました。

●一眼国 P.27
●ねずみ P.211
●羽団扇 P.220
●お血脈 P.44
●愛宕山 P.19
●茶金 P.170
●そば清 P.145
●三十石 P.115
●蒟蒻問答 P.101
●鹿政談 P.119
紋三郎稲荷 P.260●
●鰍沢 P.62
●大山詣り P.42
●抜け雀 P.208
●雁風呂 P.74
●宿屋の仇討 P.268
●お神酒徳利 P.48
●竹の水仙 P.161

『萬代大雑書古今大成』掲載の日本地図

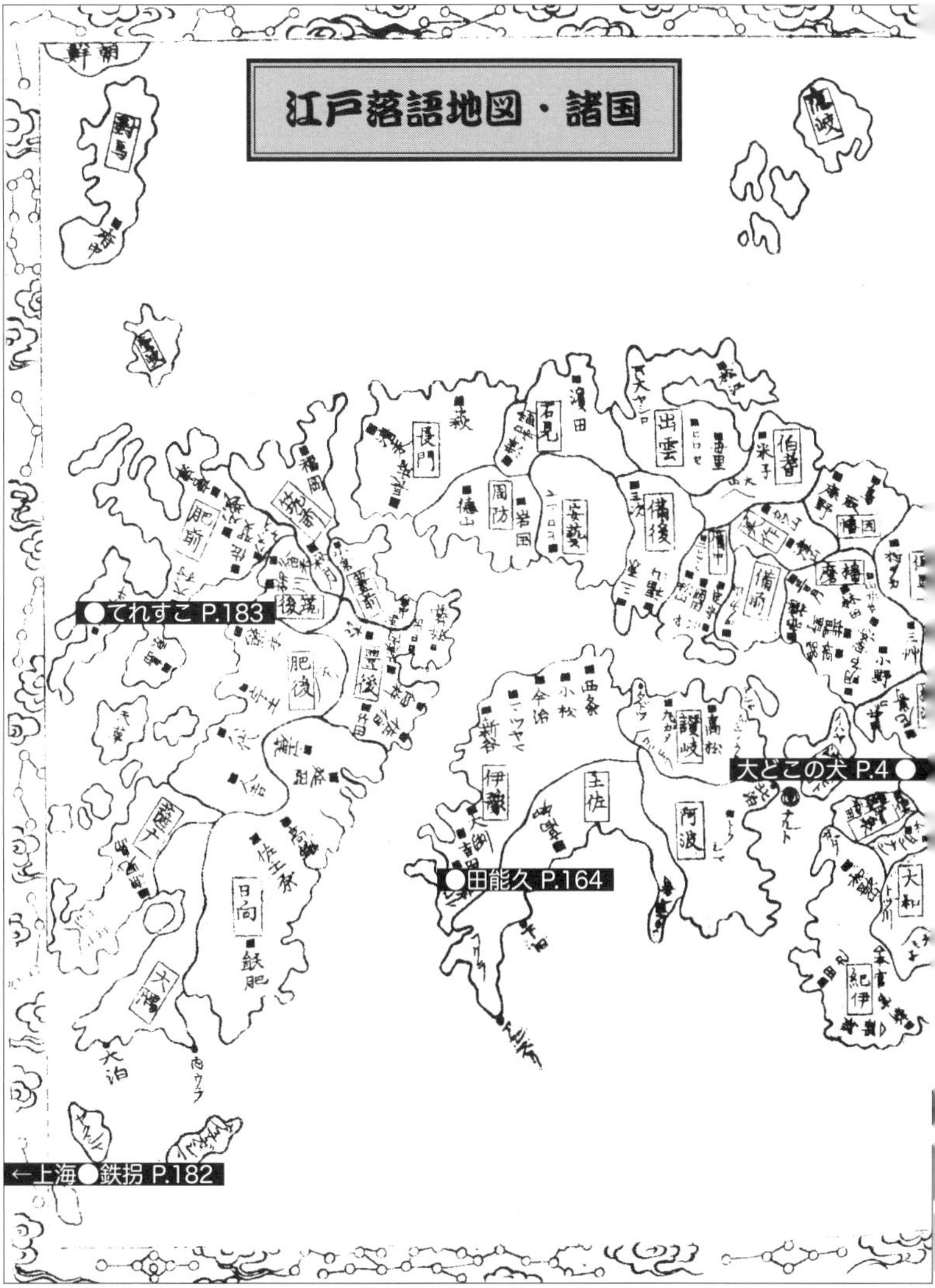

＊江戸を離れて旅をする噺などに登場する場所を図示しました。

あ

あ 青菜●あくび指南●明烏●愛宕山●あたま山●鮑のし
●按摩の炬燵 い 幾代餅●居酒屋●石返し●一眼国
●一文惜しみ●井戸の茶碗●居残り平次 う 浮世床
●牛ほめ●厩火事 え 永代橋 お 王子の狐●阿武松
●大どこの犬●大山詣り●お血脈●お化長屋●帯久
●お祭佐七●お神酒徳利●お見立て●親子酒●お若伊之助

001 青菜《あおな》

【お噺の面々】植木屋とかみさん　旦那　奥様　熊さん　【お噺の舞台】とあるお屋敷　植木屋の長屋

「植木屋さん、御酒はおあがりか」縁側で涼みがてら一杯やっていた屋敷の主が声を掛け、上方からの到来物だといって柳蔭《やなぎかげ》を振る舞った。

鯉の洗いを勧めて、「時に植木屋さん、菜はお好きかな」「へえ、でえ好きで」。そこで奥様を呼んで申し付けると「旦那様、鞍馬から牛若丸が出ましてその名を九郎判官《くろうほうがん》」「では義経《よしつね》にしておきなさい」。判じ物めいたやり取りは夫婦間の符牒だと聞いた植木屋は長屋へ帰って真似ようとする。かみさんに言い含め、押入に押込むと通りすがりの熊公を呼び止める。「あなたに御酒をご馳走しよう、鯉の洗いもお上がり」「鰯の塩焼きじゃねえか」「まあまあ……時に植木屋さん」「植木屋はお前だろ」。とても筋書き通りには運ばないが、菜の件までこぎ着けると、汗だくで転がり出たかみさんが「旦那様、鞍馬から牛若丸が出ましてその名を九郎判官義経」「うーん、弁慶にしておけ」

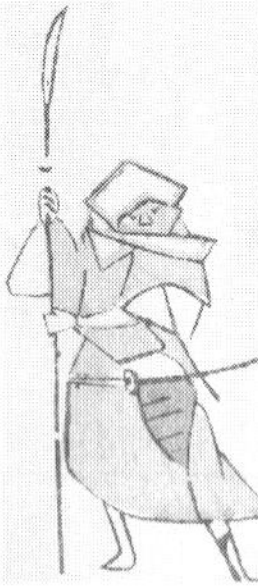
弁慶にしておけ

噺の豆知識

柳蔭●幕末の随筆集『守貞謾稿《もりさだまんこう》』に「京坂、夏月には、夏銘酒柳蔭というを専用す」とある。味醂と焼酎を半々に合せた甘口の酒で、江戸では本直しと呼ばれ、冷やして飲む。植木屋さんが水を打った庭には涼風が通り、冷酒が旦那の喉を潤す。大家《たいけ》に相応しい暑気払いの御酒。

002 あくび指南《しなん》

【お噺の面々】あくびの師匠　弟子　その友だち
【お噺の舞台】あくびの指南所

「あくび指南所」という看板が下がったとある町内。そそっかしい若いもんが嫌がる友だちに付き添いを頼んで出掛けて行った。師匠は手始めに船遊びのあくびを指南。「おい船頭さん、船を上手の方へやっておくれ。これから堀ぃ上がって一杯やって、夜は中へでも行って遊ぼうか。船もいいが一日乗ってると退屈で、退屈で……ふぁ〜ならねえ」。不肖の弟子は何遍やってもぎくしゃく。「退屈で退屈で、フンフン、ハフ……」。「どうもいけませんな。あっ、くしゃみなんかして」

そこへご友人「何が退屈だ。待ってる俺の身にもなってみろ。退屈で、退屈で……、ならねえ」「お連れの方が器用だ」

噺の豆知識

指南●南を示す指南車からきている言葉。常磐津《ときわづ》、新内《しんない》などの音曲や踊りといった遊芸を教える所を指南所、あるいは稽古屋《けいこや》といった。

長谷川町に住む常磐津師匠の歌女文字《かめもじ》（百川258頁）、踊りの師匠板東お彦（派手彦224頁）を始め、噺には横町の艶っぽい女師匠がよく登場する。あくび伝授の教材の台詞「堀ぃ上がって一杯やって」の堀は吉原（中）への入口、山谷堀のこと。

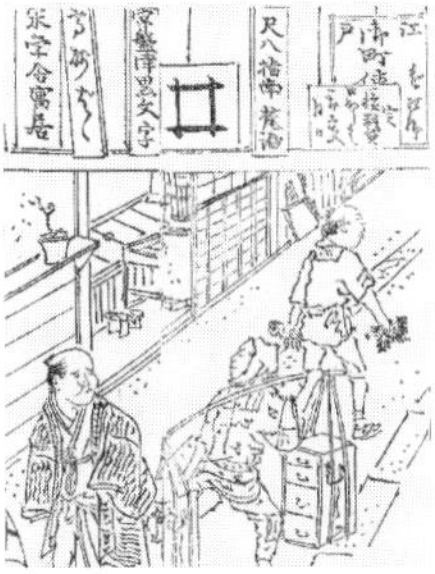
長屋の木戸口に掛かる尺八、常磐津指南の看板

指南車

003
明烏《あけがらす》

【お噺の面々】日向屋時次郎　日向屋半兵衛
花魁の浦里　源兵衛　太助
【お噺の舞台】吉原の茶屋、妓楼

日本橋田所町日向屋の若旦那時次郎は大の堅物。父親の半兵衛はこの先商いに障るだろうと源兵衛、太助に頼み「お籠《こも》り」と言い含めて倅《せがれ》を吉原へ送り込む。いくら初心《うぶ》でも花魁《おいらん》を一目見ればさすがに気づく。「お帰りなさい。だがね、大門《おおもん》の所にいた怖い顔のおじさん。あれは誰は何人連れで、どこへ上がったかを書いている。三人連れの一人が帰るとは怪しいってんで、捕まる」と脅されて渋々のお籠り。翌朝。振られた付き添いの二人が若旦那を訪ねると上機嫌。先に帰るという二人に「帰れるものなら帰って御覧なさい、大門で止められる」。

お籠り先に待っていたのは花魁だった

噺の豆知識

吉原の大門●吉原は周囲を堀で囲まれた廓。お歯黒溝《はぐろどぶ》といわれた堀の幅は五間（九メートル）、人の出入りは大門一カ所。ただ火災の時は大門だけではなく、廓の周囲数カ所にある非常門を開けて橋を降ろし、中の人を逃がした。入口の四郎兵衛会所《しろべえかいしょ》には番人がいるが、遊女の外出を見張るもので、明烏ご一行には無関心。門は明け六つ（午前六時頃）に開け、閉じるのは夜四つ（午後十時頃）。その後しばらくは潜り戸を利用。

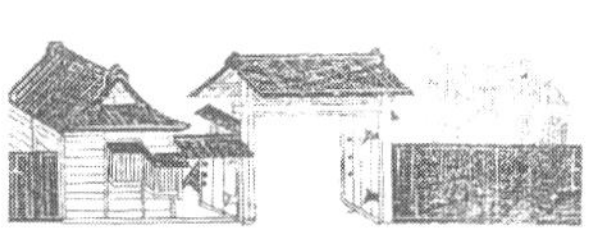

怖いおじさんが見張る大門の番所

004 愛宕山《あたごやま》

【お噺の面々】太鼓持ちの一八 繁八 旦那 芸者衆
【お噺の舞台】愛宕山

旦那のお供で愛宕山に出掛けた江戸っ子の太鼓持ちの一八。中腹まで来ると旦那は土器《かわらけ》投げをするという。やがて旦那は懐から取り出した小判を投げ始める。「旦那、もうそれでおよしなさい。残りは私に頂かせて」と必死で止めたが、残らず投げて〆て三十両。小判は拾った人のものになるといわれた一八は狂喜。茶店から借りた番傘を握りしめて谷底へ飛んだ。「さあ小判だ」と残らず拾ったが道は無い。着物を裂いて縄をない、結んだ竹のしなりで飛び上がる。「旦那ただいまっ」「金はどうした」「あっ」

小判は拾いたい！

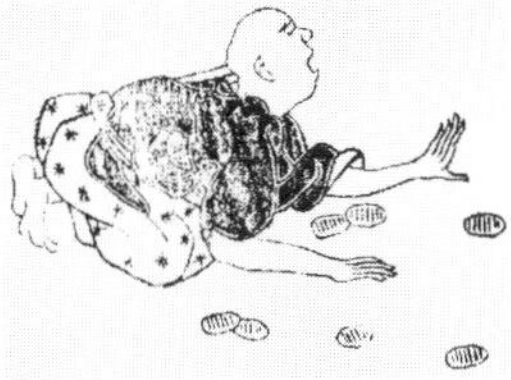

噺の豆知識

登山の覚悟がいる愛宕山●麓の一の鳥居からは五十町（約五・五キロ）、二時間の登山となる。『都名所図会』には「坂路の茶店に休らえば白雲目の前を横たう。あるいは土器投げに興じて足の重さを忘る」とある。

京都上嵯峨の愛宕山。標高は924メートルあり、朝飯前とはいかない

005
あたま山《やま》

??

【お噺の面々】 吝兵衛
花見客　釣り人
【お噺の舞台】 吝兵衛の頭上

吝兵衛《けちべえ》という無類のけちん坊が種まで一緒にさくらんぼを食べた。すると、種から芽が出て育ち、頭を突き抜けて見事な桜の大木に生長……。春になると芸者太鼓持ちの歌踊音曲、酔客の喧嘩とやかましいことこの上ない。頭一振りで「地震」を起こし、花見客を蹴散らすものの「木があるからいけないんだ」と引っこ抜いてしまった。根は深く、頭の真ん中に大きな窪みが出現。

　夕立に遭ってそこに溜った水を捨てずにおくと、鮒だの鯉だの泥鰌《どじょう》だのが湧き、朝な夕なに子供たちが釣りに来るし船まで出す輩もいて、これまたうるさい。辛抱堪らず吝兵衛さんは、自分の頭に身を投げた。

頭上を賑やかにしたい御仁

……噺の豆知識

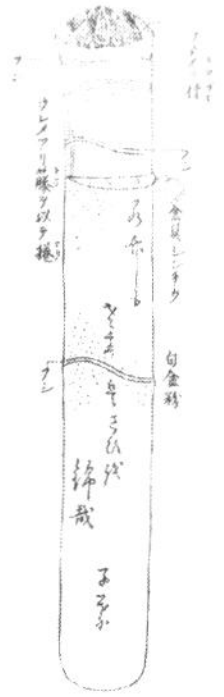

煙管筒（煙管入れ）。布や皮で作るには中表で縫い、裏返す。図は竹製の仕様

頭に身投げ！●この噺はいわゆる「考え落ち」の横綱格だが、元になった小咄にはこの特殊な身投げ法が語られる。手前の頭にどうやって身が投げられるのか問われて、工夫はある、煙管《きせる》筒《づつ》を仕立てるように足から引っくり返してくれというもの。煙管筒、煙草入れは中表にして縫い、裏返すのだが……やはり考えざるを得ない。

006 鮑《あわび》のし

【お噺の面々】甚兵衛さん　おかみさん　大家さん　留さん【お噺の舞台】魚屋甚兵衛さんの長屋

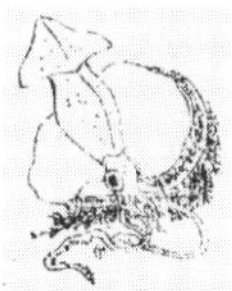
鮑は熨斗の根本。極上の品

腹を空かした甚兵衛さんに、おかみさんはひとまず金を借りてこいという。大家の若旦那の婚礼に尾頭付きを持って行けば倍のお返しが来るだろうから、借りた分を返して、残りで米を買うという。なんとか工面して魚屋へ行ったが尾頭付きは高く、鮑を買って大家のところへ行くと「磯の鮑の片思いなど持ってくるな」と返される。

帰る途中に出会った留さんから知恵を授かり「鮑は熨斗《のし》の根本だ。仲の良い夫婦が二人で作るものだぞ。その縁起の良い熨斗の根本の鮑を返すとは、不届き千万だぞ」。大家はびっくり。「のし」を書くにも杖をついた（乃）のがあるがあれは何だときくと「あれは鮑のおじいさんだ」。

噺の豆知識

鮑のし●大家のいうように、生では都合が悪そうな婚礼の鮑だが、手間を掛ければ極上の祝い品になる。生鮑を果物の皮むきのように長くそぎ、干して生乾きで引き伸ばし、さらに干して作るのが熨斗鮑。この細片をひだをつけた方形の紙で包んだのが包み熨斗。昆布（熨斗昆布）でも代用。

三方に載せた熨斗鮑
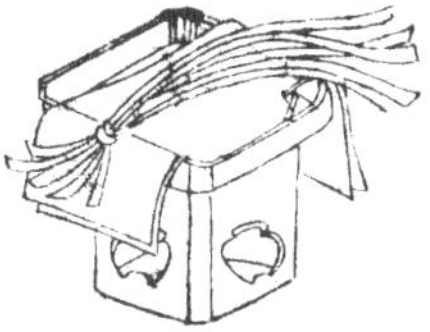

007
按摩《あんま》の炬燵《こたつ》

【お噺の面々】按摩さん
小僧の定吉　大番頭　徳どん
【お噺の舞台】とある大店

炬燵

冬の寒い晩のこと。とある大店《おおだな》では出入りの按摩さんが大番頭の肩を揉み終えて「番頭さん、こういう寒い晩には一口召し上がると体が温まりますよ。あたしは酒が入ると体がかっかしてくるたちでして。どうです、あたしが生き炬燵になりましょう。御裕福な隠居さんは、若い娘をふたあり寝かせて、自分はその間に入ってお休みになるなんていいますが。番頭さんのために炬燵になりますから、お酒を少々」

　それは助かるというので小僧の定吉を酒屋に走らせた。

「じきにあったまります、よい

按摩●江戸時代の商売の仕方は二通り。いわばハイヤーとタクシーのように、得意先専門の者と笛を吹きながら町を流して客をつかむ「ふり」と呼ばれる按摩がいた。『三味線栗毛』(130頁)の錦木《にしきぎ》はふり、「生き炬燵」になった按摩さんはお店に出入りの口。目が不自由でも奉公人たちがうごめく様が手に取るように分かっている。さすがに小僧の小便までは見抜けなかったようだが。

出入りの按摩さん

御酒ですねぇ。そろそろ火がつき出しましたよ、どこで炬燵になりましょう。帳場の方ですか。番頭さんは手水《ちょうず》ですか、はいお帰りなさい、これは冷たい。おや誰だい、徳どんですね。うわっ、また入った、またかい。おや誰だい今度は定どんかい、お使いご苦労様、背中へ足をのせなさい。誰だい寝言をいっているのは。定どん、そんなに暴れちゃいけないよ。夢を見ているんだな。誰かと喧嘩をしている。定どん負けるな、どんどんやれ」

「てやんでぇ、まごまごすると頭から小便をひっかけるぞ」「かまうことはないからひっかけてやれ。あっいけねぇ、本当にひっかけたよ。おいこりゃいけませんよ」

「どうしたどうした、何の騒ぎだ」

「定が小便を漏らした」

「按摩さん、もう一度あたらしておくれ」

「いけません、火が消えました」

噺の豆知識

火の用心が第一●地震、雷、火事、親父というが、江戸人が最も恐れたのが火事。京坂とは違って火事の多かった江戸では、火の気を嫌って大店でさえ自前の風呂を据えなかったほど。火鉢や炬燵、あんかといった暖房具はお店《たな》の奉公人には縁遠かったに違いない。店を閉めれば湯にでも行って寝るだけの暮らしに、フェイクでも炬燵の登場は嬉しいだろう。

粋筋に好まれた如鱗杢（じょりんもく）の長火鉢

008 幾代餅《いくよもち》

【お噺の面々】清蔵　親方　幾代太夫　藪井竹庵
【お噺の舞台】搗き米屋六右衛門　吉原の姿海老屋

清蔵は馬喰町三丁目の搗《つ》き米屋の奉公人。絵草紙屋の錦絵を見て、吉原の大見世姿海老屋の幾代太夫に恋煩い。食うもの食わずに辛抱しろと親方にいわれ、人が変わったように働き出す。一年で十三両二分。医者の藪井竹庵《やぶいちくあん》先生に紙入れを預け、茶屋に上がると運よく幾代太夫があいていた。恋い焦がれて会ったその晩の早いこと。

翌朝、幾代太夫が「今度いつ来てくんなます」。清蔵はまた一年後と告げると花魁は「もう来てはなりんせん。来年三月、年《ねん》が明けたら主《ぬし》の女房にしてくんなまし」。三月の十五日、駕籠が着いた。所帯を持った二人は両国広小路に餅屋の店を出し、繁盛したという名物幾代餅の一席。

精米して売る搗き米屋

噺の豆知識

年が明けたら●新年とは関係のない、廓噺でよく出る台詞で年季のこと。妓楼お抱えの遊女は職人と同じように年季奉公の身分。ただ娼家に売られた時の借金を返さねばならないため、期限前には辞められない。身請けをするとなれば残金、祝儀などをすべて客が持つことになり、貧乏人には叶わぬこと。幾代太夫が清蔵に待てといったのは、年が明ければ一切の柵《しがらみ》から解放されるからだ。

009 居酒屋《いざかや》

【お噺の面々】居酒屋の小僧　客
【お噺の舞台】とある居酒屋

縄暖簾《なわのれん》を分けて褞袍《どてら》姿の男が入って来る。酒は飲まないうちから悪酔いしそうな兜政宗。肴は「出来ますものはお浸し、鱈昆布、鮟鱇《あんこう》のようなもの。鰤《ぶり》にお芋に酢蛸でございます」。なんでもあると小僧がいえば「のようなものを一人前」。壁の品書きを見ては初っ端に書かれた「口上」を持って来いと無理難題ばかりいっている。やがて茹蛸《ゆでだこ》の隣に吊るされた鮟鱇が目に入る。鍋にするという小僧に「じゃ、その隣で鉢巻をして算盤持ってるのは何だ」「あれは家の番頭です」「あれを一人前。番公鍋ってのが出来るだろう」。からかいを肴に後引き上戸の夜は更ける。

鮟鱇のようなもの

噺の豆知識

縄暖簾●居酒屋の軒に下がるのが縄暖簾。醤油の空き樽を椅子代わりに酒を飲ませる居酒屋の代名詞。一膳飯屋の煮売屋《にうりや》でも酒を出すので、飲むが主か食うが主かの違いだろう。『ねぎまの殿様』（209頁）が匂いに誘われて入ったのは居酒屋か煮売屋か。今いう居酒屋は江戸時代の煮売屋に近い。ちなみに、湯島天神下に縄暖簾を潜る名実共の居酒屋が健在です。

居酒屋。右上は燗徳利

010 石返《いしがえ》し

【お噺の面々】与太郎　与太郎のおとっつぁん【お噺の舞台】与太郎の長屋　番町の往来

ぶらぶらしている与太郎を見かねて父親が汁粉屋をやらせた。「行灯《あんどん》に御膳汁粉と書いておいた。前が汁粉の鍋で後ろが餅と白玉だ。立派な汁粉屋がない寂しいところをよって歩けよ」。人気のない番町へ行くと頭上から声がして「全部買ってやる。今鍋をおろすからそれに汁粉を入れろ。よし引き上げるぞ」。代金をもらいに門番へ回ると「お前は狸に騙されたのだ、銭はやれない」。「おとっつあん、全部取られた」「これから仕しだ。行灯を鍋焼きうどんに変える」

今度は親子して行くと、また鍋をおろして来ので鍋の代わりに石を結わえつける。「なんだこれは」「先ほどの石返しで」

噺の豆知識

汁粉、善哉売り。行灯を取り替えれば屋台はいかようにも使える

人気《ひとけ》のない番町●市谷御門の東、番町はほとんどが旗本屋敷。麹町の御用商人の通行くらいはあるだろうが、与太郎のような出商人《であきんど》がうろつくような所ではない。与太がやられたのは「番町鍋屋敷」らしいが、御本家の「番町皿屋敷」もあり、夜近づくのは危険。「頭上から声」がするのは、武家屋敷のぐるりを囲む家来衆の長屋が二階建てで、窓から笊《ざる》の上げ下げをして買物をするため。

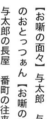

011 一眼国《いちがんこく》

【お噺の面々】香具師の親方　六十六部
一眼国の人びと
【お噺の舞台】親方の家　一眼国

両国に見世物小屋を持つ香具師《やし》の親方、近頃客の目が肥えて紛《まが》い物では通用しない。そこで諸国を経巡る六十六部《ろくじゅうろくぶ》なら珍しいものを見ているだろうからと話を聞くと、一つ目に会ったという。

「ありがてぇ、これでお大尽だ」と親方はすぐに旅立った。教えられた通り江戸の北へおよそ百里、広い野原に榎が一本……おじさんと呼ぶ子供の声。「よっ、待ってました！」と小脇に抱えた途端、ぞろぞろぞろぞろ人が集まり「代官所へしょっぴいて行け」。現れた役人の額には目が一つ。「その方、面を上げい。目が二つ……。調べは後、見世物へ出せ」

六十六部。単に六部ともいう

噺の豆知識

両国は有数の盛り場●江戸の盛り場の双璧は浅草寺の奥山と両国広小路。両国といえば橋の西詰めを指し、東の今いう両国は「向う両国」。連日芝居小屋や見世物小屋、大道芸に人が集まったが、広小路に比べて東詰めの一帯には、殿方が喜ぶ怪しげな見世物があったとか。この噺の親方は、因果娘や蛇使いの系統で新規開拓にやっきになったのだろう。

両国橋

012 一《いち》文《もん》惜《お》しみ

【お噺の面々】初五郎　大家　徳力屋万右衛門　大岡越前守
【お噺の舞台】初五郎の裏長屋　徳力屋　奉行所

蔵に財物がうなる徳力屋質店

神田三河町の裏長屋にくすぶる初五郎は博打場の使い走り。長患いを機に、やくざ家業に縁を切ろうと大家を訪ねた。「堅気になって八百屋でもやろうかと思って、ちと相談を」「商売には元手が要る。奉加帳《ほうがちょう》をこさえてやるから、心安い金持ちを当たるといい」

　初五郎が思いついたのは同町内の徳力屋万右衛門という質屋だが、主人の万右衛門は大変なしみったれ。奉賀帳に付けた金額はわずか一文。「乞食じゃねえんだ、一文ばかりいらねえや」畳に叩きつけた銭が跳ね返って万右衛門の顔にぶつかる。手元の煙管で受けた拍子に雁首《がんくび》が初五郎の額に当たって血が流れ出した。

噺の豆知識

駆け込み訴え●本来なら町内のいざこざは、まず自身番《じしんばん》（交番のようなもの）へ届けるところを奉行所に直訴するのが駆け込み訴え。本件のように大家の仲介で裁判沙汰にし、奉行所へも同行するのが普通だが、大家が被告の『大工調べ』（152頁）は原告の上司に当たる棟梁が代わりを務めている。名主、五人組は町人身分の役人で、裁きの場には同行が必須のため、越前守はその点を逆手に取ってあこぎな質屋を懲らしめた次第。

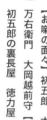

訳を聞いた大家は、奉行所への駆け込み訴えをさせた。両者の言い分を聞いた時の南町奉行大岡越前守は、傷を負わせた万右衛門にはお咎めなし、初五郎には商売の元手として五貫文を貸し与えるというお裁きを下した上、返済は一日一文ずつ。返済金の取次を任された徳力屋は、おやすい御用と喜んだ。翌朝から早速初五郎が一文返しに来ると、手すきの手代が奉行所に届ける。

すると「貸し与えた節は名主五人組立ち会いである。帰って連れてこい」。驚いた万右衛門は名主、五人組を頼んで奉行所へ。

この礼金が痛手になり三日で音をあげた万右衛門は、初五郎へ十両やって示談にしたほうが安いと算段。初五郎は喜んだが大家は「千両びた一文まからない」と大見得を切る。一割の百両にまけてくれと懇願されて、示談成立というお噺。

一文ずつの返済が仇となる

五貫文●この噺は講談の『五貫裁き』を下敷きにした大岡政談の傑作。訴え出た初五郎に奉行が貸し与えた五貫文は銭で五千文、小判一両ほどに相当する額で一年分の米が買える大金。これを元手に堅気の商人になれよという奉行の計らいは初五郎には温かく、徳力屋には厳しいものになった。ちなみに、『孝行糖』(90頁)の与太郎も同額の元手で飴屋になるが、これはお上からのご褒美。

緡で括られた五貫文

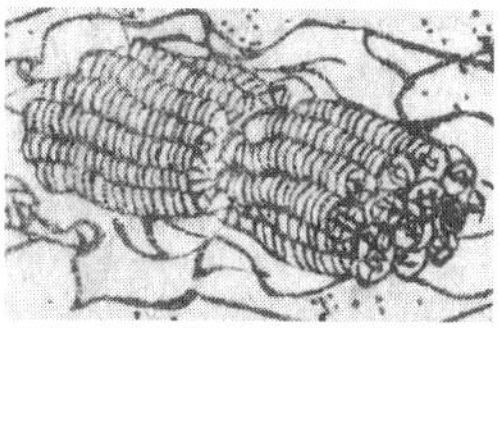

013 井戸の茶碗《いどのちゃわん》

【お噺の面々】屑屋清兵衛　千代田卜斎
娘の市　高木佐久左衛門　細川の殿様
【お噺の舞台】千代田卜斎の長屋、細川屋敷

屑屋の荷

仲間内から正直清兵衛とあだ名される屑屋がいた。武家屋敷の多い白金の辺りを流していると若い娘に呼び止められ、裏長屋に招じ入れられた。娘の父親は千代田卜斎《ちよだぼくさい》。煤けた仏像を二百文で買ってくれという。儲けが出たら折半の約束で屑屋はこの仏像を預かった。高輪の細川屋敷を通りかかると、勤番侍《きんばんざむらい》の高木佐久左衛門が長屋の窓から往来へ一声かけた。「これ屑屋、その籠に入っておるのは仏像か。それは売るのか」。二百文で仕入れた仏像に三百文で買い手が付いた。

高木が汚れを落とそうとぬるま湯に浸けて磨いていると、台座の下に

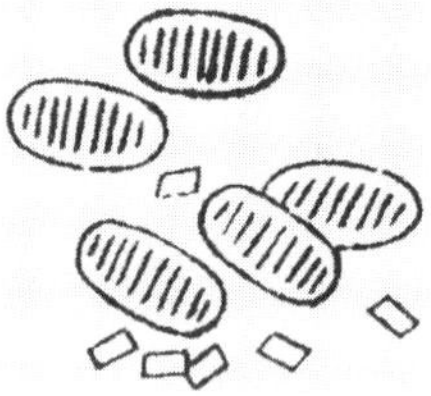
仏像の中から小判が出た

屑屋●古着、道具に紙類と多岐に亘る不要品を買い取る商売が屑屋。再利用が当たり前だった江戸時代に便利な存在だったようで、噺にもしばしば登場する。引き取った仏像から出た大金を懐に入れようともしない正直清兵衛を筆頭に『巌流島』（75頁）の屑屋は需要がありそうなので雁首《がんくび》のない吸口だけの煙管を欲しがり、『らくだ』（283頁）の屑屋は使用に耐えないがらくたを買えと脅される。

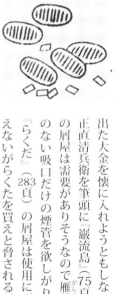

貼ってあった紙が破れ、降るように出てきたのは小判で五十両。「拙者は中の小判まで買った覚えはない。これは返してやらねばならん」

後日通りすがった清兵衛は元の持ち主に小判を返すよう頼まれたが分け前の五十文すら受け取ってもらえない。二十両ずつ分けて十両は屑屋にという卜斎の長屋の大家の申し出も卜斎は固辞。古びた茶碗をその代金として受け取る案に落ち着く。この顛末は家中で評判になり、細川の殿様が茶碗を見て「余が三百両にて求めてつかわす」。「この間の茶碗、細川のお殿様が三百両でお買いあげになり、百五十両っつ分けるということになりまして」。今度は素直に応じたものの、頼みがあるという。娘をその侍に嫁がせたいという。

若侍は快諾。「器量はどうじゃ」。「ご新造《しんぞう》にして磨いてご覧なさいまし。大した美人になりますよ」「いや、磨くのはよそう、また小判が出る」

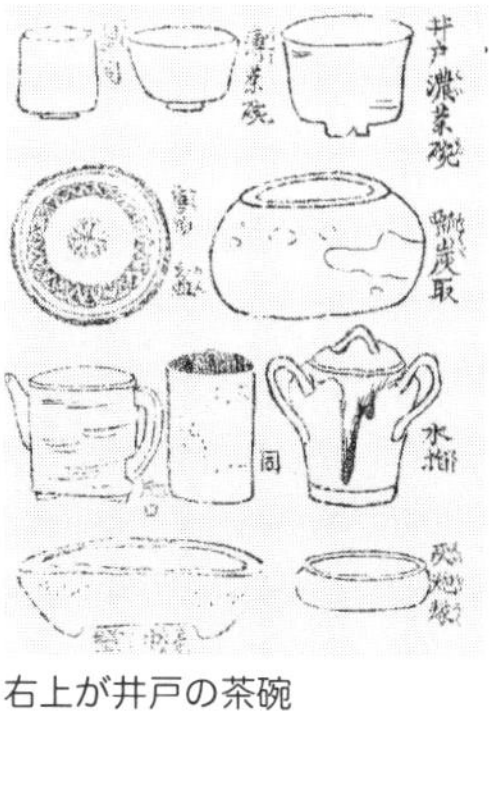

右上が井戸の茶碗

噺の豆知識

勤番侍●藩主が参勤交代で出府する際に、国許から伴って来るのが勤番侍。在府の一年間は江戸屋敷に住み込むのが普通で、正直屑屋に引けを取らない律儀な高木は芝白金にある細川屋敷の長屋住まい。八公熊公の裏長屋とは違って、庭も玄関もある二階建てのいわばメゾネットで、往来を背にして建っている。二階の窓から屑屋の荷が見えたところから、噺の幕が開く。

014 居残《いのこ》り佐平次《さへいじ》

【お噺の面々】佐平次　四人の仲間
【お噺の舞台】品川の遊廓

「おい、今夜品川へ行こうと思うんだが。たっぷり飲んで、騒いで一両の割り前でどうだ」「そういう安い物は少し買い占めておきたい」と話がまとまって、男は連れの四人と品川へ繰り出した。「おい、いつまで踊ってんだ、お引けだよ。その前にちょっと俺の部屋まで来てくれ」。男は仲間を前に「勘定のことだがな。この金を明日、おふくろのとこへ持って行ってくれ。このところからだのあんべいが悪いんで、俺はしばらくここにいる。また良くなったら会おう」「おい居残りなんてぇ」「なに、お手のものだ」

　これから翌朝早くに四人は帰ってしまう。若い衆が勘定を請求すると、昨日の四人が今晩裏を返

噺の豆知識

風光明媚な品川宿

品川●日本橋からわずか二里(約八キロ)と江戸から最も近い宿場が東海道の品川宿。目黒川の南北に町があり、海に面した街道沿いの旅籠《はたご》は旅人の宿というより遊女と遊ぶ場所に近い。旅籠に飯盛女《めしもりおんな》を置いている触れ込みだが、飯盛女は給仕は建前で実質は宿場女郎《しゅくばじょろう》。お上黙認のこうした色里のからくりは甲州街道の内藤新宿、日光街道・奥州街道の千住宿、中山道の板橋宿も同じ。

しにやって来るからとごまかした。

「昨夜はお連れさんは見えませんでしたね」

「来なかったねぇ」「お手紙でも」「それがどこの誰だか。ようがす行灯部屋《あんどんべや》へ下がりましょう」

そのうちに刺身の下地がないのを持って行く、集まりに呼ばれて祝儀を稼ぐ。たまりかねた店の主からいい加減帰ってくれと頼まれるが、自分は悪行を重ねて追手に追われている身、ここを出るにも金がないと言って退ける。「じゃぁここに二十両あるから遠い所へ行け」。

着物までせしめてそこを出ると、後から若い者が「おい、のんきに唄なぞ」「おめぇのご主人てぇのは馬鹿だ。俺は居残りを商売にしている佐平次という者だ」。あわてて見世に帰ると「旦那、実はあいつは居残りを商売にしている奴で」。

「よくもおこわにかけやがった」

「旦那の頭がごま塩ですから」

裏を返す●本来吉原の大見世で遊ぶ流儀で、遊女と初めて会うのが初会、二回目が裏。三回目に馴染み金を払うことで初めて床を共にできた。お大名ならともかく、下々は下々の見世で時短の道を選ぶし、ましてや宿場女郎相手にそんな決めはない。佐平次同様、単に二度目の登楼の意味で使った。
おこわにかける●「おお恐」から転じて人を騙すことをいう。おこわは強飯、赤飯のことでごま塩は付き物。現代人には分かり難い落ち。

行灯部屋へ下がりましょう

015 浮世床《うきよどこ》

【お噺の面々】髪結床の客
【お噺の舞台】髪結床

髪結床《かみゆいどこ》は若い連中でにぎわっている。隅の方で本を読んでいるのもいれば、将棋に夢中な二人の煙管《きせる》をいじって雁首同士、吸口同士に挿げ替える悪い奴もいる。両端を雁首にされた方は両方へ煙草を詰めてしまい、口を近付けると「アッツイ」。

隅で大きく伸びて寝ている男を起こすと「疲れてんだから寝かしといてくれよ、女に責められて」。猿若町《さるわかちょう》の中村座で桟敷の女とお近付きになり、幕が下りたあと茶屋の二階へ行くとさっきの女がいた。「酒になって眠くなったといったら、では隣の布団へ。そのうち女も入ってくるというところで、起こしたのは誰だ！」

煙管で遊ぶ

噺の豆知識

顔馴染みが集まる髪結床

髪結床●髪を結い、ひげや月代《さかやき》を剃る町人男子の身だしなみに欠かせない場所。江戸の初期に幕府の命令で開業に必要な髪結株が各町内一カ所、八百八株と決められ、八百八町から町数も床屋も増えた。湯屋もそうだが、町内の男衆が頻繁に来るせいで町の噂を拾うには格好の場所だし、この噺のように暇つぶしには事欠かない社交場だった。

016 牛《うし》ほめ

【お噺の面々】与太郎　おとっつぁん　佐兵衛おじさん
【お噺の舞台】与太郎の長屋　佐兵衛の家

火の気のある所には
秋葉様のお札

与太郎は佐兵衛おじさんの新築の家を褒めに行くことになり、父から褒め言葉を授かる。天井は薩摩の鶉木目《うずらもく》、左右の壁は砂摺《すなずり》で、畳は備後の五分縁《ごぶべり》でござい……。読めば出来ると心覚えを書くが「薩摩芋に鶉豆、佐兵衛のかかあは引きずりで、畳は貧乏でぼろぼろ」「備後の五分縁！」。

台所へ行った与太郎は、佐兵衛が気にする柱の節穴に「秋葉様のお札をお貼りなさい、穴が隠れて火の用心によろしい」とやって小遣いをせしめる。自慢の牛には「天角地眼一黒鹿頭耳小歯違《てんかくちがんいっこくろくとうじしょうはちごう》」だと褒めると、尻を向けて糞をするという。「尻の穴が気になるなら秋葉様のお札。牛穴が隠れて屁の用心がよろしい」

噺の豆知識

家の褒め方●「この度は結構なご普請で。家は総体檜造り、天井は薩摩の鶉木目、左右の壁は砂摺で、畳は備後の五分縁でございますな」とは混ぜっ返したくもなる難易度だ。まず外壁の羽目板にまで檜を使ってあるのが総檜造り。薩摩の鶉木目は斑《まだら》紋が特徴の屋久杉。砂摺は砂を摺り付けて仕上げた壁で、引きずりは裾を引きずって歩く遊女のこと。通常は一寸（約三センチ）の縁幅を半分で仕上げるのが五分縁。

017 厩火事《うまやかじ》

【お噺の面々】八五郎　かみさんのお崎　孔子　麹町のさる殿様
【お噺の舞台】八五郎の長屋

すぐ喧嘩になる八五郎とかみさんのお崎。兄さんのところへ駆け込んで亭主の本心が知りたいというお崎に、兄さんは話して聞かせた。昔、唐土《もろこし》に孔子という偉い学者がいたが、ある時留守中に火事があり、愛馬が焼かれてしまう。家来の者が恐縮して孔子を出迎えると「誰も怪我がなかったか、それはよかった」といって馬のことは聞かなかったという。反対に麹町のさる殿様は大事な皿を落とした奥様に「皿はどうした、皿は、皿は！」。

帰ってお崎さんが皿を持って転ぶと「怪我をしなかったか」と八公。「お前が怪我をしてみろ、明日から遊んでいて酒が飲めねえ」

皿を落としてみた

噺の豆知識

八五郎は髪結の亭主●八五郎の女房お崎は女の髪を結う女髪結。専業主婦が多い長屋のかみさん連中のなかで、お崎さんは手に職がある希有《けう》な存在。月極めの顧客に月十五回で金二朱から一分が相場。一分なら四人で月一両の売上になり、裏長屋の店賃が数カ月から一年分払える。腕の良し悪しで料金は前後しても、亭主を一人食わせるのは容易いだろう。

女髪結

018 永代橋《えいたいばし》

??

【お噺の面々】太兵衛　武兵衛　役人【お噺の舞台】永代橋　太兵衛の長屋

深川八幡の祭り当日、永代橋が落ちた。押し寄せた人の重みに耐えかねて橋桁が折れ、皆川の中。大惨事は江戸中に知れ渡り、店子の無事を確かめに走り回っていた大家太兵衛の元に武兵衛の死骸を引取るよう知らせが来た。そこへ当人が現れ「よっ大家さん、いいお天気で」。

死んだ心持ちがしないという武兵衛だが、いいから来いと大家に押し切られてついて行く。人相も着衣も違うと揉めていると「これこれ、かかる場所で口論いたすとは不埒《ふらち》至極」。調べてみると武兵衛の紙入れが死人から出て誤解は解けたが、金があるなら家賃を払えと大家。「静かにいたせ。所詮その方は敵わぬ。太《多》兵《勢》衛に武《無》兵《勢》衛は敵わぬ」

噺の豆知識

永代橋●元禄十一年（一六九八）に架けられた隅田川で四番目に古い橋。崩落事故は文化四年（一八〇七）の秋に実際に起きている。

深川八幡の祭りに押しかけた人びとは、時の将軍の父、一橋公が乗る御座船《ござぶね》の通過を待つ間足止めされ、封鎖解除とともにどっと駆け出して橋の上は大混乱。橋が落ちたあとも次々に渡って来ては川に転落するという大惨事になったという。

永代橋

019 王子《おうじ》の狐《きつね》

??

【お噺の面々】狐　したたかな男
扇屋の女中　番頭　旦那
【お噺の舞台】王子稲荷　扇屋

狐も時には一杯食わされる

　ある男が初午《はつうま》を忘れ、翌日王子の稲荷様にお参りに出かける。近くまで来ると、狐が一匹、頭に草を載せてくるりと回ると、きれいな女に。狐とわかって「お玉ちゃん、こんにちは。せっかく会ったんだから、どこかへご一緒したいねえ」と扇屋へ上がる。

　床の間の方へ狐を座らせ、自分は廊下近くに陣取る。しばらく見ないうちにきれいになったの、みんなは変わりはないかのと色々話しかけると、狐の方でも適当に話を合わせ、天ぷらを誂えて酒になる。酒をさんざん勧めて、狐が頭が痛いとい

初午●お稲荷様を祭る二月最初の午の日。「江戸で多いものは伊勢屋稲荷に犬の糞」というくらい稲荷社はそこら中にあって、江戸っ子には馴染み深いもの。『守貞謾稿』には「正月下旬から、初午用の太鼓をばちで叩いて売りに来る。貧しい家の子は五、七人連れ立って狐を描いた絵馬板を持って店を回り、稲荷さん

王子稲荷

い出すと、そこへお休みと寝かしてしまう。勘定は家内がするからといって男は帰る。

「家は宿屋じゃないんだから二階のお客を起こしてきな」。女中が起こすと「あら、つい寝てしまって。連れはどうしましたか」「お連れさんは先に帰りました。お勘定はあなたから頂くようにと」

驚いた狐、耳がにょきっとのび、尾がだらりと出て正体を現す。番頭は旦那の留守に狐の夫婦に食い逃げはたまらないと棒を持って狐退治。大騒ぎの最中に帰った旦那は「とんでもないことをしてくれた。お詫びに行ってこよう」とお稲荷様へ。

男が友達にこの話をすると、祟りがあるというのでその日の夜お土産を持って狐の穴を探しに行く。子狐に詫びをいって、おっかさんによろしくと帰る。「おっかさん、昨日の人間が謝りに来て、ぼた餅をお土産にくれたよ」

「食べちゃだめよ、馬の糞だといけない」

噺の豆知識

の御勧化御十二銅おあげといいながら小銭を貰いに来る」とある。

王子●日本橋から北に二里（約八キロ）、御府内から日帰りで往復出来る当時の行楽地。王子稲荷の近くには桜の名所飛鳥山もあり、花見客、参拝客が楽しめる料理屋茶屋がたくさんあって骨休めには格好の地。噺に出て来る扇屋は江戸時代の名所案内や料理屋番付にも載る店で、席はないが名物の厚焼き玉子は今も人気。

王子の料理屋扇屋界隈

020 阿武松《おうのまつ》

【お噺の面々】長吉（阿武松）　武隈文右衛門　錣山喜平次　橘屋善兵衛【お噺の舞台】武隈関の家　板橋宿の旅籠橘屋善兵衛　錣山関の家

能登の国から京橋の関取、武隈文右衛門《たけくまぶんえもん》を訪ねて一人の男がやって来た。歳は二十五。日に三升食べる、おまんまが大好きという長吉は小車《おぐるま》の名を貰って新弟子になるが大飯食らいが仇となり、一分の金を持たされて暇を出される。

中山道を行くうちに死を覚悟、懐の金で存分に食べようと板橋宿の旅籠へ泊まる。主人善兵衛に破門の経緯を話すと、根津の錣山《しころやま》親方を紹介される。初めての番付は序の口小緑。蔵前八幡の大相撲で入幕を果たし、小柳と名乗った長吉は元師匠武隈を見事に投げ飛ばしてやんやの喝采。

やがて阿武松緑之助と名を改め、横綱を張る大出世をしたという。

噺の豆知識

江戸の相撲興行●相撲といえば両国国技館だが、江戸期には向う両国の回向院《えこういん》や深川八幡、蔵前八幡の境内で行われ、興行は十日間。阿武松を救った旅籠の主人橘屋善兵衛は、小屋組みをする前日から見に来て千秋楽の翌日も壊す様を見届けるので、十二日間通う相撲好き。

横綱を張る

021
大《おお》どこの犬《いぬ》

【お噺の面々】犬のクロとシロ　小僧定吉
鴻池の支配人【お噺の舞台】日本橋石町の商家
大坂の大店鴻池善右衛門

日本橋石町のとある大店の前に黒、白、ぶちの三匹の子犬が捨てられているのを小僧の定吉が見つけた。白とぶちは他所へ引き取られ、黒犬は定吉が可愛がっていたが、小僧の留守に鴻池《こうのいけ》の江戸店から人が来て是非にと乞われ、クロは大坂の鴻池へ貰われていった。天下の鴻池の犬となったクロは坊ちゃんの大のお気に入りとなった。

ある日、痩せた薄汚い犬が現れ「この辺に鴻池のクロさんがおいでとか」「クロは俺だが」。

灰色の犬は生き別れた弟のシロだった。奥から「クロ来い、クロ来い」と呼ばれて鯛を貰って来ると再び「来い来い」。手ぶらで戻ったクロは「今度は鰻かと思ったら坊ちゃんのおしっこだった」。

噺の豆知識

鴻池善右衛門●クロが貰われていった大坂の鴻池善右衛門は造り酒屋から身を起こし、大富豪になった大所の中の大所で、『長者番付』（174頁）では旅人が見た番付に東の三井八郎右衛門と並んで名がある。上方由来の噺で大阪では『鴻池の犬』。小さい子に小便をさせる時の「しーこいこい」に掛けた落ちはすぐ分かるものの、全国区の言い方ではないようだ。

クロは界隈の顔

022 大山詣《おおやままい》り

【お噺の面々】熊五郎　先達さん
留公　長屋のかみさん連中【お噺の舞台】
神奈川宿の旅籠　熊五郎の長屋

　大山詣りは江戸の年中行事のようなもの。

「今年もお山の時期だがな。熊さん、今年は留守を預かってもらいたい」「先達《せんだつ》さん、今年は暴れない。もし騒いだら頭を丸めて下さい。周りの連中も喧嘩をしたら二分ずつ出す取り決めにしましょう」てんで御出立。お山を無事に済ますと、街道の宿場女郎を買って神落とし。早速風呂場で喧嘩騒ぎがあった。

「先達さん、日記なんかつけている場合じゃないよ。決まりだから留《とめ》の分と二分ずつをここに置く。熊の野郎の頭を剃っちまうよ」

　二人は酔った勢いで高いびきの熊の頭をきれいに剃ってしまった。翌朝、勘定を済ませると一同は江戸へ発つ。

「昨日お風呂で騒いだ人だよ、髪があったようだけどお坊さんだったんだね」と宿の女中らが噂をしていると「よく寝た、皆はどうしたい。なに笑ってんだ。髷がないだと。昨日俺は騒がなかったか」

「いろんなもの壊して大騒ぎ」

　熊公は駕籠を頼み、皆を追い越して長屋に帰ってくる。頭に手拭を載せた熊五郎は長屋のかみさん連中を集め、話して聞かせる。「実は金沢八景で船に乗ったら急に風が変わって船がひっくり返り、俺だけ助かった。この通り頭を丸め、皆にこのことを告げたら菩提を弔うために回国《かいこく》に出る」

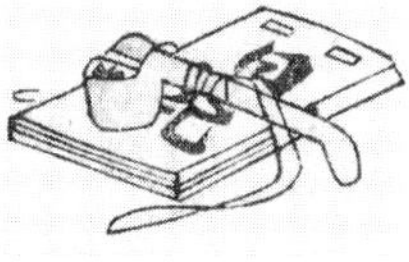

先達さんがつけていた道中日記

井戸に飛び込もうとするかみさん達を押し止めて、熊公は次々に頭を丸めて比丘尼《びくに》をこしらえ「そろそろ亡者が着く頃だ、念仏を唱えろよ」。大きな数珠を手繰って「なみあみだぶつ」が始まった。

「熊公の家から念仏が聞こえるぜ。かみさん連中皆尼さんになっている。熊の野郎！」

「いいじゃあないか、お山は無事にすんで、帰ってきたら皆さんお毛がなかった」

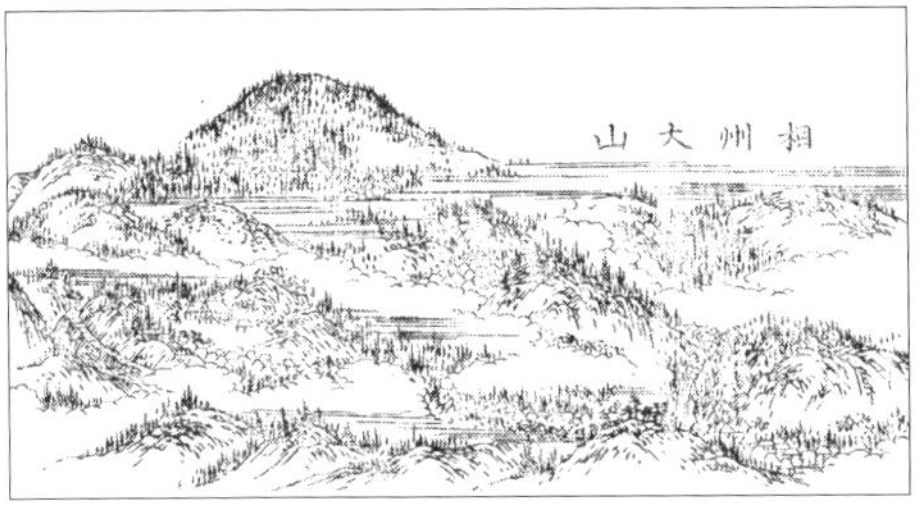

大山

大きな数珠を手繰って「なむあみだぶつ」を唱える百万遍

噺の豆知識

大山詣りの時期●江戸時代の川柳に、十四日末は野となれ山へ逃げ、という句がある。盆と正月は付け払いの多かった江戸人の悩みの種で、掛取《かけとり》対策にお山へ行くという……。大山は旧暦六月二十七日が山開き、七月十四日から十七日までの「盆山」を挟んだ二十日間に限って山頂までの参拝が出来た。箱根の関所は越えないため手形は要らないし、近さも手頃でお盆前後の大山は盛り場のような賑わいを見せていたという。熊五郎を諭した先達さんは道案内や信仰上の指導もする一行のまとめ役。

023 お血脈《けちみゃく》

【お噺の面々】石川五右衛門　閻魔大王　見目嗅鼻
【お噺の舞台】地獄　善光寺

善男善女で賑わう善光寺。お坊さんから「お血脈の御印」を額に押してもらうと極楽へ行けるという。噂を聞いた大悪人も押し寄せて皆浄土行き。閑古鳥の地獄で頭を抱える閻魔大王に見目嗅鼻《みるめかぐはな》という従者が申し出て、御印を盗み出したらいかがかと。選ばれたのが石川五右衛門。「憚りながら娑婆にては太閤秀吉公の御殿に忍び入ったこともございます。さようなものを盗むのは容易きこと。ご安堵あれ大王様」「勇ましや、ぬかるなよ」

見つけたはいいが「はははは。奪い取ったる血脈の印、これさえありゃぁ大願成就。ありがてえ、かたじけねえ」。御印を頂いたもんだから、そのまま極楽へ行っちまったとか。

噺の豆知識

石川五右衛門●三条河原で釜煎りにされた太閤秀吉時代の大泥棒。史実はどうあれ、江戸っ子は芝居の『楼門五三桐《さんもんごさんのきり》』で描かれた五右衛門の姿に酔って拍手喝采。江戸中期の初演以来人気が衰えない石川五右衛門像はこの噺の終盤でも芝居がかった台詞回しで再現され、落ちまでいく。五右衛門の弟子と称する二人組の泥棒が釜は師匠の仇とばかりに大釜を盗んで歩く『釜どろ』(66頁)も愉快。

石川五右衛門

024
お化長屋《ばけながや》

【お噺の面々】古狸の杢兵衛
源兵衛　按摩【お噺の舞台】
空きの出たとある長屋

便利に使っていた空き店《だな》を大家が貸しに出すというので古株の店子《たなこ》、古狸の杢兵衛《もくべえ》が差配になりすまし、お化けが出ると脅かして客を追い返そうと企んだ。なかには強者もいる。参謀の源兵衛さんに聞いて古狸を訪ね、前の住人が泥棒に殺されて以来、皆三日と持たないと聞かされるが「ひとりでに障子が開くなんざおもしれえ」と翌日越して来た。湯に行ってるすきに仕込んだ仕掛に驚いて男は飛び出す。再来に備え、通りすがりの按摩を大入道に見立て、長屋衆も手足となって布団に潜り込む。男が連れて来た親方に怯えて足腰担当は逃げ出し、残されたのは入道の按摩。親方は「情けねえ、腰抜けめ」「腰はさっき逃げました」

噺の豆知識

店とお店●読みはどちらも「たな」。お店とくれば商家を指し、奉公人の定吉や番頭、出入りの職人などが使う言葉。店といえば借家。店子、店賃、店借り、店立て、空き店など、長屋噺には頻繁に出て来る。空き店は空家のことで、管理を任された大家が借り手を吟味する。これは受持ちの家作から罪人でも出れば咎《とが》は大家にも及ぶからで、「子も同然」と思える店子を選ぶのは当たり前のこと。

化け物が出ては
堪らない

025 帯久《おびきゅう》

【お噺の面々】 和泉屋与兵衛　帯屋久七　大岡越前守
【お噺の舞台】 日本橋本町の呉服屋和泉屋与兵衛　奉行所

日本橋の呉服屋

　日本橋の本町四丁目に和泉屋与兵衛、二丁目に帯屋久七《おびやきゅうしち》という呉服屋がある。ある日大繁盛の和泉屋に帯久が二十両の金を借りに来た。すぐに返して五月に三十両、七月に五十両……。百両の返済に来た大晦日、与兵衛が離れた隙に帯久はその百両を懐に入れて帰ってしまう。その後和泉屋には不幸が続き、分家をさせた和泉屋武兵衛にやっかいになって十年。請け判をして店を失った武兵衛に再び店を持たそうと帯久を訪ねると、邪険なあしらいを受け、打擲《ちょうちゃく》されて表に投げ出される始末。あまりの悔しさ情けなさに火をつけて死のうとすると火はすぐ消され、捕まる。

　大岡越前守は例の大晦日の件を調べ出し、元金の百両が和泉屋へ。利息が十年で百五十両になるから即金で百両、残りは年一両ずつ返すことになる。火つけの件は火あぶりと決まるが、五十両が返された暁にという。

「和泉屋、そちは不憫な奴じゃのう。今年幾つになる」「六十一でございます」「還暦か、本卦《ほんけ》じゃのう」「今は分家の居候です」

噺の豆知識

本卦・本家・分家●裁きの後に越前守がいう本卦は生まれ年の干支が再び巡って数え年で六十一歳になる本卦還りのこと。還暦と同義。江戸の書物には分家は兄弟などが別れて起こした家を呼び、奉公人の暖簾分けは別家というとある。

026 お祭佐七《おまつりさしち》

【お噺の面々】お祭佐七　め組の頭清五郎　四紋竜
【お噺の舞台】清五郎の家　品川の遊廓　米屋の店先

天下の色男

久留米藩士の飯島佐七郎は大変な美男子で女中方に人気があり、やっかみから朋友に讒言《ざんげん》をされて殿様から永《なが》の暇《いとま》が出る。勘当されて頼ったのが昔父親が面倒を見た、め組の頭の清五郎。

若い者と品川で遊んで居残りをすると、男衆がするのを見て雑巾がけを買って出る。腰を据えて廊下をすっと拭いていくその姿が良く、部屋から花魁《おいらん》が出てきてわいわいがやがや。

ある時は近所の米屋の巨漢、四紋竜を放り投げると、金物屋を越えて砂糖屋の山積みの砂糖に真っ逆さま。

「砂糖漬けになったとは甘ぇ野郎だ、ざらめみやがれ」

噺の豆知識

め組●め組は芝の増上寺界隈を受け持つ町火消の組。芝神明《しばしんめい》の境内で起きた組の鳶人足と相撲取りが渡り合った喧嘩は芝居になり、勇みな男たちが脚光を浴びる。噺の佐七はただの居候だが、火消連中に引けを取らない男前な姿、振舞いが語られている。なお、「め組の喧嘩」は『鹿政談』（119頁）の根岸肥前守《ねぎしひぜんのかみ》が南町奉行に在任中の事件で、実際に裁判を担当している。

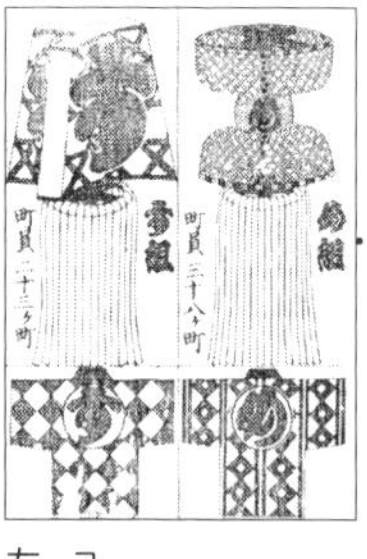
「め組」の纏と半纏。左は「す組」

027
お神酒徳利《おみきどっくり》

【お噺の面々】善六　善六のかみさん　新羽屋の下女　鴻池の支配人【お噺の舞台】馬喰町の旅籠刈豆屋吉左衛門　善六の家　神奈川宿の旅籠新羽屋源兵衛

　十二月十三日は年中行事の煤《すす》取り。旅籠が集まる馬喰町三丁目、刈豆屋《かりまめや》吉左衛門の家も総出で大掃除。方が付いてお神酒徳利を上げる段になって、徳利がない。通い番頭の善六さんも聞かれたが心当たりはなく、はやばや家へ帰った。

「お前さんの留守の間に煤取りをして、神棚にお神酒を上げてある」とおかみさん。

「そりゃありがたい。なんだ、やかんに水がない」と台所の水瓶まで来て、お神酒徳利は昼間台所の水瓶に仕舞い忘れたことに気がついた。算盤占いで当てろというかみさんから呪文のようなものを教えられ、善六さんはお店に舞い戻る。

「旦那、今日家で煤取りをしていると巻物が見つ

お神酒徳利

煤取り

煤取り●正月を迎えるための大掃除。上は江戸城、大名屋敷から町家の果てまで家中の煤、埃を払って清める大切な行事で、毎年十二月十三日に行う。商家では奉公人や出入りの職人たち総出で畳を上げ、煤払いをする。どさくさに紛れて「お

かって、必ず易があたることがわかりました。今算盤で占います」とやって、水瓶から葵の御紋付の徳利を出してくる。

二階に泊っていた大坂の鴻池の支配人が旦那を呼び、鴻池の娘が三年来の病だから善六さんに占って欲しいという。三十両の支度金を家に置いて大坂へ向かう善六さん。途中神奈川宿の定宿、滝の橋の新羽屋《にっぱや》源兵衛へ来ると、盗難騒ぎがあって主の源兵衛が疑われていた。丁度いいから大先生に占ってもらいましょうとなり、善六さんは夜逃げの支度。すると宿の下女が盗んで稲荷の床板に隠したというんで一件落着。

さて大坂。うとうととしていると新羽屋の稲荷が現れ、この地は聖徳太子と守屋大臣が争ったとき、仏像をあちこちに埋めた。それが鴻池の屋敷の柱の下にあるというので掘ってみると観音の像が出て、娘は全快する。

噺の豆知識

神酒徳利」は紛失するが、逆に『柳田格之進』（270頁）の五十両は発見された。

江戸の旅籠●街道筋の宿場とは違って、江戸には商人や役所に用がある人びとを泊める宿がほとんど。馬喰町は訴訟を抱えて地方からやって来る人のための公事《くじ》宿が多かった町。公事宿には一般客は泊まれない「百姓宿」と旅の客も利用出来た「旅人宿」があるが、この噺の刈豆屋は江戸に来た商人も泊まる旅人宿。二階に大坂の鴻池の支配人が宿泊していて、噺の行方を左右する。

旅人宿

028 お見立《みた》て

【お噺の面々】李兵衛旦那　喜助　喜瀬川花魁【お噺の舞台】吉原の妓楼　山谷の寺

「困りますよ喜瀬川《きせがわ》花魁、少しは李兵衛《もくべえ》旦那のとこへ顔を出してもらわないと」「面倒だから患ってるといっとくれ、なんなら花魁は死にましたって」。身勝手な花魁にいつも手を焼いている若い衆の喜助は李兵衛に「お寂しいことで……花魁は実は焦がれ死にをなさいました」と告げると「寺はどこだ」。

喜瀬川に伝えると「山谷に連れてって、新しそうな墓を見繕って誤摩化せばいい。うまくやっとくれ」と一向に動じない。線香の一把、花の一本も手向けたいからすぐ案内しろと急かされて、喜助は渋々山谷方面へ向かう。

頃合いの禅寺を見つけて墓を物色する喜助。「えかく偉そうな戒名でねえか。はて、天保八年」「お隣と間違えました」「行年二歳、安政二年。大地震の年だべ。馬鹿野郎、あれの墓はどれだ」「ずらっと並んでおりますので、どうぞお見立てを願います」

噺の豆知識

遊女の見立て●遊女屋の前で格子から中を覗いてお好みを選ぶのが遊女の見立て。見世の格に応じて全面格子もあれば格子は下半分のところもある。格上になるほど格子が邪魔をして中の様子が見え難いが、揚げ代は高い。

格子越しにお見立て

029 親子酒《おやこざけ》

【お噺の面々】酒好きの親父
おかみさん　酒好きの倅
【お噺の舞台】酒好きな親子の家

酒が滅法好きな親父が倅《せがれ》を諭し、自分もやめると宣言して親子で禁酒を約束するが、我慢出来ないのが飲み助。倅の留守をいいことに「婆さん、今夜は冷えるね。何か温まるものはないかな」「葛湯でも飲む？　おじやなんかどう」。しらばっくれるおかみさんと問答の末、一杯が二杯……。三杯目をせがんだところで倅が帰って来たが、出入り先の若旦那と二升ばかり飲んでこちらも呂律が回らないありさま。

「馬鹿野郎、なんで飲むんだ。見ろ、お前の顔なんざ七つも八つもある化け物だ。そんな奴にこの身代は渡せない！」「こんなぐるぐる回る家を貰ったってしょうがない」

噺の豆知識

落語国の飲み助●しみじみ味わう酒好きは『もう半分』（256頁）の爺さん。酒量ならこの噺の親子もかなりの強者だが、下地が出来上がってからの飲みっぷりの良さは『試し酒』（165頁）の御仁が一番。『らくだ』（283頁）の屑屋は量はともかく酔いに任せて剛胆に変わる様が愉快。

親子共に上戸

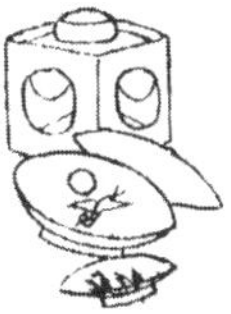

030

お若伊之助《おわかいのすけ》

【お噺の面々】伊之助　お若　に組の頭初五郎　長尾一角【お噺の舞台】横山町三丁目の生薬屋　根岸の町道場　伊之助の家

音曲が結ぶ縁

横山町三丁目にある生薬屋《きぐすりや》、栄屋の一人娘お若は大変な器量よし。一中節《いっちゅうぶし》を習いたいというので、に組の初五郎という頭が元侍の伊之助を世話をする。稽古に明け暮れるうちに二人は良い仲になる。おかみさんから三十両の手切金が出て二人は別れ、お若は根岸のお行《ぎょう》の松に町道場を開く伯父の長尾一角の所へ預けられた。

伊之助に会いたいお若は、ふと垣根の向こうに手拭で頬被りをした男を見る。伊之助か……。呼び入れて、毎夜会っているうちに、お若のお腹が大きくなる。一角は驚いて初五郎を呼びにやって問い詰めた。「とんでもねぇ野郎で。奴の首を引っこ抜いてくる」と根岸から両国の伊之助のところ

噺の豆知識

一中節●一中節は常磐津《ときわづ》や清元、義太夫などと同様に江戸で流行った浄瑠璃の流派の一つ。元々京都で始まり、一端途絶えて江戸で復活したという。お若に稽古をつけていた師匠は菅野伊之助。「菅野」は三弦《さんげん》弾きが名乗ったようだが、浄瑠璃も指南する。

根岸の里●お若が預けられた根岸は、「＊＊や根岸の里の侘び住まい」と上の句に何を選んでも様になるような風雅な地。江戸時代の地誌『江戸名所図会』には「呉竹の根岸の里は上野の山蔭にして幽趣あ

へ駆けるが、伊之助はそんなはずはないという。「行ってきました。昨日は伊之助はあっしと女郎買いに行っていて、こちらに来るわけはありません」「私は吉原のことは存ぜぬが、お前は寝こかしを食ったのではないか。お前を酔わせて寝かせ、伊之助は駕籠で来たに違いない」

とんでもない奴だ、と初五郎は再び伊之助の元へ行くも、休まないで夜通し相手をしたと返される。「あっそうだ、ちげぇねぇや」

そこで、一角と二人で確かめることになった。間もなくお若の部屋の戸をたたく者がある。「頭、見てくれ」「おや、伊之助の野郎だ」一角は床の間の種子島を取り、火をつけて胸板をねらってどんと放つ。「頭、改めなさい」。伊之助だと思ったのは大きな狸で、お若が産んだのは二匹の小狸だったというお噺。

お若が産んだのは
狸の子

るが故にや都下の遊人多くはここに隠棲す云々」とある。実際画家の酒井抱一や儒者の亀田鵬斎《かめだほうさい》を始め多くの文人墨客が暮らしたところで、お若が音曲に目覚めたのは自然の流れだろうし、『茶の湯』（172頁）のご隠居が風流な隣人を真似たくなったのも無理はない。

根岸の里

落語を楽しむ
江戸の豆知識
其の一

●時計代わりは時の鐘、寺社の鐘が頼り

時計師●西洋からもたらされた機械、時計を日本の仕組みに合せて使えるようにしたのが江戸時代の時計師。重りを上げて、その重りが下がる加減を工夫。ただし時計は大名や富豪のもので、庶民には縁遠い代物だった。

◆江戸時代の「時」を知る
日の出日の入りが時刻の基

時間の単位は「刻《こく》」■一刻は約二時間。半刻が一時間、その半分を小半刻《こはんとき》という。一日を十二分し、左頁の図のように真夜中の「子の刻《ねのこく》」から順に丑《うし》、寅と十二支を配して時を表した。十二分とはいえ、日の出と日没を目安に昼夜を別々に六等分するので、季節によって昼夜の一刻の長さは変わる。

江戸っ子の一日は明け六つから■お上の文書などでは一日の始まりは正子の刻（時間帯の真ん中で対極は正午《うま》の刻）だが、庶民の暮らしは明け六つの鐘とともに始まる。各町内の木戸、長屋の木戸が開き、吉原の大門も開く。一日の終わりを告げるのは暮れ六つの鐘。

九つから数が減る！■真夜中の九つから八つ、七つとなり、朝が来ると六つ。五つ、四つでまた九つ。同様

四つ●時そば（191頁）の二番煎じな客が試したのが四つ。三の後に時を聞くのが正解だ

九つ●悋気の火の玉（286頁）を待ちながら聞くのが浅草寺の九つの鐘

七つ●芝浜（127頁）の魚屋は増上寺の鐘を明け六つと間違えて早く魚河岸へ行く

暮れ六つ●蔵前駕籠（88頁）は日暮れて物騒な暮れ六つになると終業。駕籠は出さない

正巳の刻●高田馬場（157頁）の仇討は約束の正巳の刻が過ぎても始まらない

に四つの後再び夜中の九つになる。現代人には理解が難しいが、幕末まで江戸人の生活習慣を支えた仕組みだ。『時そば』の賢い客は十六文を数えるのに、七、八ときて「今何時だ」と聞く。蕎麦屋のいう「九つ」を受けて十、十一。真似た愚かな客はいささか早い時刻の「四つ」が災いする。五、六、七、八を二度言って四文の損という落ち。夜四つは町木戸や吉原の大門も閉まる。

時を知らせる時の鐘■日毎に変わる江戸時代の刻の長さ。江戸城にはこれを専門に調節する時計坊主というのがいて毎日その刻限を正確に時計が示すように調整。これを見計らって太鼓を打ち、それを聞いて町中の「時の鐘」が刻限を知らせた。

か

か 火焔太鼓●掛取万歳●笠碁●鰍沢●火事息子
●かつぎや●かぼちゃ屋●釜どろ●蕪の油●紙入●紙屑屋
●蛙茶番●堪忍袋●看板のピン●雁風呂●巌流島
き 紀州●御慶●禁酒番屋●金明竹 く くしゃみ講釈
●九段目●首提灯●首屋●汲みたて●蜘蛛駕籠●蔵前駕籠
け 傾城瀬川 こ 孝行糖●強情灸●紺屋高尾●黄金餅
●小言幸兵衛●碁どろ●五人廻し●子ほめ●子別れ
●蒟蒻問答●権兵衛狸

031 火焔太鼓《かえんだいこ》

【お噺の面々】甚兵衛さん　かみさん　定吉　殿　家来【お噺の舞台】甚兵衛さんの店　大名の屋敷

道具屋の甚兵衛さんが市で太鼓を買って来て、おかみさんと一悶着。「太鼓なんてのは際物《きわもの》といって頭の働く人が祭り前にでも仕入れて、さっと売る物だ。見せて御覧。まっ、汚いね。お前さんはね、時代がついているもんじゃあ、随分損をしているよ」「おれが損をしたのは岩見重太郎の草鞋《わらじ》と、清盛のしびんだくらいのもんだ」「お前さん、ちったあ物を売ったらどうだい、売らなくてもいい物は売るくせに。冬に前の米屋さんによかったらお持ちなさいて奥の火鉢を売っちゃった」

火焔太鼓

道具屋商売●江戸時代は火鉢や瓶、箪笥などの所帯道具が一式揃う昨今のリサイクルショップのような日用品の店も古美術品を扱う店も、古物商は皆道具屋と呼んだ。『金明竹』(80頁)や『茶金』(170頁)の店は目利きの主に選ばれた名品が並ぶ骨董商。「清盛のしびん」に騙される甚兵衛さんが仕入れるのは中途半端ながらくたばかり。それゆえに幸運が舞い込むのだが。

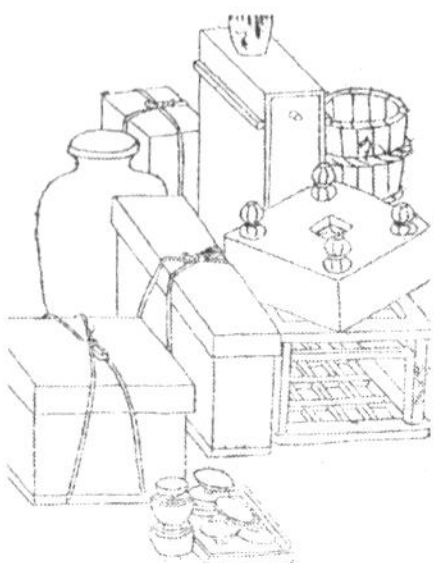
道具屋

「うるさいよ、定公、この太鼓をはたきな」「どんどん！　おじさん、この太鼓ははたくと鳴るよ」

「これ、今しがた殿が通行の際に太鼓をたたいたのはその方の内か」「さようで。親類の者でまだ十一で馬鹿なんです。目を見て下さい。馬鹿目といって味噌汁の実にしかならないんです」

「いや、咎めているのではない。殿が見たいとおっしゃる。屋敷に持参いたせ」

「お殿様はどんなに綺麗な太鼓だろうと思ってるところへ、ほこりのかたまりを持ってって御覧。この汚い太鼓を持って来た道具屋を縛ってしまえってことになるんだから」とかみさんにいわれておっかなびっくり屋敷に持参すると、これは国宝といってもよい名器だということで、三百両に売れる。帰ると、かみさんは道具は鳴る物に限るねという。「今度は半鐘《はんしょう》にしよう」「半鐘はおよしよ、おじゃんになる」

噺の豆知識

火焔太鼓●火焔の彫り物が枠に施された舞楽用の大太鼓が火焔太鼓。太鼓だけでも六尺（約1.8メートル）はあるので、甚兵衛さんが一人で担ぐのは難しい。
ちなみに、雅楽の楽太鼓なら火焔の飾りもあるし大きさも半分以下だが、火焔太鼓とは呼ばない。

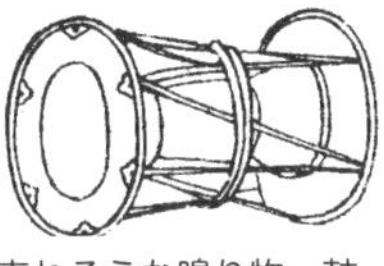
売れそうな鳴り物、鼓

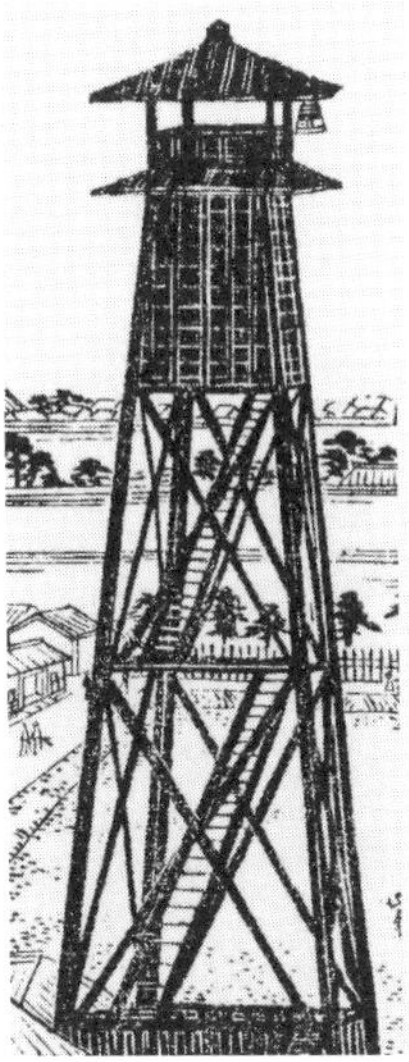
火の見櫓に下がる半鐘

032

掛取万歳《かけとりまんざい》

【お噺の面々】芸達者な長屋の住人
大家　魚屋　酒屋の番頭　三河屋の旦那【お噺の舞台】とある長屋

三河万歳

江戸時代の大晦日は厄日。一年の付けを取立てに来る商人をいかに追い返すか、貧乏長屋の主は苦心惨憺《さんたん》。狂歌好きな大家には「貧乏をすれどこの家に風情あり、質の流れに借金の山」と狂歌で帰す。喧嘩好きな魚屋には向こう鉢巻で出迎えて言い負かす。義太夫、芝居と来てしんがりは三河万歳。「矢立に帳面手に持って、勘定取るとは、さってもォ、ふとい三かァわァ屋どん、そんそん」「待ってくれなら待っちゃろか。待っちゃろかァと、申さァば、ひとつきィか、ふたつきか」。

掛け合ううち「いつ払えるだ」「あァら百万年も過ぎてのち、払います」

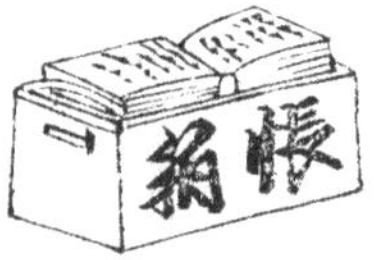

掛取に必要な帳面

噺の豆知識

掛取の攻防●付けの代金を取立てに来る掛取は大晦日が正念場。江戸時代は日用品の付け払いは当たり前。小額のものは月末清算だったが、滞納が累積すれば盆暮れ、ことに暮れともなれば掛取は真剣勝負で、熾烈な攻防戦が繰り広げられた。もっとも除夜の鐘が鳴りさえすれば正月休戦で一旦執行猶予になるという寛容さだったようだ。逃げも隠れもしない同町内の客と店の信頼関係の賜物か。

033 笠碁《かさご》

【お噺の面々】碁敵の二人
【お噺の舞台】とある商家

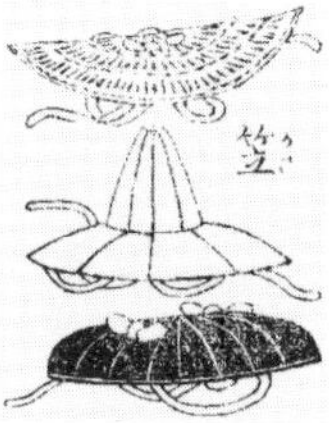

碁好きの笠は編笠

碁敵の二人が今日は待ったなしと決めたが、早速待ったが始まった。「ちょいとこの石を上げてみて下さい。この一番だけ待てませんか。そうですか、そういわれると私もいいたくないことをいわなければいけなくなる」。三年前の借金返済を待ってやったといい「それに比べればこの石ぐらい」。「いやそんな話をされて、なお待てません。帰って下さい」と喧嘩別れ。ところが三日も雨が続いて辛抱しきれず、店の前をうろうろ。

「おいへぼ」「へぼとは何だ」「へぼかへぼでないか一番来るか」「いやぁこないだはあたしが悪い、待ったをやりましょう。あれ番頭さん雨漏りがする。なんだあんた、まだ笠をかぶっている」

噺の豆知識

碁敵●敵という名の仲良しは、へぼはへぼなりに力の釣り合いが大事。碁盤を軸に物語が回る『柳田格之進』(270頁)は「敵」に巡り合ったのが碁会所。江戸時代には町内の碁会所ばかりでなく、湯屋の二階が月に数日稽古の席として貸し出されたので、格好の相手が見つかったことだろう。落ちにも繋がる笠は日除けとしても欠かせない便利なもので、道中には必需品。

囲碁に待ったはつきもの

034 鰍沢《かじかざわ》

【お噺の面々】身延参詣の旅人　元花魁　亭主
【お噺の舞台】甲斐の国鰍沢のとある民家

身延山《みのぶさん》参詣の旅人が鰍沢を目指すうち日が暮れた。雪道に明かりが見え、そこで一夜の宿を借りる。旅人は炎で照らされた顔を見て、心中したという吉原の花魁を思い出す。「その話は本当。心中をし損なって品川溜めへ下げられて……。逃げ延びてこの山の中へ」。玉子酒を飲ませて旅人が寝込むと、女は亭主に飲ませる酒を買いに出た。

「どこへ行ったんだ。亭主の留守に玉子酒なんぞを食らって。冷たくなった玉子酒なんてのは生臭せぇものだ」といいながら飲むと、からだがしびれる。そこへかみさんが帰って「旅人が金を持っているようだから、仕事をしようと作ったしびれ薬の入った酒だよ」。これを聞いた旅人は毒消しの御符《ごふ》を飲み込むと裏から逃げ出した。女は鉄砲を抱えて飛び出した。逃げる男の後ろは鉄砲の火、前は崖。思いきって飛び降りると筏《いかだ》の上。壊れた筏の材にしがみついて南無妙法蓮華経を唱える。女の放った一発は髷をかすって岩へぴしっ。「あぁ、お材木《お題目》のお陰で助かった」

噺の豆知識……

三題噺●客席から募った三つのお題を元に拵えるのが三題噺。『鰍沢』は幕末から明治にかけての巨星三遊亭円朝の作。卵酒、毒消しの御符、鉄砲から数奇な噺を作り上げた円朝の神業はもちろん、出題者の発想も秀逸。円朝は他に芝浜、革財布、酔っ払いで『芝浜』（127頁）を創作。

035 火事息子《かじむすこ》

【お噺の面々】質屋の若旦那
旦那　おかみさん　番頭
【お噺の舞台】とある質屋

火事頭巾

火事が何よりも好きな質屋の若旦那。火消《ひけし》になりたいと町内の鳶頭《かしら》に頼んでも、父親から手が回って埒が開かない。ついに定火消《じょうびけし》の火消人足、臥煙《がえん》になったはいいが久離《きゅうり》を切って勘当された。

ある年の冬、質屋の近所から火が出た。おぼつかない手付きで番頭が蔵に目塗りをしていると、全身綺麗に彫り物をした男が屋根を伝って蔵の上に登場。やがて火は落ち番頭の計らいで彫り物男と旦那のご対面。着物をやろうとするおかみさんに「捨ててしまえ。捨てれば拾っていく奴がある」「じゃあ蔵も地面も捨てます。黒羽二重の着物も」「勘当した息子に黒羽二重をくれてどうする」「火事のおかげで会えたから、火元に礼に行かせます」

噺の豆知識

定火消●火消願望の若旦那が頼みにしたのは町火消。願い叶わず人足になったのが旗本が指揮する定火消。人足の臥煙は日課として銭を括る銭緡《ぜにさし》を作り、押売り商人の荷物持ちをしたという。頼りになる町火消との喧嘩もあって、町人には疎まれる存在だったようだ。久離を切っての勘当は正式な親子縁切り。町奉行所に届けて受理されると人別帳《にんべつちょう》から消され、無宿者《むしゅくもの》となる。そのかわり親は子の連帯責任を逃れるというもの。

036 かつぎや

【お噺の面々】呉服屋五兵衛　番頭　権助　小僧の定吉　宝舟売り
【お噺の舞台】とある呉服屋

呉服屋の五兵衛は縁起の良いことが大好きなかつぎや。元日の朝、皆で雑煮を祝うと、番頭が「旦那様、餅から釘が出ましてこの家はますます繁昌。金持ちになります」。権助は「金から餅が出たら金持ちだ。餅から金ならこの身代は持ちかねるだ」と言い出す。小僧の定吉は年賀の客の名を縮めて、天満屋の勘次郎さんが「てんかん」、油屋の九兵衛さんが「あぶく」とやって繕う番頭は大忙し。

二日の夜は宝舟売りが町々を歩く。遠くに「お宝、お宝」の声を聞いた番頭は家の手前で宝舟屋を呼び止め、めでた尽しでやってくれと頼む。

「全部買ってあげたいが何枚持っている」「旦那さんの御寿命、千枚ほどもありましょう」「鶴に見立ててくれるとはうれしいね」「今ここに顔をお見せになったのは」「家の娘だよ」「器量のよい弁天様で。旦那は大黒様。これで七福神がそろいました」「まだ二福だ」「ご商売が呉服（五福）です」

旦那は大黒様

噺の豆知識

大吉の夢を願う宝舟●七福神や宝尽くしの絵が描かれた刷り物が宝舟。上から読んでも下から読んでも同じ文章になる回文の歌が添えてある。曰く、なかきよのとおのねふりのみなめさめなみのりふねのおとのよきかな（永き世の遠の眠りのみな目覚め波乗り船の音の良きかな）。

037 かぼちゃ屋《や》

【お噺の面々】 与太郎　おじさん
【お噺の舞台】 とある路地

おじさんの世話でかぼちゃ売りを始めた与太郎は天秤棒を担いで路地を売り歩く。元値はこれこれ、売るときは上を見て売れという助言に忠実な与太。「早くしてくれよ、まぶしくてしょうがない」てなことをいっているうちに、親切な人が全部売ってくれた。売れたはいいが首が痛いという与太郎に「上を見るてえなあ掛値をすることだ。掛値しねえで女房子が養えるか。もいっぺん行ってこい」。「またお前か。とぼけてんのかと思や、そりゃお前の地だな。お前いくつだ」

「あたいは六十。元は二十歳で四十は掛値」

「年に掛値をするやつがあるか」「だって掛値をしなくちゃ女房子が養えない」

噺の豆知識

唐茄子・東埔塞・南京●とうなす、かぼちゃ、なんきんと呼び名はいろいろだが、ほぼパンプキン。与太郎はかぼちゃ、か細い売りで声で若旦那が売るのは唐茄子。「この唐茄子かぼちゃ野郎！」などと一緒くたにして間抜け野郎を呼んだりするが、幕末の絵字引には別々の図が載っている。大した元手がなくても笊《ざる》に天秤棒があれば身一つで商売になり、ぶらぶら者向きの商品。

『商売往来絵字引』に載る唐茄子と東埔塞

038 釜《かま》どろ

【お噺の面々】豆腐屋の老夫婦
泥棒二人
【お噺の舞台】町内の豆腐屋

被害に遭う豆腐屋の釜

京の三条河原で釜茹でになった伝説の大泥棒石川五右衛門。「頭《かしら》は気の毒に……。あれも釜があったせい。釜が敵だ！」と手下連中は片っ端から大釜を盗んだから、標的となった豆腐屋は堪らない。二度も被害に遭った主人は「婆さん、いいこと考えた。今夜は釜の中で寝る」。

ところが、ぐっすり寝込んでしまいその夜三度目の泥棒が二人で入って「今夜の釜は馬鹿に重い。豆でも買い込んで入れたか」。不審に思いながらも釜は担ぎ出される。途中寝言に驚いた二人が釜を放り出して逃げると、中の爺さんも驚いた。「ぐるぐる回る、こりゃ地震だ。おさまったか。おや、一面の星明かり、今夜は家を盗まれた」

噺の豆知識

釜を盗む●五右衛門の弟子を自認する泥棒の逆恨みが動機のこの噺、原話では筋の運びは同じだが行きずりの犯行で、現場は味噌屋。ともに豆を煮る大釜がある豆腐屋、味噌屋が「月夜に釜を抜かれる」のがミソ。盗るには下半分がかまどに埋まった釜を持ち上げるので、抜く抜かれるの言い方になる。

なお「五右衛門の釜茹で」は実際には釜煎り。水より沸点の高い油による処刑はあまり想像したくはない。

039 蟇《がま》の油《あぶら》

【お噺の面々】 蝦蟇の油売り　見物人
【お噺の舞台】 両国広小路

「さあお立会、ご用とお急ぎでない方はゆっくり見ておいで。手前持ち出したるは蝦蟇《がま》の膏薬、四六の蝦蟇だ」見世物小屋が居並ぶ両国広小路で袴姿の香具師の口上に人が集まる。腰の刀で腕をちょいと切り、「心配ご無用だお立会、蝦蟇の油を一つ付ければ痛みが去って血も止まる」。

大層売れて、上がりで一杯やった男は酒の勢いでもう一商売。「四六の蝦蟇、前足が四本で後足が六本……」「ずいぶん足があるね。そりゃいいが危ねえから刀振り回すなよ」完全に酔っている。「このくらいの傷は一つ付ければすぐに止ま……らない。もっと付けても止まらない。お立会、血止めの薬はないか」

噺の豆知識

蝦蟇の油●血止めに効く膏薬、蝦蟇の油の作り方は「さてこの油を採るのには、四方に鏡、下に金網を張って蝦蟇を追い込む。さすれば蝦蟇、鏡に映る己が姿に己が驚き、たらりたらりと脂汗。網の下から抜き取って、三七二十一日の間、柳の小枝でかき回し、とろりとろりと煮詰めたるが蝦蟇の油……」。

蝦蟇

040 紙入《かみいれ》

【お噺の面々】新吉
おかみさんと旦那
【お噺の舞台】旦那の家

「新さん、びくびくおしでないよ、旦那は今晩帰らないから。もう一本つけようかね」これからという時に「わたしだ、開けとくれ」。

「震えてないで、さぁこっちへ」とおかみさんに裏から逃がしてもらった新吉は、紙入れの忘れ物に気づく。中にはおかみさんからの誘いの手紙、見つかればただでは済まないが、身を隠すのはまだ早いと翌朝様子を探りに行く。「顔色がよくないね、心配事かい。女に惚れるのはいいが亭主持ちはよしなよ。そうなのか。で、相手は？」気づいていない様子に安堵して「世話になった旦那」の話をする。「聞いたかい、先方へ紙入れを忘れたって」「いやだね新さん。でもそんなおかみさんなら、きっと抜かりなく隠してるはず」と胸を叩く。「そうとも。それに女房寝取られるような間抜けは置いてあっても気がつくまい」

紙入れには小物も入れる

噺の豆知識

紙入れと財布●今は財布の一種として札入れを紙入れともいうが、元来は別物。新さんが旦那から貰った紙入れは、鼻紙入れの略で箱型。鼻紙や爪楊枝、印判などの小物入れに、また小判や一分金などの高額貨幣も入れて使った。一方財布は紐で口を綴じる巾着《きんちゃく》型。『三方一両損』（117頁）の左官金太郎や『芝浜』（127頁）の熊さんが浜で拾ったのは財布。

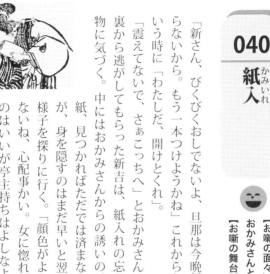

041 紙屑屋《かみくずや》

【お噺の面々】若旦那　熊五郎　紙屑の親方
【お噺の舞台】熊さんの家　屑屋の親方の家

熊さんの家に居候をしている若旦那は渋々紙屑屋へご奉公。「えー屑屋お払い」とやる買い上げではなく、仕分けをする選り子。親方の家には籠がいくつもあり、白い紙、符牒が烏の黒い紙、蜜柑の皮を干した陳皮《ちんぴ》に毛と選り分ける。早速「えー烏は烏、陳皮は陳皮、毛は毛ぇ」と始めると、手紙だの都々逸《どどいつ》集が出てきて読まずにいられない。

「会いたい見たいの峠を越えりゃとくりゃ」

「おいそこで宴会の稽古してちゃだめだよ」

「今度は新内《しんない》の稽古本だ。かねて隠せり光りもの峰打ちの手元狂って……人殺しー」「どこだい人殺しは。そんなことして、お前さん気でも違ったのかい」「いえ、紙屑を選り違えました」

噺の豆知識

古紙再生の伝統●「屑屋お払い」と町内を回って不用の帳簿や反古紙などを買って歩くのが紙屑買い。集めた紙類は若旦那が担当した選り分けの作業を経て専門の漉《す》き返し屋へ売られ、再生する。ちり紙の異名でもあった浅草紙はもっぱらこの漉き返し。

紙屑買い。紙の他に古着や鉄製品なども目方で買う

042 蛙茶番《かわずちゃばん》

【お噺の面々】建具屋の半公　定吉　旦那　番頭さん　小間物屋のみいちゃん
【お噺の舞台】とあるお店　半公の長屋　湯屋

芝居の好きな大店《おおだな》の主が町内の者を呼んで素人芝居をすることになった。出し物は『天竺《てんじく》徳兵衛』。籤《くじ》で役決めをしたが、面白くないという奴が出た。

蛙役の伊勢屋の若旦那が来ないので番頭は「定吉、お小遣いをやるから蛙になれ。もう一人来てないね、舞台番の建具屋の半公か。定や、呼んできておくれ」。

半公は舞台番なんぞやれないとごねているというので番頭が知恵を授け、定吉は再び半公のもとへ。「小間物屋のみいちゃんに半さんは舞台番だっていったら、さすが半さんだわ、さぞいなせな舞台番になるだろう。半さんを見たいから行くわって。みいちゃんが先行って待ってる」

噺の豆知識

舞台番の仕事●男前を自認する半公が嫌がるのも無理のないことで、舞台番は裏方。舞台の下手に控えて芝居の最中に客が騒いだりするのを制止するのが役目。裾をはねて客席に向かう格好で座るので、湯屋に大切な物を忘れて来ると騒ぎになる。素人芝居、いわゆる茶番は噺のように大店で催され、お店の奉公人のほか出入りの職人衆、近所の住人が演じ手となり、客となる。

おだてに弱い建具屋の半公●小間物屋のみい坊が岡惚《おかぼ》れだと聞けば半公は何でもする。なり手がいない舞台番を引き受け

褌はいつ何時も欠かさずに！

「みい坊がか、そう聞いちゃ行くよ」。湯屋へ行ってよく磨き、緋縮緬《ひぢりめん》の大幅をふんどしにするつもりが、肝心なものを忘れた。

お店に着くと舞台は進んでいる。そこへ半公がしゃしゃり出て、辺りを見回したが、みいちゃんの姿はない。それでもせっかくの趣向を見せびらかそうと、くるっと尻をまくって「おい、静かにしなくちゃぁいけねぇ、騒ぐんじゃねぇ」。「おい誰だい。舞台番が一人で騒いでいる。おや、とんでもない趣向だ。見て御覧、実物を出している」「これ定吉、出るのだよ」「駄目です、あそこで青大将がにらんでいます」

青大将

たのも、『酢豆腐』（137頁）で肴代を巻き上げられたのもその自惚れのせいだ。『大山詣り』（42頁）では半公の夢が叶ったようで、みい坊は熊さんに騙されて亭主の菩提を弔うと真っ先に坊主になる健気な恋女房役。

障子、襖などを拵える建具屋

043 堪忍袋《かんにんぶくろ》

笑う門には
福来る

出入り先の旦那が訪ねると、熊さん夫婦が大音声で罵り合っている。仲裁に入った旦那は、生涯人前で腹を立てなかった人が大出世をした話をして「その場は堪えて、帰ったら瓶に不満を怒鳴り込んだそうだ。あとはさばさばにこにこ、笑う門には福来るだ」。おかみさんに袋を縫わせ、思い切り吹き込めばいいといわれて試していると「なんだ、旦那が帰ったらまた始まった。ちょっと見て来る」と隣家の住人。笑顔で出迎えるので訳を聞くと「じゃ、俺にもやらせろ」。あっという間に長屋中に袋の噂が広まり、堪忍袋はぱんぱん。

少し早いが寝ようというところへ昼間仕事で悔しい思いをしたという大工の辰さんが来て、吹き込みたいから貸せと袋をふんだくった。途端に袋の緒が切れて、中から飛び出す「こん畜生！　てめえこの野郎！　ガラガラドッカン……」。

【お噺の面々】 熊五郎　おかみさん　旦那　辰さん
【お噺の舞台】 熊五郎の長屋

噺の豆知識

堪忍袋の緒●「勝って兜の緒を締めよ」の兜の緒や刀の下げ緒、下駄の鼻緒同様巾着仕立ての堪忍袋の口を括るのが緒。紐のことだが、同じ履物でも靴は紐で草履や下駄は緒。昨今巷に流行る正義漢もどきの不寛容な輩には堪忍袋の携帯を勧めたい。人にぶつかる前に『天災』（185頁）の先生の教え「ならぬ堪忍するが堪忍」を思い起こしてみたいものだ。

044 看板《かんばん》のピン

【お噺の面々】隠居した親分
町内の若い衆
【お噺の舞台】町内某所の賭場

「ご隠居、いらっしゃい」「ちょぼ一か。俺はもう賽は握らねえんだが、博打の見本を見せてやろう」引退して久しい親分は壺皿を伏せたが、皿から一の目の賽が飛び出ている。ここぞとばかりに全員一に張ると「決まったなら看板の一は仕舞っておこう。ピンは客寄せの看板で勝負は中。中は三だな」と隠居。各が張った銭を返し、これに懲りて博打をやめるように諭して元親分が去ると「昔取った杵柄《きねづか》か、驚いたねどうも。俺もやろう」という間抜けが一人いた。「能書きはいいが、お前賽子が飛び出してるぜ。いいなら張るよ、一だ」「冗談じゃねえ、看板だとよ」「中は三だ、勝負！　あぁー中も一だ……」

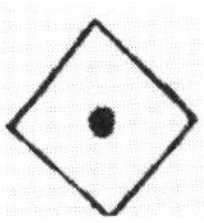

看板のピン

噺の豆知識

ちょぼ一●丁半より単純な一つ賽子の賭けがちょぼ一。『狸賽』（163頁）の化け狸が仕込まれるのもこれで、ルールは単純明快。六つに仕切った紙の目に金を張って、当たれば四倍になり、外れれば胴親にそっくり取られる。親にしてみれば子の当たり分を引いた残りすべてが儲けになるが、運次第で浮き沈みは激しい。無敵の看板作戦で緒戦を飾れば、その夜の付きが掴めそうだ。

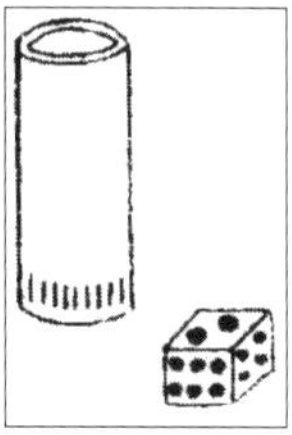

ちょぼーは勝負が早い賽子賭博

045 雁風呂《がんぶろ》

【お噺の面々】水戸光圀公　家来衆　二代目淀屋辰五郎　喜助【お噺の舞台】東海道掛川宿の茶店

　水戸光圀公が東海道掛川宿の茶店で休んでいると、松と雁の屏風があった。「土佐派の将監《しょうげん》が描いたものであろう。松ならば鶴を描くが、誰かわけを知らぬか」。そこへ上方風の旅人が入って来て「喜助、ええもんがある。あの絵や」「雁風呂だすな、分かりますがな」。これを耳にした光圀公は町人を呼んで絵解きをさせた。

　雁は羽がいを休めるために柴を一本くわえて旅立ち、日本に着くと松の木の根に落としておき、翌春これを拾って帰る。雁が全部帰っても柴が残る。土地の者は今年もこんなに日本で死んだかと、雁の供養にこの柴で風呂を沸かし、回国の者や困っている者に入らしたという。これを雁風呂というと語った。

　名を聞かれて「大坂町人二代目淀屋辰五郎。江戸へは柳沢様へお貸しした三千両を頂戴に」。光圀公は家来に書面を作らせ「柳沢がよこさなかったらこれを水戸の屋敷に持って参れ。三千両つかわす」。「雁風呂の話ひとつで三千両とは高い雁金（借金）で」「そのはずじゃ、貸金を取りに行く」

噺の豆知識

水戸光圀公●将軍の放屁に一言いうお方と同一人かは定かでないが、この噺の水戸公は徳川家康の孫に当たる水戸藩主徳川光圀。四代将軍家綱、五代綱吉の時代の人で、淀屋が貸し金を取り立てに行く柳沢様とは綱吉の側近柳沢吉保のこと。

046 巌流島《がんりゅうじま》

【お噺の面々】船頭　屑屋　三十路の浪人　年老いた侍　渡し船の客
【お噺の舞台】隅田川の渡し船

町人も武家も乗り合う隅田川の渡し船。煙草を吸っていた浪人者が船縁で煙管《きせる》をはたいたとたんに雁首《がんくび》を水中へ落としてしまう。屑屋が要らなくなった吸口《すいくち》を下げ渡すよう願い出ると「無礼な奴、これへ首を出せ、打ち落としてやる」と大騒ぎ。

老いた武士が「真に無礼な奴ではございますが、何とぞご勘弁を」と屑屋に代わって謝るが収まらず、岸に着いてから真剣勝負をすることになる。もう少しで岸という時に船を蹴って陸へ飛び上がると年老いた侍はこれを見てすかさず槍を持ち替え、石突きで岸をぐっと押し返すと「船頭かまわぬ、船を元の所へ戻してしまえ。昔佐々木岸柳《がんりゅう》という兵法者《へいほうしゃ》が船中で争いになった時、このようにしたのだ」「あれぇ、あの侍刀くわえて裸で水の中へへぇったぜ」

老武士は浪人が浮かび上がると「お主は拙者にたばかられたのを残念に思い、仕返しに参ったか」「いや、雁首を探しにきた」

噺の豆知識……

渡し船●江戸時代、隅田川に架かる橋は五基と少なく、渡し船が補った。噺の舞台は「御厩《おんまや》の渡し」で、幕府の米蔵がある蔵前の北から出た船が対岸の本所石原町へ向かう途中で騒動が起きた。本所の船着き場周辺はほとんどが武家屋敷。

渡し船の船着き場

047 紀州《きしゅう》

【お噺の面々】尾州公　紀州公　大久保加賀守【お噺の舞台】尾州公上屋敷　江戸城

鍛冶屋がとんてん
かんとんてんかん

七代将軍が幼くして他界し、八代に納まろうかという尾州公。城へ上がる当日、駕籠に乗って屋敷の門を出た。道すがら鍛冶屋の前を通ると「とぉん」と親方が槌を入れる音。すかさず弟子が「てんかぁん」。とんてんかん、とんてんかん。尾州公にはてんかぁとぉる、天下取ると聞こえた。

城へ着くと大久保加賀守が進み出て、任官を促す辞を述べる。再び乞われたら受ける魂胆で辞退すると、加賀守はすっと下がって紀州公の前へ。紀州公は受諾。

帰りも鍛冶屋は「天下取る、天下取る……」。鍛冶屋をひょいと覗くと真っ赤に焼けた鉄を水の中へずぶりと突っ込む。「きしゅうぅ」

噺の豆知識

尾張対紀伊の戦い●鍛冶屋の軍配が「きしゅう」に上がったこの対戦は八代将軍を巡る史実を踏まえている。幼いながら将軍になった七代家継がお世継ぎがないまま危篤になり、次期将軍の候補は尾張徳川継友《つぐとも》と紀州徳川吉宗の二人。周知の通り吉宗が勝ち取り、以後も御三家筆頭でありながら尾張から将軍は一人も出ていない。噺の尾張公は「余は徳薄うしてその任にあらず」。紀州公は「その任にあらず」の後に「といえども下万民のためとあらば」と続けて鮮やかに受諾する。

048 御慶《ぎょけい》

【お噺の面々】八五郎　かみさん　富の札　売り辻占　大家さん
【お噺の舞台】八五郎の長屋　湯島天神

正月が近いある日、八五郎は夢見が良かったから富くじを買うと言い出した。

「当たりゃ千両だ、遊んで暮らせる。何とかしてくれよ、その半纏《はんてん》を貸せ」

嫌がるかみさんから無理に脱がし、質屋を拝み倒してまんまと一分《いちぶ》こしらえた。その足で八五郎は湯島天神の札場へ富の札を買いに走った。

辻占

鶴が梯子に止まっている夢だから鶴の千年で千、ハシゴの八百四十五番を買おうとしたが売れていた。

「そこへ行くお方、どうなさいました」と呼び止めたのは辻占《つじうら》。「ほう、それは見徳《けんとく》違いですな。梯子は登る時に要る物。だから鶴の千に五百、四十、八番となる。おいおい、見料」。

再び札場へ戻って買った鶴の千五百四十八番の富が見事に当たる。

「今だと二百両引かれますが」「かまわない、八百両おくんなさい」

股引に大金を詰め込んでうんうん言いながら長屋へ帰った八五郎。

「おどろくな、ほれ。これは切餅《きりもち》ってんだ、千両富に当たったんだ。お前も春着を買え、おれもこれから買ってくる」

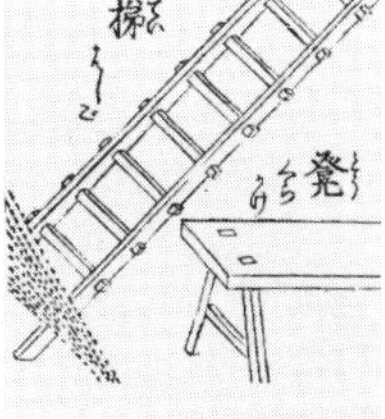
梯子は登る時に要る

年が明けると裃に刀を差し、大家さんのところへ年始回り。「お目でとうございます」「そんななりなら御慶とやりな。御屠蘇でもといわれたら、春永《はるなが》というところで永日《えいじつ》とやって帰ればいい」

路上で会った友人にも御慶と永日を連発。三人組には三回続けて御慶、御慶、御慶と怒鳴り、相手が聞き返すと「御慶（どこへ）と言ったんだ」。「恵方参りの帰りだ」。

噺の豆知識

恵方参り●恵方といえば今や太巻きをかじる節分の風物詩だが、恵方参りはその年の恵方に当たる神仏にお参りして福運を願う正月の行事。江戸時代は盛んに行われ、元々信心している寺社への初詣と合せて参拝する人もいれば、恵方参りだけで済ます人もいた。

恵方参り

当たれば千両！●元々神社仏閣の再建費用を捻出するためと称して売られた富くじは、宝くじのようなもので最高の当たりは千両。八五郎はなんとか工面して富の札を一分で買ったが、これは長屋の店賃が二、三カ月分は払えるほどの高額。幕末には廃止されたが湯島天神、目黒不動、谷中の感応寺の三カ所が富興行の大所で、千両富を出した。

谷中感応寺（幕末に天王寺と寺号改称）の富興行。箱の中に当たり札がある

049 禁酒番屋《きんしゅばんや》

【お噺の面々】酒屋の番頭　小僧　近藤某　門番【お噺の舞台】とある大名屋敷

とある大名家で酒の上から口論になり、家臣を亡くした殿は一同に禁酒を申し渡した。門の脇に番小屋を造り、持ち込みの品を改める人呼んで禁酒番屋。ある日酒豪の家臣近藤某から「番頭、余の所に一升持って参れ、金に糸目はつけぬ」と頼まれ、酒屋は菓子屋と偽って屋敷を訪ねる。

通る際に「どっこいしょ」。「これ待て、カステラはさように重いものではない、中を改める。何だこれは。ここな偽り者めが」。

今度は敵討ちに小便を持って行く。「小便屋だと、馬鹿を申せ。縛り首だ。や、今度は燗をしてある。役目だ、うっ、これは小便ではないか、こここな正直者めが」

噺の豆知識

番小屋●番人がいて見張りをする小屋のことで、町内の安全を守る町人が詰めたのも番小屋。武家屋敷には通常大門の脇に門番所があって、人や物の出入りを見張った。商人には通行切手の改めも行うので、汚い太鼓を担いだ道具屋などは事前に話がついていなければ屋敷内には入れない。この噺の小屋は、禁酒徹底用に増設増員されたものだろう。

門番が常駐する
武家屋敷の門

050
金明竹《きんめいちく》

【お噺の面々】与太郎　加賀屋佐吉の使い　おかみさん　旦那
【お噺の舞台】道具屋の店先

与太郎が店番をしていると、中橋の加賀屋から使いが来た。「ごめんやす。旦那はんお留守ですか。わてな、中橋の加賀屋佐吉方から参じました。せんど、仲買の弥市が取り次ぎました道具七品の内、祐乗、光乗、宗乗、三作の三所物《みところもの》、備前長船《おさふね》の則光、四分一《しぶいち》ごしらえ、横谷宗珉《よこやそうみん》小柄付の脇差《わきざし》。柄前はな、旦那はんが古鉄刀木《ふるたがや》というてましたが埋れ木じゃそうで、木が違うとりますさかいお断り申し上げておきます。次はのんこの茶碗、黄檗山《おうばくさん》金明竹、ずんどうの花活け、古池や蛙飛び込む水の音。これは風羅坊《ふうらぼう》正筆の掛け物、沢庵、木庵、隠元《いんげん》禅師張り交ぜの小屏風。あれはな、わての旦那の旦那寺が兵庫におましてな、この兵庫の坊主の好み

ずんどう（寸胴切り）の花活け

金明竹●題名にちなんだ道具二種、「黄檗山金明竹、ずんどうの花活け」とは黄檗宗の開祖隠元禅師が渡来時にもたらした金明竹の自在鉤《じざいかぎ》と寸胴切りの花器のこと。金明竹は隠元が京都に黄檗山万福寺を創建した際、庭園に植えたのが始まりで皇居の竹林でも見られる。七種のうちでは難易度は低そうだが、与太郎はもちろん道具屋のおかみさんが耳にしても分かろうはずはない。

ますする屏風じゃによって、表具にやって、兵庫の坊主の屏風にいたしますと、こないにおことづけ願います」。早口な上方言葉はおかみさんにもわからない。四度いわされた使いが呆れて去ると、そこへ旦那が帰って来る。「上方の方で早口なもんですから、ゆっくり思い出します、中橋の加賀屋さん。そこの使いの方で仲買の弥市さん」

「弥市が来たのか」「その人が気が違ったのでお断りに来たって。それから、遊女を買うんです。遊女は孝女でそれをずんどう切りにしたんです」

「気が違っているから何をするかわからないな。ひとつくらいしっかり覚えているところはないか」「古池へ飛び込みました」「弥市には道具七品というものが預けてあるんだが、それを買ってか」「いいえ買わず（蛙）に」

古池へ飛び込みました

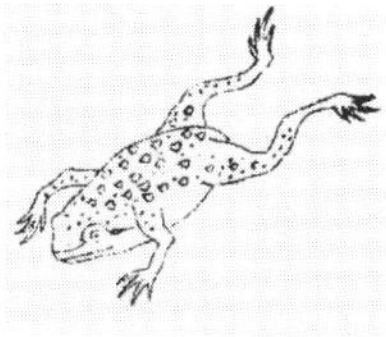

噺の豆知識

道具七品●刀の装備品三所物。脇差。茶碗。掛軸。張り交ぜの小屏風。これに金明竹の二種を加えた七品ということになる。三所物は目貫《めぬき》、小柄、笄《こうがい》。脇差は刀工則光の作で金工の名人横谷宗珉の小柄が付く。茶碗は通称のんこう、三代目楽吉左衛門の井戸茶碗。掛軸は松尾芭蕉、別号風羅坊の真筆。屏風は禅僧の隠元、木庵、沢庵の書を張り交ぜにしたもの。

書画を張り合わせる張り交ぜ

051 くしゃみ講釈《こうしゃく》

【お噺の面々】講釈場の常連とその友だち【お噺の舞台】町内の講釈場

「講釈師が高座からいうんだよ。蟒蛇《うわばみ》みたいな鼾《いびき》かかれたんじゃ講釈が読めねえ、木戸銭返すから帰れって」悔しいから仇討ちをしたいという男に友だちが知恵を貸す。「角の乾物屋で胡椒の粉を買って来て、修羅場を読み出したらちびちび火鉢へくべるんだ。咳、くしゃみでしどろもどろになったら木戸銭返せっていってやれ」。

火鉢に胡椒を仕込んで二人して扇ぐ扇ぐ。「やぁやぁ遠からん者は音にも聞け、近、ちか、ちか、はっくしょん、近くば寄って目にも見よ、我こそははっくしょん、源家の長者武門の、はははっぐ。今晩はとても読めません」「早く戦の勝負を付けろ！」「それは無理、脇から胡椒(故障)がはいりました」

噺の豆知識

講釈師●江戸時代は今の講談を講釈といい、古い戦の話を読み、説く者が講釈師。当時の寄席は昼は講釈、夜は義太夫節、落し噺といった番組構成が主流だが、浅草寺の内、神田明神や湯島天神、芝神明の社頭などでは講釈が専門。見台《けんだい》を兼ねた机を扇で叩いて拍子を取るのは今も昔も変わらない。この噺の講釈は『真田小僧』(110頁)にも出て来る人気の軍記『真田三代記』。

軍談の講釈場

052 九段目《くだんめ》

【お噺の面々】 小泉熊山　吉兵衛　金さん

【お噺の舞台】 吉兵衛の家　近江屋

虚無僧姿の本蔵

町内の呉服商近江屋で隠居の祝いに素人芝居をすることになった。出し物は忠臣蔵九段目。ところが前日に立役者加古川本蔵《かこがわほんぞう》をやる者が風邪をこじらせ、お店の吉兵衛は困り果てる。

「按摩のかたわら医者もやる働き者で、昼間は家で煙草を刻んでる。横町に越して来たばかりなんだが」と顔の広い金さんの世話でやって来たのが小泉熊山《ゆうざん》。吉兵衛が懇切丁寧に稽古を付けて、いよいよその晩幕が開く。

「本蔵、尺八が逆さまだ。お尻《ケツ》吹いてるよ」慌てた拍子に鼻を打ち、鼻血が出て騒ぎになるが芝居は進む。本蔵が槍で突かれる大詰めに、「えらく血が出る。幸いこれなる煙草入れ、中から五匁《ごもんめ》取り出して、傷へ当てればおお沁みる」「本蔵、血止めに煙草とは芸が細かいぞ」「なあに、これは手前切りでございます」

噺の豆知識

九段目●全十一段からなる『仮名手本忠臣蔵』の九段目。娘の許嫁《いいなずけ》、大星力弥に己を討たせる加古川本蔵の苦悩……を三河訛りの元万歳師が虚無僧《こむそう》姿の本蔵になって熱演する噺。台詞の稽古中、三河万歳の節回しになるのがご愛嬌で、本番でも尺八を逆さまに持って野次を浴び、力弥役から槍を受ける場面で鼻血が滴り落ちる。

053
首提灯《くびぢょうちん》

【お噺の面々】酔っ払い　田舎侍
【お噺の舞台】芝山内

追剥ぎや試し斬りが出ると噂の芝山内。夜更けに酔っ払いが一人気勢を揚げていると、侍が呼び止め「麻布はどう参る」。「あっちだ」で済むものを田舎侍と侮って散々の物言いをした上に痰を吐いた。殿から拝領した紋服を汚された侍は堪忍の緒が切れて、酔っ払いの首を刎《は》ねた。

やられた方は余りの早業に気がつかず、歩き出したはいいが次第に首が回って横向きに。「後ろ向きは歩き難いからね。なぜこうがたつく、俺の首は」と襟元の血糊に触れてやっと事態を悟ったところで火事騒ぎ。「ごめんよ、ごめんよ、どいたどいた」「こりゃいけない、落としちゃまずい」と首を差し上げ「ごめんよ、ごめんよ」。

噺の豆知識

火事場の提灯●吹き流しが付いた纏《まとい》は武具の馬印《うまじるし》に似た物で町火消各組の印だが、夜間は組名の平仮名や数字が墨文字で書かれている高張《たかはり》提灯が使われた。「ごめんよ、ごめんよ」と火事場に向かう町火消が掲げたのはこの高張提灯。間抜け男はつい釣られて首を差し出したか。

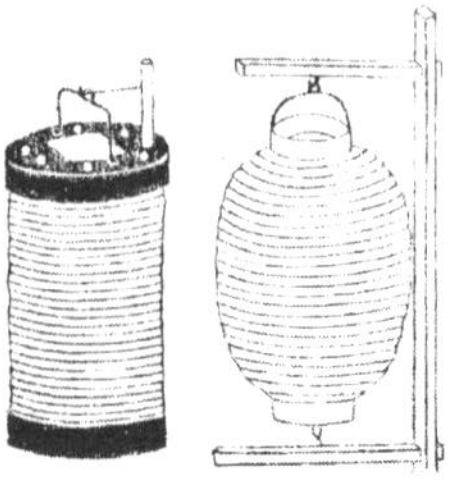

右が高張提灯で、長竿に据えられている。左は箱提灯。畳めば上下の蓋に収まる

054 首屋《くびや》

【お噺の面々】首屋　三太夫　殿様
【お噺の舞台】本所割下水の旗本屋敷

「首屋でございい、首屋でございい」「おい三太夫、表を妙な奴が通るな、連れて参れ」

殿に首を売るわけを聞かれた男は「人生五十年。二十五年は寝て、病み煩いが十年、飯を食って五年、昼寝、居眠りが五年ずつ。何にもしないで五十年は終わりますので」「おもしろいことをいう。その方の首の値はいかほどだ」「七両二分、先に頂戴をします」。支度があるからと首屋は首に下げた風呂敷包みから何やら取り出すと「きっぱりとおやりください」。殿様はためらいがちに太刀をぬっと出す。「首をのばせ。いくぞ、えーい」

首屋はひょいと体をかわして、張り子の首をぽい。「こら、その方の首は」「これは看板です」

噺の豆知識

珍商売●張子の首で侍から大金をせしめる『首屋』は滑稽本に載る小品を下敷きにした噺。小身の旗本、御家人の屋敷が多い本所割下水《ほんじょわりげすい》界隈を流せばカモがいると踏んだ首屋は賢い。

小道具は似ていても穏やかな商売が「親孝行」。『守貞謾稿』によると天保（一八三〇〜四四）の頃、張りぼての男人形を胸に吊り、手足は張り子を使って孝行息子が父親を背負うように見せて歩いた銭乞いがいたという。

首をぽい！

055 汲《く》みたて

【お噺の面々】建具屋の半公　与太郎
長屋の暇人　小唄の師匠　肥舟の男
【お噺の舞台】隅田川の屋根船

長屋の暇人が師匠目当てに小唄の稽古。差し向かいの唄より三味線の方が指が触れていいと戯れ言を言い合っていると通りすがりが「よしな、師匠にはもう好い人がいる。建具屋の半公だよ」。

そこへ与太郎が来た。「柳橋から船に乗っていくんだ、涼みに。師匠と半さんと行く。有象無象《うぞうむぞう》に知れるとうるさいから黙って行く」。邪魔しに行こうと負けずに船を出す。

半公の唄に騒々しい間の手を入れていると、たまりかねた半公が顔を出し「なにをいってやがんだ、師匠をどうしようと俺の勝手だ」「なにを、くそでも食らえ」。そこへ肥舟がすーと間に入り「汲みたてがあるがいっぺぇ、あがるか」。

噺の豆知識

隅田川で夕涼み●与太郎のいう船は四本柱に簡素な屋根を載せた屋根船で、隅田川をあちこちしたり両国橋に繋いで遊ぶ納涼船として親しまれた。噺の御一行は自前の唄や囃子で応戦するが、川には「陰芝居」という声色《こわいろ》芝居をする玄人はだしの連中の船も出ている。「汲みたて」を勧めたのは葛西舟とも呼ばれた下肥《しもごえ》運搬船の船頭。野菜の生産地葛西へ帰る途中なのだろう。

隅田川の涼み船。右が屋根船、左は豪勢な屋形船

056

蜘蛛《くも》駕籠《かご》

【お噺の面々】 駕籠かき　茶店の主　武家　おかしな客 **【お噺の舞台】** 鈴ヶ森

鈴ヶ森の茶店前で駕籠かきが懸命に客を引いている。無理矢理乗せた客が目の前の茶店の亭主で「やれ茶をくれだの火を貸せだの、毎日顔を合せて気がつかねえのか馬鹿野郎」。

「駕籠が二丁。前の駕籠には姫様……」と声を掛けて来た武家に大喜びすると「今ここを通らなかったか」。落胆していると手が鳴って駕籠の中から「品川へやっとくれ。垂れは降ろしたまんまでいいよ」。料金の一分に酒手《さかて》も一分貰っていざ担ぎ出すと妙に重い。中では大の男が「二人で抱き合ってると相撲取ってるようだな」てなことをいっていると駕籠の底が抜ける。

「構わないで担いどくれ、あたしらは中で歩くから」と一行が歩き出すと「おとっつぁん、面白い駕籠が通るよ。中から足が四本、全部で八本あるよ」「これが本当の蜘蛛駕籠だ」

駕籠かき

噺の豆知識

雲助駕籠●駕籠は大きく分けると江戸市中で営業する町駕籠と街道筋の道中駕籠と二種類ある。道中駕籠にも二通りあって、宿場の問屋に属する宿場駕籠と流しの山駕籠があるが、東海道品川宿から南へ一里の鈴ヶ森で客を拾うこの噺の駕籠かきは後者。旅人に悪さをするような連中が俗に雲助と呼ばれ、雲助駕籠、雲駕籠といったところから落ちに繋がる。

057 蔵《くら》前《まえ》駕籠《かご》

【お噺の面々】駕籠屋　駕籠かき　吉原行きの客　追剝ぎ【お噺の舞台】蔵前の駕籠屋　蔵前通り

泰平の世がにわかに騒がしくなった頃、どさくさに紛れて吉原行きの遊客を狙った追剝ぎが出没。吉原への通り道、蔵前は危ないが、それを承知で酔狂な男が現れた。暮れ六つを過ぎると駕籠は出さないという駕籠屋に「出たら逃げちゃっていい。駕籠賃は倍払う。酒手は一分っつでどうだ」。

駕籠賃と酒手を前払いした客は、そっくり着物を脱いで支度を済ませ乗り込んだ。しばらく行くと、やって来たのは覆面に黒尽くめの一団。「われわれは由緒あって徳川家へお味方する浪士の一隊。軍用金に事欠いておる、身ぐるみ脱いで置いて参れ」。駕籠の垂れを上げると、裸の男が腕組みをして睨み付ける。「もう済んだか」

噺の豆知識

駕籠屋●駕籠かきを抱える商売が駕籠宿ともいう駕籠屋で、常時数人が待機して客の求めに応じる。御府内を駆ける駕籠には人通りの多い道端に佇んで客を待つ辻駕籠も多い。吉原で豪遊でもしようという御仁は別だが、楽でも高くつく駕籠は庶民にはあまり縁のない乗物だったようだ。ちなみに料金は日本橋から吉原まで金二朱、大工の手間賃一日分より高い。

蔵前を行く駕籠屋

058 傾城瀬川《けいせいせがわ》

【お噺の面々】若旦那善次郎　番頭久兵衛
太鼓持ち華山・五蝶　瀬川花魁　忠蔵
【お噺の舞台】吉原揚屋町の太鼓持ちの家

下総屋の若旦那善次郎は学問一筋の堅物。旦那に頼まれた番頭の久兵衛が太鼓持ちの華山に遊びの指南を頼むと、華山は儒者というふれ込みでやって来て花を活けろとすすめる。

しばらくして吉原に連れ出し、揚屋町《あげやちょう》の五蝶《ごちょう》という太鼓持ちの家へ。座敷には毛氈《もうせん》が敷いてあり、花器が置かれている。そこへ御歳十八、松葉屋の瀬川という花魁が来て、見事にえぞ菊を活けて帰って行った。瀬川に惚れ込んだ若旦那は半年と経たずに八百両という大金を使い果たし、勘当されてしまう。元奉公人の忠蔵にやっかいになり、一月ほど経つと瀬川宛の手紙を書いて五蝶の所へ持って行かせた。花魁は忠蔵に蕎麦でもと五両を渡し、手紙を託す。それには雨の晩に廓を抜けて主の所へ行くとある。長煩いだった親父さんに詫びを入れると勘当も許され、五蝶の手筈で瀬川の身の代金《みのしろきん》も払った。

惚れ合った二人は一緒になり、末永く添えとげたという。

噺の豆知識

松葉屋●若旦那が瀬川花魁に惚れ込んで通い詰めた松葉屋は、吉原の大門を潜ってすぐの江戸町（217頁図参照）の妓楼。江戸中期以降の吉原細見を見ると、瀬川の名はないが格の高い花魁が多数名を連ねている。

諸芸に秀でる花魁

059 孝行糖《こうこうとう》

【お噺の面々】与太郎　大家さん　長屋の連中
【お噺の舞台】与太郎の長屋　水戸様のお屋敷

親孝行の与太郎がお上から青緡五貫文《あおざしごかんもん》の褒美を貰った。渡せばすぐに使うだろうから大家を始め長屋連中が知恵を絞り、飴売りをさせることにした。役者にあやかって流行った璃寛糖《りかんとう》に芝翫糖《しかんとう》を真似て与太郎が売るのは孝行糖。派手ななりに赤い頭巾、鉦《かね》と太鼓で売り歩く。「孝行糖、孝行糖、孝行糖の本来は、粳の小米に寒ざらし……」

「買ってやろうよ、親孝行にあやかるよ」と町場の皆は優しいが、水戸様のお屋敷は厳しい。

「孝行糖……」「とーれ。こら、鳴り物はならん」と門番が六尺棒でめった打ち。通りがかりの者が「これは愚かしい者ですが、親孝行でご褒美を頂戴した者です。ご勘弁を。どこをやられたんだ」

「こうこうと、こうこうと」

飴売り

噺の豆知識

飴の売り言葉●孝行糖、孝行糖、孝行糖の本来は粳《うる(ち)》の小米《こごめ》に寒ざらし、榧《かや》に銀杏、肉桂《にっき》に丁字、ちゃんちきちん、すけてんてん、昔々、唐土の、二十四孝のその中で、老莱子《ろうらいし》といえる人、親を大事にしようとて、こしらえあげたる孝行糖、食べてみな、おいしいよ♪『二十四孝』は中国の親孝行二十四人を取り上げた書物。

060 強情灸《ごうじょうきゅう》

【お噺の面々】我慢比べの男たち
【お噺の舞台】とある町内の灸据え所

意地っ張りの男が我慢自慢。遠出をして峰《みね》の灸へ行くと三十二の艾《もぐさ》を据えるというので、面倒だから一気にやってもらうと「熱いの熱くねえの。でもよ、これで外に飛び出しゃ、かちかち山だ、ぐっとこらえた」。

「何をいう。おい艾を持ってこい。これを全部撒いてばらばらにして腕に載せるんだ。山にして火を付ける。ほら火がまわってきた。石川五右衛門はな、たぎった油にへえって辞世の句を詠んでらあ。なぁに熱いもんか」「そりゃ今は熱くないよ、まだ肌まで火が届かないんだから」

「うーん、熱いもんか、五右衛門はな、五右衛門は、はぁー」と灸を払いのけて「さぞ熱かったろう」。

噺の豆知識

峰の灸●江戸の中期に横浜に創建された浄土宗の寺、円海山護念寺で施される灸が「峰の灸」。住職が始めた灸は熱いので評判になり、はるばる江戸からも多くの人が訪れたという。灸は按摩も据えたし、町内に専門の灸据え所があってそこでも治療が受けられた。

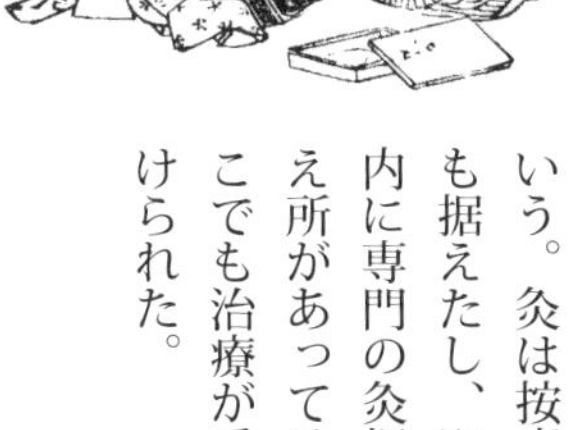

灸を据える

061 紺屋高尾《こうやたかお》

【お噺の面々】久蔵　親方　高尾太夫　お玉が池の先生【お噺の舞台】神田紺屋町　染物屋吉兵衛　吉原の妓楼三浦屋

染物屋吉兵衛の奉公人久蔵は寝込んでいた。お玉が池の先生の見立てでは恋煩い。「三浦屋の高尾太夫に惚れたな」「でも、所詮大名のお遊び道具ですから」「お前さん給金はいくらもらう。年に三両か、それじゃ三年貯めたら高尾太夫に会わせてやる」。働きずくめで三年が経ち、お玉が池の先生と吉原へ。「ぬしは、今度いつ来てくんなます」「私の給金は年に三両、また三年後にまいります」。これを聞いた高尾太夫はもうこの里に来ては行けないと諭し、来年の二月十五日に年が明けるので所帯を持とうという。言葉通り高尾が訪ねて来てめでたく所帯を持ち、染物屋の店を開く。手伝う高尾見たさに店は大繁盛をしたという。

噺の豆知識

高尾太夫●太夫は遊女の最上級の位で高尾太夫は吉原随一の妓楼三浦屋四郎左衛門に代々伝わる名跡。仙台藩主伊達綱宗に身請けされたという仙台高尾（伊達高尾）とともに、この噺の紺屋高尾も有名。所詮大名のお遊び道具と職人の久蔵がひるむのも無理はない高嶺の花。ちなみに、吉原惣名主を務めた三浦屋は江戸の中期に廃業し、やがて太夫も吉原からいなくなる。

紺屋

062 黄金餅《こがねもち》

【お噺の面々】西念　金兵衛さん　長屋の連中　木蓮寺の和尚　焼き場の下男【お噺の舞台】下谷山崎町の長屋　麻布絶口釜無村の木蓮寺

下谷《したや》山崎町に住む願人《がんにん》坊主の西念《さいねん》が病気になって久しい。隣に住む金山寺味噌売りの金兵衛が見舞うと、あんころ餅が食べたいというので三十ばかり買って来た。壁の穴から覗くと、餅の皮に金を包んで飲み込んでいく。「西念さん少し吐きな。だめだ、まいっちまった」。金兵衛はすぐに菜漬の樽に西念を入れ、自分の寺に埋葬するといって長屋の連中と出立した。麻布の木蓮寺へ着くと皆を帰して焼き場で焼いてもらい、明け方戻って来る。「遺言で仏には俺しか触れない」とおんぼを遠ざけ、腹から取り出した金が六百両！

これを元手に金兵衛の名前にちなむ、黄金餅という店を出して繁盛したという。

噺の豆知識

願人坊主●町中を門付して回る、坊主とは名ばかりの似非《えせ》托鉢僧。頭陀袋《ずだぶくろ》を下げて人の家の前に立ち、経を読んでいくらかの銭を手にする生業で、西念が六百両もの大金をいかにして溜め込んだかは謎。おまけに金一両は十五グラム、腹に詰め込めたのも謎。願人坊主は同じ西念の名で『藁人形』（288頁）にも登場する。

願人坊主

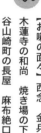

063 小言幸兵衛《こごとこうべえ》

【お噺の面々】幸兵衛　豆腐屋　仕立屋　鉄砲鍛冶
【お噺の舞台】幸兵衛の家

麻布古川町の長屋を差配する幸兵衛は人呼んで小言幸兵衛。「貸家札」を見て来る客も迂闊なことをいえば追い返される。
「まっぴらごめんねえ」と豆腐屋が来ると、近くに豆腐屋はないから丁度いいと乗り気だったが、子がないと聞くと「別れちまえ。いい女房を世話するから独り身で越して来い」とお節介を焼く。
怒った豆腐屋のあとに来た仕立屋は物言いが丁寧で申し分なしと思われたが、独身の一人息子がいるという。「面白くねえな。お前さんが来ると長屋に騒動が起こる」と幸兵衛。向いの古着屋にいる一人娘のお花と仕立屋の倅はいずれ恋仲になるが、両家とも跡継ぎを手放せないので心中すると言い出す。仕立屋が帰るとやって来たのが三十路の職人で「やい、家主の幸兵衛はてめえか。家賃取るなら火つけるぞ！」と乱暴に捲し立てる。「俺の商売は鉄砲鍛冶だ」「道理でぽんぽんいう」

噺の豆知識…

店子選び●空き店を便利に使うために嫌がらせをする『お化長屋』（45頁）とは違って、幸兵衛の小言は意地悪が本意ではないようだ。長屋の一切を任される以上、店子の素性を探って揉め事や不祥事が起きないよう配慮が要るからだ。お節介は親心と解したい。

小言親父

064 碁《ご》どろ

【お噺の面々】 碁敵の二人　お内儀さん　女中　泥棒　**【お噺の舞台】** とあるお店

碁好きな旦那がお仲間を訪ねると、当分碁は打てないという。煙草の火で盤の周りの畳が焼け焦げだらけ、火事が心配だとお内儀さんにこぼされたという。それなら碁は碁、煙草は煙草と分けたらいいと始めたが、しばらくすると「おーい煙草盆！」。「お内儀さん、旦那様が怒鳴ってます」「困ったね、火は駄目。そうだ烏瓜《からすうり》を灰に埋めて持ってお行き」これなら安心と女二人が湯に行った隙に泥棒が入った。手早く拵えた風呂敷包みを背負って退散しかかったところへパチリ、パチリ。

「いつ聞いてもいい。盤も石も良さそうだ」音に釣られて煙草の部屋の襖を開ける泥棒。へぼな石につい口を挟むと「あなたはいったい誰」「泥棒で」「泥棒は弱ったな。泥棒、と。泥棒さん、よくお出でだね。パチリ」

パチリ、パチリ

煙草盆

噺の豆知識

煙草盆●煙管で刻み煙草をのむための道具が煙草盆。庶民仕様は木箱に火種を保つ瀬戸物の火入れ（火鉢）や吸い殻を捨てる際に煙管の雁首を叩く灰吹きが置かれている。炭に代えて赤い烏瓜を刻んで埋め込み、灰の中から頭をちょいと出すというお内儀さんの作戦は見事。

065

五人廻《ごにんまわ》し

【お噺の面々】喜瀬川花魁
振られた客たち　見世の若い者
【お噺の舞台】吉原の遊女屋

江戸の遊廓では玉代《ぎょくだい》を払っても振られることがままあった。一晩に五人の客を取った喜瀬川花魁に待ちぼうけを食らった四人はてんでに嘆いたり怒ったり……。

「へい今晩は」「おい若い衆、客を振る面かあの女郎は。生意気なことするなって女にいっとけ。まごまごしてやがると頭から塩掛けてかじるぞ」

「ああ驚いた。どこ行ったんだ、えー喜瀬川さん」

「ちょっと廊下を行く人、聞いてましたよ向うの野蛮人。野暮の極みでげすな。ところでその、今宵姫君は」「ただ今直に」「何を今更。玉なるもの

花魁は来ない

廻し●二人以上の客がついた遊女が順繰りに部屋を回って相手をするのが廻し。この理不尽な制度は江戸の遊廓だけで上方にはない。仲間内で遊びに行っても、『錦の袈裟』（204頁）の与太郎のようにもてる者ともてざる者に分かれるのは当たり前。「女郎買いふられた奴が起こし番」と潔いのが江戸っ子だとの自負があったようだが、この噺のように「玉代を返せ」はごもっとも。玉代は遊女の揚げ代のことだが、遊ぶには他に飲食の費用や若い衆への心付けなどが要る。

をご返却願って引き上げましょう。さもなくばお体を拝借」「驚いたねどうも。えー喜瀬川さん」

「おいこら、夜明けになんなんとして娼妓は一度も来ちょらん。即刻寄越すか揚げ代を返却か。返答によっては覚悟がある」「ただ今呼んでまいります。えー喜瀬川さん」

「若え衆、おらあ毎晩来てるに、馬鹿にして。あまっこにいってもらうべ、客を振るなら田舎者を振ったらよかっぺって。おらなんざこう見えてもいどっ子だこの野郎」「ごもっとも、すぐに花魁を。えー喜瀬川さん」「ああい」。やっと花魁を見つけた若い衆に「これがほかへ廻らねえから、われが困るちゅうだんべ。玉代を返せって、そんな間抜けは田舎者だんべえ」と田舎大尽は四人の玉代を肩代わりする。「もう一人前出しておくれ」「出してどうする」「あちきがもらっておまはんに。それを持って帰っておくれ」

噺の豆知識

花魁●噺に出て来る吉原の遊女はピンからキリまで「花魁」呼ばわりが普通だが、江戸時代はピンが花魁。大名、旗本が豪勢に遊んだ初期のピンは「太夫」、太夫の呼び名が絶えた中期以降は「呼び出し」という妓楼の筆頭格の通称が花魁。幕末の本には「凡妓に至るまですべて花魁というのは、大関にならない相撲取りを関取と呼ぶのと同じこと」とある。凡妓優妓の混同と同じことが起きている相撲界の喩え話、これはこれでびっくりだ。

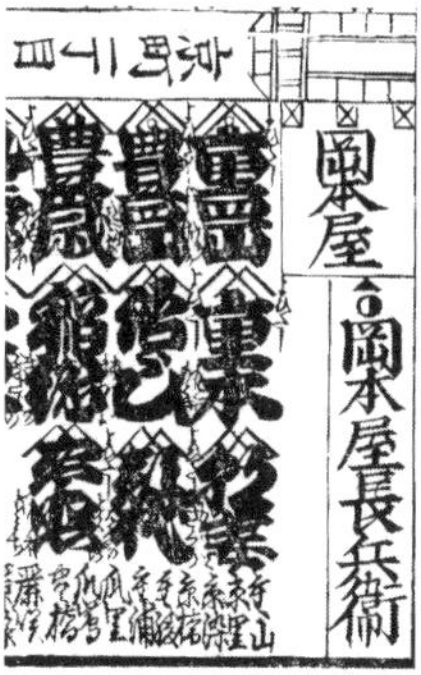

吉原細見に載る遊女の名。太字の名前の脇に小さく「よびだし」とある

066

子《こ》ほめ

【お噺の面々】 熊五郎　隠居　八五郎
【お噺の舞台】 隠居の家八五郎の長屋

ご隠居の家に遊びに来た熊さんが「薦被《こもかぶ》りが届いたって聞いてね、一杯飲ましてもらいたい」と切り出すと、「世辞の一つも言えたほうが、相手も気持ちよく奢る気になるものだ」といわれて言い方を教わる。「年を聞いて四十五なら、お若い、どう見ても厄そこそこですとやる。五十なら四十五、六だ。さぁ一杯つけたから飲んでいきな」

「いや、忘れるといけねえから」と辞去した熊さんは、先日赤ん坊が生まれた八五郎を訪ねる。人形のようだ、可愛らしい手は紅葉のようだと褒めて、年を聞く。「今日がお七夜、だから一つだよ」「一つか、一つにしちゃ大層お若い。どう見ても只だ」

薦被りが届いた

噺の豆知識

子ほめの台詞●ご隠居が熊さんに授けた口上は「大層良いお子様でございます。おじい様に似ておいでで、ご長命の相がおありなさる。栴檀《せんだん》は双葉より芳しく、蛇《じゃ》は寸《すん》にして人を呑む。こういうお子様にあやかりとうございます」。栴檀も蛇も、大成する人は幼い頃からその兆しがあるという意味の諺。

067 子《こ》別《わか》れ

【お噺の面々】 熊五郎　おかみさん　亀吉
紙屑屋の長公　お店の番頭
【お噺の舞台】 吉原　熊の長屋　鰻屋の二階

大工の熊五郎は吉原の近くであった弔いの帰りに紙屑屋の長公と出会い、二人で吉原へ繰り込んだ。熊五郎は居続けをして四日目に家に帰ると女郎とののろけ話しを延々とやって大喧嘩。女房は子供の亀吉を連れて出て行き、離縁状を書かされて別れてしまう。吉原の女も長くはいない、そのうち勝手に出て行った。

真面目に働いてお店《たな》の信用も戻ったある日、出入りのお店の番頭と木場まで行く途中のこと。

「熊さん、亀ちゃんていったかね、可愛い子だった。いくつだい」「あれから三年。十……一」

「おや、噂をすれば影。会ってやんな。あたしは先に木場へ行っているから」

「おい亀、この近所か。新しいおとっつぁんは優しくしてくれるか」

「おとっつぁんはお前だけだよ」「そうか。これな、小遣いにやろう」「わぁこんなに」

「おっかぁにいうんじゃないぞ。明日な、この鰻屋に来い、食わせてやる」

「おっかぁ、ただいま」「駄目だよ、まっすぐ帰って来なくちゃ。なんだいこのお銭は。いわないならいい、これで殴るよ。おとっつぁんからもらってきた玄翁《げんのう》だ」

「おとっつぁんにもらった。明日、鰻を食べさせてくれるって」

明日この鰻屋に来い

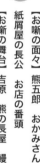

明くる日。「上がっといでよおっかさん。呼んでおあげよおとっつぁん。仲人はくたぶれる」「お前もそういうなら、もう一度やろう。子は鎹《かすがい》だ」「それで昨日、玄翁でぶとうとした」

噺の豆知識

離縁状●三行半に書くので通称三行半《みくだりはん》。離縁状は離縁の際に夫から妻へ渡し、逆はない。妻側に主導権がないので、この噺でも熊五郎は「書かされた」。離縁するには嫁入り道具や持参金を妻の実家に返さなければならなかったので、離縁を言い出せない夫もかなりいたようだが、夫が応じない場合、遠方の縁切寺へ駆け込めば道は開かれる。とはいっても最終的に夫に離縁状を書かせねばならなかった。

木場●江戸の初期に造られた広大な貯木場が木場。埋立てによる海岸線の南下で、材木の町は「新木場」に移っている。往時は縦横に流れる堀に材木を浮かべ、注文があれば筏にして注文主へ送る材木商が集まっていた所。熊五郎が亀吉と再会したのは木場へ出向く途中だったが、これは出入りのお店で入用の木材を見立てるため。酒と女の自堕落から立ち直り、すっかりお店の信頼を取り戻したのだろう。

『江戸名所図会』に載る深川木場の図。あちこちに櫓に組んだ材木が見える

068 蒟蒻問答《こんにゃくもんどう》

【お噺の面々】 蒟蒻屋六兵衛　沙弥托善　八五郎　寺男の権助 **【お噺の舞台】** 上州安中の蒟蒻屋　空き寺だった薬王寺

道楽が過ぎて上州安中《あんなか》の在に流れ着いた八五郎は、蒟蒻屋の六兵衛に拾われて居候中。何か商売を始めろといわれて八五郎は坊主になった。朝から寺男と酒を飲んでいると、衣から脚絆甲掛《きゃはんこうがけ》まで鼠一色、手には如意を下げた雲水が現れた。

「拙僧は越前の国永平寺の僧托善《たくぜん》と申す諸国行脚の者。大和尚《おしょう》にひと問答願いたい」。留守だと胡麻化し、夜逃げの支度をしていると六兵衛が来て相手になるという。翌日、件の坊さんが何を聞いても六兵衛は知らんぷり。そこで人差し指と親指で丸を作って突き出すと六兵衛は両手で丸を描く。指十本を突き出せば五本で応じる。三本には人差し指を目の下に。逃げ出した坊主に八公が聞くと「無言の行と心得、和尚の胸中はと尋ねると大海のごとし。十方世界はと問えば五戒で保つ。三尊の弥陀は目の下にありと」。

「あいつは俺を知ってる乞食坊主だ。お前の蒟蒻はこれっぽっちだというからこんなに大きい。十丁で五百文だ。三百に負けろというからあかんべえをした」

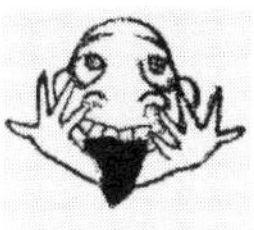

あかんべえ

噺の豆知識

禅問答●問いも答えも言葉は抽象的かつ簡潔。軽く身振りで答えた蒟蒻屋の対応は修行者にしてみれば自然に見えたに違いない。問答にある十方世界は全世界を意味し、五戒は不殺生、不偸盗《ちゅうとう》、不邪淫、不妄語、不飲酒の五つの戒律。

069 権兵衛狸《ごんべえだぬき》

【お噺の面々】権兵衛　狸
【お噺の舞台】権兵衛の家

とある村里に一人暮らしの権兵衛爺さん。村の若い衆が毎晩爺さんの家に集まっては四方山話をしていく。ある日のこと、皆が帰って床に着くと「ドンドン、権兵衛。ドンドン」。誰か忘れ物でもしたかと戸を開けるが誰もいない。明くる晩も同じ刻限に「権兵衛、権兵衛」。黙って土間へ下り、戸に手を掛けて待っているところへドンと来た。すかさず戸を開けた拍子にころころっと転がり込んだ狸を取っ組み合いの末に捕まえる。

「仕置は明日にすべえ」と狸を縛って梁《はり》から吊るし、権兵衛は寝た。翌朝、その日が父親の祥月命日だと気づいて殺生を思いとどまり、「頭の毛を伸ばしてるからのぼせて悪さがしたくなるだ。おらが刈ってやる」と狸を坊主にして放してやった。その晩、またもやドンドン。「権兵衛さん」「さん付けか、おべっか野郎め。何しに来た」「今度は髭《ひげ》をやってください」

狸が夜な夜なドンドン

噺の豆知識

噺の狸●『狸賽』（163頁）を始め、命を助けられた狸がご恩返しをする一連の狸噺、愛しい人に化けて子を産む『お若伊之助』（52頁）の狸、化けないでご奉公する『化物使い』（221頁）の狸。噺の狸は皆それぞれ人間の役に立っているが、権兵衛家の戸を叩くだけのこやつはただの悪戯好き。

落語を楽しむ 江戸の豆知識 其の二

【1両で買える米】

1石＝10斗＝100升＝1000合

1石150kg　1斗15kg　1升1,5kg　1合150g

←4、5斗入る米俵

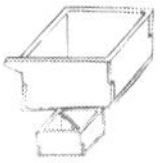

五升枡と一升枡→

飯櫃

●俵を杉形（すぎなり）に積んでいく米屋

◆江戸の金銭感覚を知る

小判一枚で何が買えるか

金一両で白米一年分■金一両がいくらに相当するか、円換算は難しい。比較的物価が安定している江戸後期の文政年間（一八一八〜三〇）の資料では白米一石（千合）が銀六十〜七十匁。銀六十匁が金一両。大人一人一日に三合とすると一年分の米が買える。

裏長屋の店賃一年分■家賃ならどうか。場所にもよるが、同じく文政期の例で九尺三間（四坪半）の長屋が金二朱（八分の一両）。一両あれば八カ月分払える。落語でお馴染みの四畳半一間に台所が付く九尺二間（三坪）なら一年住める。千両の大当たりを夢見る富くじは四枚で一両。

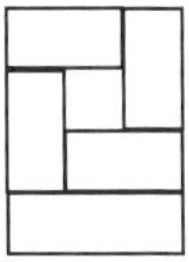

落語を楽しむ 江戸の豆知識 其の三

◆江戸時代の通貨は金銀銭
小判でおつりは貰えない

両替商●店頭に天秤を置いて銀貨を量って両替をし、金銀銭の三貨を売り買いもする。相場を動かす立役者。

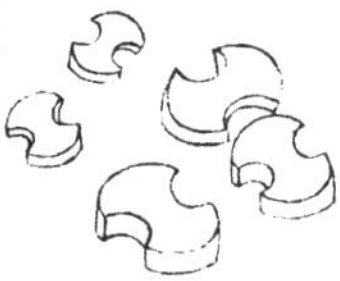

●両替屋の必需品、分銅

江戸の庶民は銭がお宝■一円を基準に十進法で運用するこんにちとは違って、江戸時代にはまったく別系統の三種類の通貨があった。銭はいずこの庶民にとっても暮らしに欠かせない貨幣だが、金貨は主に武士階級の通貨で、銀貨は商人のもの。そこで、江戸は金貨が中心に使われ、大坂では銀貨が使われた。

お上が定めた交換率■仮に一両小判を持って四文の駄菓子を買いに行っても相手にされないが、公式レートによれば、釣り銭は三九九六文（右図参照）。実際には金銀銭はすべて売り買いされ、その日の相場が立ったので、丁度外国通貨と円の関係と似ている。

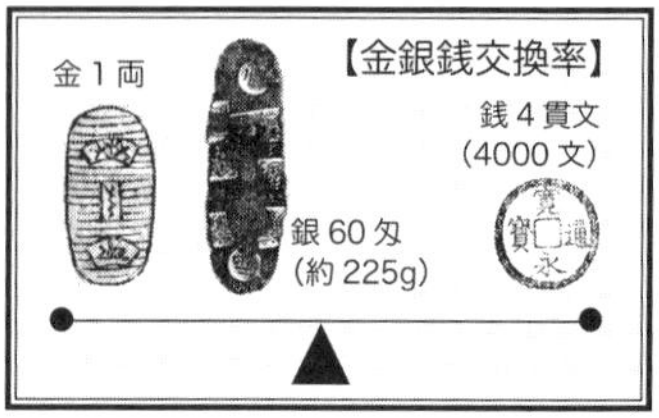

金

金貨の額面と呼び名●小判、分金、朱金とあり、小判一枚が一両。一分金は四枚、一朱金は十六枚で一両に通用する（左図参照）。一般的な通用金は分金、朱金で、小判は豪商や武家階級のものといえる。ちなみに大判は額面は十両とされるが、通貨というより貯蓄、贈答用。

●一両小判

●二分判

●二朱判

●大判は十両

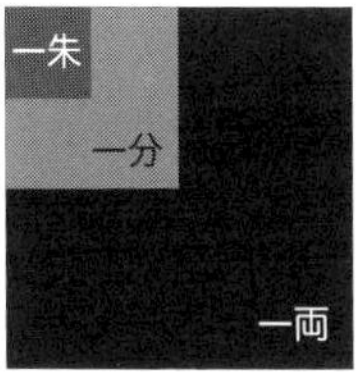

●一両は四分、一分は四朱（一両は十六朱）

銭

庶民に身近な銭●江戸時代を通じて広く通用したのが寛永通宝。一文銭の他に裏が波模様の四文銭がある。幕府の定めでは一両が銭で四〇〇〇文。銭の穴に緡（さし）という細縄を通した緡銭一束九十六文は百文として通用。家を出た『火事息子』が身を寄せた火消屋敷では緡作りが日課。また『鼠穴』の竹次郎は三文の元手で緡を作って売り、立身していく。

●寛永通宝波銭

●五括十連の銭約五百枚で作った封印銭。藁を束ねた紙に朱の封印を捺す

銀

銀貨は秤で量って取引する通貨●銀貨には大型の丁銀と豆板銀という豆形の小型のものがあって、両方とも天秤にかけて目方を量る不定量貨幣。金貨は額面通りに通用したが、銀貨には定まった額はなく、重さでその値が決まる。江戸中期には金同様の定量定額貨幣、南鐐二朱銀が作られ、幕末には一分銀や一朱銀も登場する。

●丁銀

●豆板銀

●一分銀

●南鐐（なんりょう）二朱銀

さ

070 盃の殿様《さかずきのとのさま》

【お噺の面々】盃の殿様　花扇　早見東作　【お噺の舞台】吉原の妓楼扇屋右衛門　国元のお城

気欝症になった殿様が行列を仕立て吉原へ冷やかしに行った。茶屋で花魁《おいらん》の道中を眺めていた殿様は扇屋右衛門の抱え花扇《はなおうぎ》を気に入り、供を連れて扇屋に揚がった。吉原通いをするうち、一年お国詰めということになる。千亀千鶴の大盃で別れの酒を酌み交わし、お国に帰るが花扇のことが忘れられない殿様。そこで気のきいた家来が、韋駄《いだ》天《てん》の足軽早見東作に盃を担がせて「えっさぁさぁ」と吉原へ送り出す。花扇は店の端まで出てきて七合入りの盃を飲み干し、殿様にご返杯。

帰り道箱根で大名行列の供先《ともさき》を切り、急ぐわけを聞かれ、ことの次第を話す。行列の大名は「大名の遊びはかようでなくてはならん、余もあやかりたい」と山の中で酒盛り。少々遅れて国元に着いて殿様に斯様なことでと申し上げると、ではもう一献というので東作さん、またえっさぁさーと駆け出した。

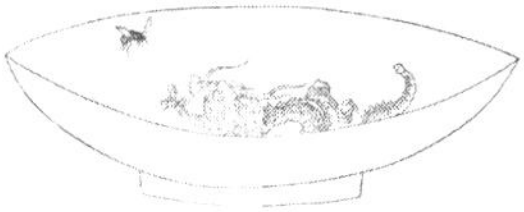

大盃で別れの酒

噺の豆知識

茶屋●吉原を貫く大通り、仲之町《なかのちょう》の両端に軒を連ねるのが客に遊女を取り次ぐ引手茶屋。この茶屋でまず酒宴を催し、遊女屋へ繰り込むことになる。殿様が見た花魁道中は、呼ばれた花魁がどこぞの茶屋へ客を迎えに行くところだったか。道中は妹分の新造や見習い身分の禿《かむろ》を引き連れてそろりそろりと歩む。

071 佐々木政談《ささきせいだん》

【お噺の面々】 佐々木信濃守　三蔵　四郎吉　高田屋綱五郎　町役 **【お噺の舞台】** 新橋竹川町の往来　南町奉行所

三方の饅頭

南町奉行佐々木信濃守が市中の見回りに出て新橋竹川町まで来ると、子供たちが裁きを真似て遊んでいる。「それがしは南町奉行佐々木信濃守。これ勝ちゃんとやら、それに相違ないか。さように些細なことで上に手数をかける段不届き至極、重きお咎めもあるべきところ、この度は許す」と子供奉行は裁く。「三蔵、奉行になった子供とその父親、町役同道で奉行所に出るように」と信濃守は命じ、桶屋の高田屋綱五郎、倅四郎吉は町役同道で白州へ出る。

「四郎吉、面を上げい。では尋ねたい」「そこへ上がらしてくれれば何でも答えます。やぁ、まんじゅうだ」「三方《さんぼう》に載っているが、角なるものを三方とはこれ如何に」「ここいらにいる侍を一人でも与力《よりき》という」「与力の身分は」「起き上がりこぶし。お上の権勢でぴんしゃん」「その心は」「銭のある方に傾く」

噺の豆知識

佐々木信濃守●勘定奉行や外国奉行などを務めたあと、南町奉行に就任した佐々木信濃守顕発《あきのぶ》という旗本が実在する。四郎吉に揶揄される与力は奉行の補佐役で、南町北町両奉行所とも二十五騎の配属。「銭のある方に傾く」とは、言葉は悪いが商家や大名家からの、みかじめ料のようなものを指す。

072 真田小僧《さなだこぞう》

【お噺の面々】金坊
おとっつぁん　おっかさん
【お噺の舞台】金坊の長屋

金坊は知恵者。母親の「秘め事」を聞きたければお銭、お銭と話を刻んだ挙げ句「障子に穴開けて覗いたら、横町の按摩さんだった」と締めて逃げて行く。「お前さんは間抜けだね、金坊は知恵があるよ」とかみさんにいわれて講釈場で聞いた真田幸村の計略の噺を聞かせた。「……のちに軍師になる真田左衛門佐幸村齢十四。うちのは十三。一つ違いで大したもんだよ。大坂城が落ちたときは薩摩へ逃げたって。俺もそう思う」

やりとりを陰から見ていた金坊は「真田の紋は元々二つ雁《ふたつかりがね》なんだってね。永楽通宝は敵方の旗印。これで夜討ちをかけて敵が同士討ちになったすきに信州へ落ち延びたって。二つ雁ってどんな紋、うちのは？」。「かたばみ。お尻が三つくっついてる紋」「じゃ、六連銭って」「上へ三つ、下へ三つ並んでる」。父親が並べて見せると「あたいだってできる。ひい、ふう、みい」と勘定の振りをして逃げ出した。「講釈を聞くのか」「いいや、焼き芋買うんだい」「うちの真田も薩摩へ逃げた」

かたばみ紋はお尻三つ

噺の豆知識……

六連銭●真田家の家紋として知られる、永楽通宝を三個二列に並べたもので六文銭ともいう。永楽通宝は室町時代に盛んに使われた代表的な明銭で、江戸幕府が自前の寛永通宝を鋳造する際、手本にした銭。金坊がかすめ取ったのは寛永通宝の一文銭。四枚で芋は買えた。

073 皿屋敷《さらやしき》

【お噺の面々】お菊の幽霊
町内の若い衆【お噺の舞台】
番町の皿屋敷

番町の「皿屋敷」に今でも幽霊が出るという。旗本の青山某が奉公人のお菊に袖にされた腹いせに拝領の葵の皿十枚を預けた後、「一枚足らぬ。その方当家に祟りをなさんと抜き取ったに相違ない」と責め、なぶり殺して井戸へ落とした。

その夜からお菊の亡霊に悩まされた青山はやがて狂死。「毎晩出るが気をつけろ。一枚、二枚……九枚の声を聞いたら震えて死ぬぞ」「七枚なら命に別状はない、分かった。行こう行こう」

町内のおっちょこちょいが毎晩通っては七枚で逃げ帰る。評判を呼んで大盛況のある晩、お菊さんは「九枚、十枚、十一枚……」。

「おいこら、九枚しかないから殺されて、恨めしいんだろうが」「……十七枚、十八枚。二日分さ、明日はお休み」

噺の豆知識

皿屋敷

皿屋敷●江戸時代に芝居や浄瑠璃、講釈の題材になった皿屋敷の伝説には、江戸の番町皿屋敷と播州皿屋敷の二系列あるが、筋立てはほぼ同じ。主人は青山某、奉公人はお菊。屋敷の皿を割ったお菊が手討にされて井戸へ投げ込まれ、幽霊となって夜な夜な現れては恨めしげに皿を数える。噺の皿屋敷は怪談にはほど遠く、興行師まで出る盛況ぶりで、落ちも秀逸。

074 三軒長屋《さんげんながや》

【お噺の面々】鳶頭　鳶頭のかみさん
伊勢勘　囲い者　楠運平橘正猛
【お噺の舞台】とある三軒長屋

伊勢勘に囲われる
お妾さん

端は鳶《とび》の頭の家。中は伊勢勘《いせかん》の囲い者、奥には武芸者の楠運平橘正猛が住むとある横町の三軒長屋。鳶頭の家は若い者が始終出入りして酒の上での喧嘩が絶えない。「ころせー」「殺してやる」ばたんどしん。隣の道場では「おめんだぁー」「おこてだーぁ」。たまりかねた囲い者が旦那に引越を頼むと「この長屋はじきに俺のものになる。そのうち立ち退かせるからしばらく我慢をおし」。

　これを聞いた鳶頭のかみさんは腹を立て、亭主に噛み付く。「伊勢勘が

道場ではどしんどしん

店立て《たなだ》●家主が住人を店（貸家）から追い立てるのが店立て。借りる時に連帯保証人の署名が入った証文、店請《たなうけ》証文を出すのだが、たいがい「貸し手が必要とあらば明け渡す」とあるので、店子の立場は実に弱い。落語国の長屋住人が義太夫を聞きに来いだの茶の湯に来いだのといった理不尽な誘いに渋々応じるのは、店立てを食っては堪らないからだ。『だくだく』（160頁）の八五郎のように家賃を溜めたせいなら納得のしようもある。

うちと楠先生のところを店立てするって。それで三軒を一軒にして住むなんていってる。あのお妾がやかん頭を煽ってすっかり沸いちまってる。鳶口持って穴でも開けてくるがいいよ」という鉄火なかみさんに「よしわかった」と、鳶頭は羽織を着て楠先生のところへ行く。「先生ちょっとお耳を」「ふむふむけしからん、よしあい分かった」

その翌朝先生は囲い者の家へ、弟子が多くなったので千本試合をして引っ越すという。生首が飛んだり、手負いが来るといけないから三日の間戸締まりを願いたいという。「いくらあれば引っ越せるので」「五十両」ということで伊勢勘は先生に五十両を渡す。続いて鳶頭がこれも引っ越すので花会をする、ついては酔って喧嘩で怪我人が出るからというのをとどめ、五十両を渡す。

「ところで鳶頭、どこへ越す」「あっしが先生の所へ、先生はあっしの所へ引っ越します」

噺の豆知識

横町●大通りで囲まれた一画に新たに造成された、表通りから脇へ入った町筋が横町。狭いとはいえ前の道は堂々の公道。長屋にしても『三軒長屋』のように二階建てもあり、間取もゆったりしていたようで、住人はご隠居さんや大工の棟梁、習い事の師匠、医者といった暮らしに余裕がある人たち。ご隠居といえば横町なのは、家督を若旦那に譲って隠居暮らしをするお店《たな》の主が多かったからだろう。

医者やご隠居など、横町の住人はゆとりの暮らし

075

山号寺号《さんごうじごう》

【お噺の面々】旦那　一八
【お噺の舞台】往来

「おや旦那どちらへ」町内をぶらついていた太鼓持ちの一八が声を掛けると「成田山へ恵方参りだ」。「ほう新勝寺へ」「いや成田山」「ご存じのくせに。成田山が新勝寺、東叡山寛永寺、金龍山浅草寺」。山号寺号はどこにでもあるという一八に、近くにあるなら挙げてみろと旦那。祝儀に釣られて「按摩さん揉み療治《りょうじ》。漬物屋さん金山寺。おかみさん拭き掃除。餅屋さん道明寺……」と目につくそばから言い立てる。

旦那は「随分出たね、今度はあたしの番だ。お前にやった祝儀、全部お出し。こうして懐へ入れて、尻を端折って、一目散随徳寺《ずいとくじ》！」と逃げていく。してやられた一八は「南無三仕損じ！」

一目散随徳寺

漬物屋さん金山寺

噺の豆知識

山号●寺院名の頭に付ける称号。たいがい寺の門や堂宇には山号寺号が書かれた扁額が掛っている。法隆寺の山号は聞いたことがないが、比叡山や高野山、身延山などはむしろ寺号なしの方が通りが良いかも知れない。噺の金山寺はなめ味噌の金山寺味噌、道明寺は餅菓子の原料。随徳寺はずいっと姿をくらまし、逃げること。仕損じはしくじり。

076 三十石《さんじっこく》

【お噺の面々】江戸の二人連れ　寺田屋の主人　番頭　船待ちの客　ろくろ首【お噺の舞台】京伏見の宿、寺田屋　三十石船の船中

江戸の二人連れが京都見物をして大坂へ下ろうと伏見へ来る。三十石の夜船は寝ている間に大坂に着く便利な乗合船。船待ちの宿では、入れ込みの二階で宿帳を付ける番頭相手に「俺たちは江戸だ。浅草花川戸、幡随院長兵衛《ばんずいいんちょうべえ》」だの「愚僧は播磨国書写山、武蔵坊弁慶」だのと名乗るうち飯が出て、やがて「船が出るぞー」という声。

皆が寝静まった頃「酒食らわんか、餅食らわんか」と小舟が寄って来る。「この野郎、食らわんかとは何だ。ぽか」「何すんねん」「気に入らねえ奴がいたら、ぽかっといくのが江戸の習わしだ」。

江戸っ子が舟を追い払うと「あの、ここへ座らして。わいの隣の人、首がない「ははぁ、ろくろっ首だ。あんたはうまい味を長く楽しめる」「その代り、薬を飲んだ時は長く苦い」

噺の豆知識

三十石船●淀川船とも呼ばれた三十石船は朝と夕方に出港、長さは五丈六尺（約17メートル）。枚方に差し掛かると客目当てに強引な商いをする「食らわんか舟」が名物。船待ちだけの客に宿の番頭が帳付けをするのは宿帳が乗船名簿を兼ねるため。

食らわんか舟

077 三年目《さんねんめ》

【お噺の面々】かみさん思いの亭主 幽霊 【お噺の舞台】とある長屋

夫婦になって二年と経たずに恋女房が患い、ご亭主は懸命に看病する。臨終の床でおかみさんは、早く楽になりたいが後添えにもきっと優しくするかと思うと死にきれないという。

「ならば婚礼の晩に幽霊になって出ておいで、たいていの嫁は里へ帰る。待ってるから」「では八つの鐘を合図に、きっとよ」。ほどなく親戚筋から話があって断り切れずに後妻を迎えたが、婚礼の晩は気もそぞろ。いくら待っても、出ない。ずーっと出ない。やがて子も生まれ、先妻の法事をしようかという三年目。墓参りから帰った晩、夜中にふと目を覚ますと枕元に黒髪を乱した幽霊が座っている。「今頃出て来て恨み言をいわれても困る」「出るに出られなかったの。死んだとき、ご親戚の皆さんであたしを坊さんにしたでしょ。ですから毛が伸びるのを待ってました」

毛が伸びるのに３年

噺の豆知識

坊さんにする●仏門に入る時に髪を下ろす剃髪の儀式になぞらえて、臨終の際に髪剃《こうぞ》りをされたことをいっている。故人を仏弟子として彼岸へ送ろうという思いを込めて、納棺の前に家族や親戚が念仏を唱えながら一剃りずつ当てて丸坊主にするというもの。黒髪を振り乱すまでには確かに相応の時が必要だ。

078 三方一両損《さんぼういちりょうぞん》

【お噺の面々】 大岡越前守　左官金太郎　大工吉五郎　双方の大家 **【お噺の舞台】** 吉五郎の長屋　奉行所

左官の金太郎が三両入った財布を拾い、落とし主の大工吉五郎に届けた。大工は意地を張って受け取らないばかりか喧嘩になって左官を殴った。大家の仲裁で収まったかに見えたが、左官の大家は激高し「俺が願書をしたためてやるから訴え出ろ」と大事になる。

両者の言い分を聞いた大岡越前守は「吉五郎、さる日、柳原で財布を落とし、届けた金太郎を打擲《ちょうちゃく》に及んだか」。「金を持って行かないと殴るぞっていうと、殴れるものなら殴れって」「ではこの金は両人ともいらぬな。では一両添えて正直の褒美に二両ずつ渡すがどうじゃ。吉五郎も金太郎も三両が二両になり一両損をした。奉行も一両出して三方一両損。これこれ、膳部を取らせる」「おっ、炊きたての飯だ」「両人の者、食し過ぎるな」「たんとは食わねぇ、たった越前」

3両入った財布が騒動のもと

噺の豆知識

大岡越前守●二十年間南町奉行を務めた大岡越前守忠相《ただすけ》は、八代将軍吉宗の時代に実在した名奉行。噺の越前守は、死罪が免れない被告さえ助ける『帯久』(46頁)、与太郎に過分な休業補償を出させて因業《いんごう》大家を懲らしめる『大工調べ』(152頁)など、事案の背景を重んじた末に人情味溢れる判決を言い渡す。

079 三枚起請《さんまいきしょう》

【お噺の面々】喜瀬川花魁　兄貴　吉公　おしゃべりの清公
【お噺の舞台】吉原の朝日楼

町内の若い者三人が同じ起請文を持っていることが発覚。書いたのは新吉原江戸町二丁目朝日楼の喜瀬川《きせがわ》花魁。「冗談じゃねぇ。日本橋で奉公している妹に前借りをしてもらってこさえた金を持っていった時、書いてくれたのが俺の起請文だ」と清公。花魁を懲らしめに兄貴分と吉公、清公の三人は吉原へ繰り出す。清公を屏風の陰に、吉公を戸棚に隠して兄貴が相手。

「あたしにも一服吸わせておくれ。やにが詰まってけぶが出ないよ」「これでこよりを作れ」と出したのが起請文。「お前は下駄屋の吉公にも経師屋の清公にもやったろう。いやな起請を書く時は熊野の烏が三羽死ぬってんだ。何枚書いたら気がすむんだ」

「書いて書いて烏を殺し、朝寝をしたいのさ」

花魁に真はない

噺の豆知識

起請文と烏●紀州熊野権現発行の誓紙《せいし》に認めた誓約書が起請文。誓紙には神の使者とされる烏をモチーフにした「熊野牛王宝印」という文字が刷ってある。書けば一羽、誓いを破れば烏が三羽死ぬといわれたところから、落ちの台詞が出た。
「三千世界の鴉を殺し　ぬしと朝寝がしてみたい」は高杉晋作の都々逸。

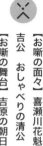

080 鹿政談《しかせいだん》

【お噺の面々】根岸肥前守　豆腐屋の与兵衛　鹿　鹿の守役塚原出雲【お噺の舞台】奈良三条横町の豆腐屋　奉行所

奈良三条横町の豆腐屋与兵衛は親孝行で実直者。暗いうちから豆腐を仕込んで、できた雪花菜《きらず》を店の前に置いておく。ある朝、雪花菜を食べる神鹿を犬と見間違えて死なせてしまう。過って殺しても死罪という鹿を殺して慌てふためく与兵衛の元へ役人が来て縄をうち、奉行所に連れていく。

時の奉行は根岸肥前守。じっくり話を聞いた肥前守は「死骸を持て。ふーむ、これは鹿によく似た犬じゃ。その方ども、これは犬じゃろう」。鹿の守役塚原出雲はお役大事と訴えたが奉行は守役による鹿の餌料の横領を糾すと脅かし、事を収めた。「犬を殺した者に罪はない。これ与兵衛、雪花菜（斬らず）に帰すぞ」「まめ（豆）で帰れます」

噺の豆知識

奈良の奉行●奈良奉行は長崎や伊勢、日光、佐渡などと同様に幕府にとって重要な天領を治める「遠国奉行」。興福寺、東大寺、春日大社を始めとする大寺院と門前町の統治が任され、当然鹿殺しもお上の代理で裁く。実在の根岸肥前守鎮衛《やすもり》は佐渡奉行を経て江戸の南町奉行を務めている。

奈良奉行は鹿問題にも悩まされる

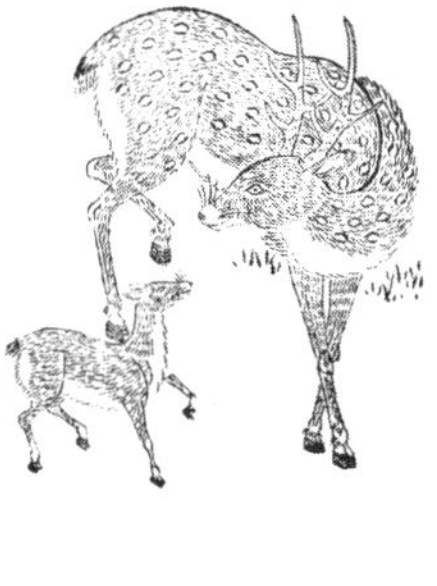

081 四宿《ししゅく》の屁《へ》

【お噺の面々】品川の女郎　新宿の女郎　千住の女郎　板橋の女郎
【お噺の舞台】品川宿　内藤新宿　千住宿　板橋宿

宿場女郎をめぐる放屁のお噺。

品川では女郎が床の中でくすんと小さく放つ。臭気を逃がそうとばたばたしながら「帆掛船が沖を通るから真似をしてる」。手を止めた拍子に臭って「今行ったのは肥船か」。新宿は徳利を持った拍子にぷう。女郎を庇った若い衆に客が祝儀を弾むと、出て行く若い衆を追いかけて「お待ちよ、半分お出し。あたしの稼ぎなんだから」。

板橋。雑用係の少女、小職《こじょく》がぷう。「お座敷でおならなんて行儀が悪い。階下へおいで」小言が終わると自分もぶう「お待ち、あたしも行く」。

最後は千住。「すみません遅くなって。寝たのかい、鼾かいちゃって」ぶう。「遅いじゃねえか」「とぼけて。知ってるんだろ。今の大きな、その、地震」「地震だと。屁の前か後か」

噺の豆知識

四宿●日本橋を起点とした五街道の最初の宿場が東海道の品川宿、甲州街道の内藤新宿、日光街道・奥州街道の千住宿、中山道の板橋宿。江戸の出入り口に当たるこの四つの宿場が四宿。旅籠には給仕をする飯盛女《めしもりおんな》の触れ込みで女郎を置いていたが、吉原のようなお上公認ではなく、いわばお目こぼし。

082 紫檀楼古木《したんろうふるき》

【お噺の面々】紫檀楼古木
女中の清　新造【お噺の舞台】
日本橋薬研堀の往来

狂歌で名をなした紫檀楼古木は大きな羅宇《らう》屋の主人だったが、番頭に騙されて店を潰し、羅宇のすげ替えを仕事にして町を歩くようになる。

冬の黄昏時、薬研堀《やげんぼり》にさしかかり「羅宇屋ー、煙管ー」と呼び歩いていると、冠木門《かぶきもん》のある家から声が掛る。古木を待たせて奥へ消えた女中が新造（奥様）に己を「汚いじじい」というのが聞こえ、古木は「牛若のご子孫なるかご新造の吾を汚穢し（武蔵）と思い給うて」と紙に書いて渡す。

返歌のやり取りで新造は古木が大変な先生だと気づき「旦那の着ていたこのお羽織を、お寒そうだから……」と綿入れの羽織を渡そうとすると「羽織ァ、着てえるゥ（羅宇屋ァ、煙管ゥ）」。

噺の豆知識

狂歌●黒船来航を詠んだ「泰平の眠りを覚ます上喜撰《じょうきせん》たった四杯で夜も眠れず」のように、三十一文字で世情や人情を詠むのが狂歌。古木の「牛若の……」を受けて、ご新造が「弁慶と見たは僻目《ひがめ》かすげ替えの鋸もあり才槌もあり」。

羅宇屋の道具で詠んだ返歌に「弁慶にあらねど腕の万力は煙管の首を抜くばかりなり　紫檀楼古木」と再び返されて、汚い爺さんが旦那様の狂歌の先生の、またその上の先生だと知れる。

羅宇のすげ替え。右が江戸、左が上方の姿

083 七段目《しちだんめ》

【お噺の面々】若旦那
大旦那　番頭　定吉
【お噺の舞台】とあるお店

芝居好きな若旦那

若旦那の芝居好きは度を超えて、今日も朝から姿が見えない。「番頭さん、倅が帰ったらあたしの部屋へ寄越しとくれ」といっているところへ、「遅なわりしは拙者重々の誤り」。忠臣蔵三段目の台詞を吐いて堂々とご帰還の若旦那。

大旦那の小言をことごとく芝居の台詞で返し、二階へやられたが一人芝居は続く。止めに行かされた小僧の定吉も同じ穴の狢。「お前がおかるで俺は平右衛門」と七段目茶屋場の場面をやり始める。夢中になって刀を振り回す若旦那から逃げる拍子に定吉は二階から転げ落ちる。「馬鹿野郎。倅と二人で芝居の真似かなんかして、てっぺんから落ちたか」「なあに、七段目」

噺の豆知識

七段目●若旦那の様子を見に行った木乃伊《みいら》取りの定吉が木乃伊になる。二人が始めたのは『仮名手本忠臣蔵』の七段目、祇園の一力茶屋が舞台の茶屋場。

夫勘平のために身売りした遊女おかるを小僧にやらせ、若旦那はおかるの兄寺岡平右衛門役。騒動になった件《くだり》は、謀を知られた大星由良之助が身請けの後におかるの口を封じようとしていることを察した平右衛門が、妹の命を差し出して忠義心を見せる場面。

084 質屋庫《しちやぐら》

【お噺の面々】 質屋の主　小僧の定吉　番頭さん　鳶頭　菅原道真公
【お噺の舞台】 とある質屋

質屋の蔵に夜な夜な何か出るとの噂に、主は番頭を呼んで鳶頭と一緒に三番蔵を見張れと命じた。そっと戸を開き、中を改めて番頭さんが先に入ると後から鳶頭が膳を持って入る。

「番頭さん、こういう時には少し飲まないとね」

「鳶頭、出たらゆっくり、でぇーとのばしてあたしが店につく頃た、といっておくれ」。こんな話をしていると、ぴかっと光った。棚の上にあった掛け物がすーと垂れ、見ると菅原道真公。道真公は右手に梅の枝を持ち「東風吹かば匂いおこせよ梅の花、主なしとて春な忘れそ。こりゃ番頭、藤原方へ利上げをせよと申せ、どうやらまた流される」。

質屋の看板

噺の豆知識

利上げ●利息だけ払って返済期限を延ばしてもらうのが利上げ。江戸時代には借り入れ金の返済期限は八カ月が決まりで、約束の日に元利揃えて払えなければ質草は流される。没後に学問の神様、天満天神になった菅原道真は掛軸のほか、土人形のモデルにもなっている。利上げ申請を「藤原方へ」というのは、藤原氏の讒言《ざんげん》で九州太宰府へ流された過去を踏まえての言葉。

天神様

085 品川心中《しながわしんじゅう》

【お噺の面々】 お染　貸本屋の金蔵　親分

【お噺の舞台】 品川宿の遊女屋　親分の家　品川の海岸

貸本屋の金蔵

品川の宿場女郎お染は寄る年波で若い子に追い越され、この頃は紋日《もんび》のやりくりもつかない。こんなことなら死のう、ただ金に詰まって死んだといわれちゃ悔しいからと心中の相手を探す。選ばれたのが芝神明前の貸本屋の金蔵。お染からの手紙に間夫《まぶ》になれるかもしれないと心躍らせてやって来たが、お染は死にたいという。

「なにも死ななくったって。いくらありゃぁいいんだ。二十両かそれは無理だな」「いくらなら」「三両二分」「それじゃ仕方がない、一緒に死んでおくれ」

翌朝ふわふわになって帰った

悔しい！

紋日●正月七日、三月三日、五月五日、七月七日、九月九日の五節句や八朔（八月一日）を始め、年に何日もあった特別な日が紋日で、遊女はお茶を挽くことが出来ない。お茶を挽くとは客がつかないことだが、そうなれば客の水揚げ分の身銭を切らねばならない。衣服の新調や見世の者への心付けなど、べらぼうな出費が余儀なくされるので、落ち目の遊女には悩ましい日となる。なお、品川の女は飯盛女あつかいで源氏名はなく、お染お熊などと称する。

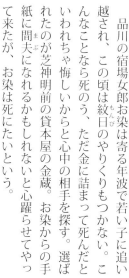

金蔵は家財を売って白無垢と脇差を買い込み、親分に暇ごいをして品川へ。飲み納めに食い納めをして、夜明け前に裏の桟橋まで行くと、後ろからつかれてどぶん。続こうとしたお染に「待ちな、金を頼んどいた木場の大尽が来た」と声が掛かり、お染は帰る。さて金蔵は苦し紛れに立ち上がると、海は遠浅で膝までしか水はない。

親分のところで顛末を話した金蔵がやせ衰えた姿になって先に上がると、後から親分が弟を連れてやって来る。金蔵が死んだと告げられたお染は「嘘だ、今来ている」という。

部屋には布団の中に位牌があり、金蔵はいない。騒ぐお染に髪を切れと脅すと、ぷっつりと切る。これに五両を添え「これで浮かんでくれるかね」。「浮かぶとも、金蔵浮かべ」「へい」と踊って金蔵が出る。「よくも騙したね」「お前があまり客を釣るから、魚籠《びく》（比丘）にした」

噺の豆知識

江戸時代の品川●海岸線が遠のいてすっかり様変わりした品川だが、往時は波打ち際に宿が並ぶ東海道最大の宿場町。妓楼の裏は潮干狩りにも向いた遠浅の砂浜。噺の金蔵は飛び込んだはいいが水は膝までの深さで命拾いする。『居残り佐平次』（32頁）が療養を居続けの理由にしたように、江戸の市中とは違って空気も見晴らしもいい所だったようだ。

旅籠の裏手は海。品川は手頃な値段で遊べる色町だった

086 死神《しにがみ》

【お噺の面々】死神　男
【お噺の舞台】男の家　日本橋の大店　麹町の大店　穴蔵

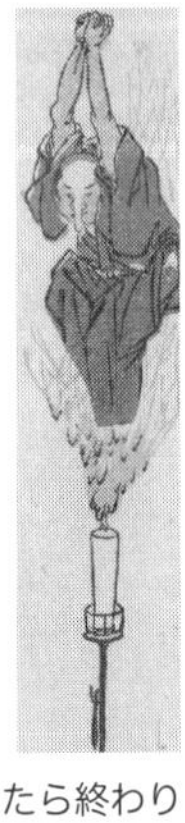
火が消えたら終わり

金の工面に困った男が首をくくって死のうとすると、白髪の痩せた老人が「俺は死神だ。助けてやるから医者になれ、そうすりゃ金に困らない」。

病人の枕元に死神がいたら寿命はない。足元なら「あじゃらかもくれんてけれっつのぱ」といえば死神が消えるという。医者の看板を出すと日本橋の大店から使いが来て、行ってみると死神は足元。呪文のお陰で大繁盛するが、京大坂で豪遊してすっからかん。医者稼業に戻ると麹町の大店から迎えが来たが死神は枕元。一万両出すといわれて死神が居眠りをしているすきに布団を回し、呪文を唱えると死神が消えた。

帰ると死神に蠟燭の並ぶ穴蔵へ連れて行かれ、「おまえの命はこれだ」という。

今にも消えそうな蠟燭は、病人と入れ替わった男の寿命そのもの。「心中者の燃えさしに火を移せ。移せればおまえの寿命は延びる」。消えるぞ、消えるぞとおどされ、手が震えて火は消えた。

噺の豆知識

江戸時代の医者●医者の看板を掲げるには町医者に弟子入りして医の道を学ぶが特に免許は要らない。噺の藪井竹庵、甘井養寛など、とぼけた名前の内科医たちも、薬の刻み様は習得しているはず。死神の後ろ盾があれば即日開業も可能だ。

087

芝浜《しばはま》

【お噺の面々】 熊五郎　かみさん　熊の友だち **【お噺の舞台】** 熊五郎の長屋　芝の浜　熊五郎の魚屋

棒手ふりの熊五郎は大の酒好き。商いの途中で一杯呑む。一杯が二杯、三杯が……。「熊公の持ってくる魚は変だぜ」と噂が立ち、二進《にっち》も三進《さっち》もいかなくなる。「銭も用意したから今日からは商いに出ておくれ」とかみさんにせっつかれて、仕方なく河岸に出掛けた熊五郎。芝の浜へ来てみると誰もいない。「問屋が起きてないじゃないか。かかあの奴、時を間違えやがったな。出直すのもなんだし一服している間に日が出るだろう。あっ、お天道様だ。今日から商いを始めますよろしく」

ふと砂浜を見ると長い紐がゆらゆら。煙管の雁首で引っ張り寄せると革の財布が上がって来た。飛んで帰って中を改めると二分金で五十両ある。熊五郎は飲み残しの酒をひっかけると寝てしまった。起きて湯に行き、帰りに友達を連れて来て大騒ぎ。

翌朝、かみさんは仕入れに行けと熊を起こす。「昨日浜で拾った五十両があるじゃねえか」「何寝ぼけてんだい、昨日浜になんか行きゃあしないよ。お前さんそりゃ夢だよ」「拾ったのが夢で飲んだのが本物か……。よし酒を絶って稼ぐ」

これから人が変わったように精を出し、三年目には表に店を持つようになる。

文政期の二分金。拾った財布の50両は二分金で100枚、約650グラムの重さになる

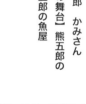

大晦日の晩、風呂屋から帰ると畳が新しくなり、すっかり新年の用意ができている。「うーん、働けばこういう除夜が迎えられるんだなぁ」。かみさんは三年前の金を出して、好きな酒を用意する。熊五郎は猪口を手にして「よそう、また夢になる」。外は木枯らし。

噺の豆知識

江戸の魚売り●天秤棒の前後に荷を振り分けて、担いで売るのが棒手ふり。夜明けに河岸へ出向いて仕入れた魚は痛まないうちにとっと売り、客の求めに応じて目の前で捌きもする。向う鉢巻に腹掛け、草鞋履きで往来を駆け抜ける威勢の良い姿は伊達ではなく魚売りは時間勝負。商いの途中一杯やるなどもってのほかで信用をなくす。水屋にしろ青物売りにしろ、重い荷を担いだ小商人が暮らしを支えたのが江戸時代。

棒手ふりの魚屋

芝の浜●江戸の魚河岸の本場は日本橋。本船町、本小田原町一帯に問屋、仲買が集まり、巨大都市の需要に応じた商いは日に千両の大商い。片や芝の浜は本芝一丁目から四丁目の浜辺に立ったごく小規模な市で、鱚《きす》や穴子、蝦蛄《しゃこ》といった江戸前の小魚を扱ったため雑魚場《ざこば》ともいう。

江戸前の蝦蛄

088 締《し》め込《こ》み

【お噺の面々】八五郎　かみさん　泥棒
【お噺の舞台】八五郎の長屋

「お留守ですか。開けっ放しじゃ物騒ですよ」。泥棒が空き巣に入ると竈には湯がたぎっている。簞笥の衣類を大風呂敷に包んでさあ逃げようという段で、主の八五郎が帰ってきた。荷物を置いて咄嗟に台所の床下へ潜り込む。包みを見て、かみさんが間男と駆け落ちかと怪しむ八五郎。

湯から帰ったかみさんに出て行けと怒鳴って側にあった鉄瓶をぶつけると、煮えたぎる湯が潜んでいたこそ泥を襲った。あわてて這い出し、包みは自分の仕業と打ち明けた。

「喧嘩の仲裁をするいい泥棒さんに礼をいえ」「泥棒してますが人間が正直なもんで」妙な風向きで泥棒を一晩泊めることになり「戸締まりしちまえ。いつものとこじゃだめだ。表から心張りを交って、泥棒を締め込んでおけ」。

これは駆け落ちか

噺の豆知識

長屋の戸締まり●長屋では大きな商家のように錠前を用いた厳重なものではなく、戸に心張り棒を支うという単純なやり方。はて、それでは八五郎のいうように表から交ったあと、かみさんは外で夜明し？　それはともかく、戸締まりの有無は処罰に影響が出る。戸締まりを破って蔵などに入るのは賊。たとえ着物一枚でも打首になるが、戸締まりをしていない場合は住人の在不在を問わず「空き巣」と見なされて死罪は免れた。

089 三味線栗毛《しゃみせんくりげ》

【お噺の面々】角三郎（酒井雅楽頭）
按摩の錦木　中間の吉兵衛　長屋の彦六
【お噺の舞台】酒井雅楽頭の下屋敷　上屋敷

酒井雅楽頭家の次男坊角三郎は当主に疎まれ、下屋敷で家中同然の部屋住《へやずみ》暮らし。書見が過ぎたある夜、肩が張ると中間の吉兵衛が按摩を連れてきた。「手前錦木と申します。お引き立てを願います」。小咄が上手で通い出したある晩、錦木は人には町人なら大分限者、武家なら大名になる骨組があって、角三郎はまさにその骨組だという。「万に一つ、なれたらその方を検校にしてつかわす」。それからしばらく風邪で休んでいるうちに、錦木は角三郎が大名になったと伝え聞いて、酒井雅楽頭様に会うべく大手の上屋敷に出掛けた。

「よう参った錦木。余が部屋住の折申したこと、当たったな。武士に二言はない、吉兵衛、あれを検校にしてつかわせ」。栗毛の馬を求めた雅楽頭は、ご意見番に出世した吉兵衛に「名は三味線。余は雅楽《うた》じゃ、唄が乗るから三味線」「では家来どもが乗りましたら」「その方らが乗ると罰（撥《ばち》）が当たる」

愛馬の名は三味線

噺の豆知識

部屋住●家督相続の権利がない武家の男子は「部屋住」と呼ばれ、待遇は次期当主となる嫡男とは雲泥の差がある。三男四男ともなれば養子に出て他家を継ぐ手もあるが、この噺のように次男坊は嫡男に万一の事があった時の控えとして待機する、宙ぶらりんの冷飯食い。

090
寿限無《じゅげむ》

【お噺の面々】寿限無　おとっつぁん　おっかさん　和尚さん　金坊
【お噺の舞台】寿限無の長屋　寺

男の子が生まれて、名前に悩んだ夫婦が物知りの和尚に頼んだ。和尚は経文から目出度い言葉を探し、浄土教の尊いお経『無量寿経』からまず選ばれたのが「寿限無」。続々と挙る候補からどうにも決めかねて全部採用となった。「寿限無寿限無、五劫のすり切れず、海砂利水魚の水行末……長久命の長助」

やがて大きくなった寿限無は近所の金坊と喧嘩。被害者の金坊、加害者の父母が三つ巴になってことの次第を言い合う。そうこうするうち「どれ、頭を見せてごらん。なんだ、こぶなんかねえじゃねえか、おい」。「あんまり名前が長いから、ひっこんじゃった」

子供には目出度い名を付けたい

噺の豆知識

寿限無の正式名●略さずにいうと「寿限無寿限無五劫のすり切れず海砂利水魚の水行末雲来末風来末食う寝る所に住む所藪ら柑子のぶら柑子パイポパイポパイポのシューリンガンシューリンガンのグーリンダイグーリンダイのポンポコピーのポンポコナの長久命の長助」。

いくら長い名でも現行法では問題ないので、役所では受理されるはず。「死の帳面」に書かれる際は誤記されそうだ。

091 将棋の殿様《しょうぎのとのさま》

【お噺の面々】殿様　家来衆
御意見番の田中三太夫
【お噺の舞台】とある大名屋敷

「殿、金銀を飛び越えて参るのはまことに迷惑」「ならばその金銀は目障り、取り片付けい。余の飛車が成り込んで王手、どうじゃな。その方は弱いな」。将棋好きな殿様は家来相手に連日無体の限りを尽くしている。

　上達のためと称して負けた者の頭を鉄扇で打つと言い出し、近習は皆こぶだらけになる。これが御意見番の三太夫の耳に入り、「本日はこの爺めがお相手いたす」と仇討ちに乗り出した。

　いつもと勝手が違い、殿は「お取り払い」も「お飛び越し」もさせてもらえず、「策もない馬鹿大将」といわれる始末。「ではお約束通りおつむりをどうぞ。やぁー」「笑っていないで将棋盤を片付けよ。いや焼いてしまえ。将棋を指す者は切腹じゃ」

商家の内実が分かる盤面

噺の豆知識

将棋●戦国時代から武将たちに愛された将棋は、江戸時代も囲碁とともに武家の大遊戯の筆頭格。名人を世襲した家元の大橋、伊藤の両家は、お上から俸禄を得ているお抱えの家柄で、年に一度御前対局の「御城将棋」を務めている。武家も下々も名人位は名乗れないが、素人名人はいくらでもいたことだろう。

092 将軍の屁《しょうぐんのへ》

【お噺の面々】 将軍　尾州公　紀州公　水戸公 **【お噺の舞台】** 江戸城

「屁をひって可笑しくもなし独り者」。川柳にいくらでもある有象無象の放屁と違って、天下人の一発は嵐を呼びかねない。所は江戸城の大広間、御三家を筆頭に二百六十余名の大名が綺羅、星のごとく居並ぶ総登城のおめでたい日のこと。

　正面の御簾が上がり、静々とお出ましになった将軍が、座ろうとした弾みに大きい奴をぶー。すぐ近くにいた水戸公は思わず鼻を押さえて「草木もなびく君の御威勢」。尾州公は「武運長久」。紀州公が「天下太平」と続く。いずれも見事な洒落に諸大名は両手をついて「へぇへぇ、へー」。

噺の豆知識

総登城●将軍放屁の当日は、将軍に拝謁が許されたお目見え以上の侍がすべて江戸城に詰める総登城の日。五節句の他、毎月一日、十五日、二十八日が該当日で大名も旗本も熨斗目《のしめ》麻裃の正装で登城する決まり。特に八朔《はっさく》（八月一日）は徳川家康が江戸に入府した日で、武家にとって重要な日。正月の初登城は家の格式に応じて一日から三日に分けて行われた。

正月初登城

093 松竹梅《しょうちくばい》

【お噺の面々】松さん　竹さん　梅さん　隠居【お噺の舞台】隠居の家　とあるお店

同じお店に出入りする職人衆の松さん、竹さん、梅さん。お店から来た手紙を隠居に読んでもらうと、お嬢さんが婿を取ることになり、今夜婚礼があるという。隠居は帰る戻る切れるなど、祝いの場の忌み言葉を教え、めでたい名前の三人に相応しい余興をやるよう勧めた。

「成った、成った、じゃに成った。当家の婿殿じゃに成った」「何のじゃに成られた」「長者に成られた」という文句を謡曲の節で松さんから順に唱え、「おめでとうございます。お開きにいたしましょう」と締めくくるだけなのだが、梅さんがどうもいけない。稽古中から大蛇に成ったり番茶に成ったりで、本番ではついに亡者に成ってしまう。

隠居に報告すると「亡者はいけないね。梅さんはどうした」「座敷の隅で萎《しお》れ込んじゃった」「心配ない、今時分一人で開いているだろう」

噺の豆知識

忌み言葉●宴を締めくくる「終わり」に代えて「お開き」にするのは祝言に限らず日常的に使われるが、祝儀不祝儀の場で避けるべき言葉があって、これが忌み言葉、忌み詞。ご隠居のいうように婚礼には離縁に繋がる帰る、戻る、別れるなどは厳禁。お悔やみに返す返す、重ね重ねなどの重ね言葉も御法度。特別の日以外でも、縁起の悪い「擦る」を避けてスルメを「あたりめ」というのも同じこと。

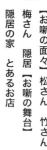

094 樟脳玉《しょうのうだま》

【お噺の面々】捻兵衛　八五郎　兄貴
【お噺の舞台】捻兵衛の長屋

お雛様は魂の匂い

かみさんに先立たれて虚ろな日々を送る捻兵衛から金と着物を巻き上げようと考えた八五郎。よからぬ相談をした八公と兄貴は、夜になると樟脳玉に火をつけて、捻兵衛の家の引窓《ひきまど》からおろして振り回した。

翌日弟分は何食わぬ顔でお悔やみに行くと「家内はまだ浮かんではいません。昨日家内の魂が出ました」と捻兵衛。「気が残った着物をお寺へ納めるといい。あたしが納めてきてあげますよ」と風呂敷包みを背負って八公は兄貴の家に。

金を取り忘れたので、翌日同じ問答をすると、金は葬式で使い果たして、後は御雛様ばかりという。捻兵衛は「家内が気を残していたのはこの御雛様です。今蓋を開けたら魂の匂いがしました」。

噺の豆知識……

樟脳玉●樟脳玉は樟脳を丸めて作る防虫剤で独特の香りを放ち、防臭剤にもなる。芝居では恨みや悔いを残して死んだ者の怨霊が現れる場面で焼酎火という仕掛けを使うが、火を付ければ焼酎火のような炎を出す樟脳玉で代用を考えた八公たちは冴えている。ただ、箪笥の中に収まるべきものなので、切ない落ちを呼ぶ。

095 尻餅《しりもち》

【お噺の面々】貧乏な亭主　おかみさん
【お噺の舞台】貧乏夫婦の長屋

大晦日に餅も買えない貧乏夫婦が揉めている。「年がら年中ぴーぴー煩いね。そんなに搗きたいか、そんなら心いくまで搗いてやる」。訝るかみさんを残して外へ出た亭主は、大声で餅屋を呼ぶ。「へい今晩は餅屋です」と餅屋の声色で挨拶をして「ご苦労様だな。餅屋さん、冷やで一杯あおってから仕事にかかってくれ」てなことをいって「餅搗き」を始めた。臼の代わりにかみさんに尻を出させ、ぺたぺた、おいそれ、よいしょっと、それそれ、よいよいよい！　亭主の調子はどんどん上がって、かみさんの尻は真っ赤。「寒いよぉ、痛いよぉ。あとどれくらいなの」「二臼だとよ」「じゃ、あとの二臼はおこわにしてもらっておくれよ」

噺の豆知識

餅搗きが来る江戸の師走

正月の餅●噺の見栄坊亭主は餅屋を呼んで搗かせる体で熱演するが、懐に余裕があれば事前予約で餅が届く「賃餅」を頼んだことだろう。賃餅は餅屋、米屋、菓子屋が注文を受け、望みの日に届けてくれる便利なものだ。落ちの「おこわにしてね」は搗かないままの強飯のこと。

096 酢豆腐《すどうふ》

【お噺の面々】町内の若い衆　建具屋の半公　若旦那【お噺の舞台】町内の会所

町内の連中が十人ばかり寄って暑気払いに一杯やろうという趣向。酒はあっても肴がないし金がない。通りすがった建具屋の半公をおだて、良い気になったところで金を巻き上げる。

怒った半公が帰った後、残り物の豆腐があるはずだと与太郎に聞くと「釜の中に入れて蓋しといた」「この温気に……。持って来い！」「黄色い。毛がぽおっと生えてら」。捨てようとした矢先、横町の若旦那が通りかかる。悪いのがいて「持っていきようで奴なら食う」という。「通な若旦那、あなた夏は何をお召し上がりで」「人の食わない物を味わってみたいね」「さっきの持って来い！　蓋を取れ！」「諸君失礼御免候え。これは、乙な、酢豆腐」「たんとおあがんなさい」「酢豆腐は一口に限る」

花柳界のパロディ『あかん三才図会』に載る似非通人、利いた風

噺の豆知識

通な若旦那●「通」と呼ばれてその気になって、口にしたのが運の尽き。物事に精通している本物の通人とは言い難い若旦那は半可通《はんかつう》。中途半端な知ったかぶりのことで、始末に悪い。やかんの由来を聞かれて「矢が飛んで来てカ～ン」と答えるご隠居には腹も立たないが、噺の若い衆のように江戸っ子は鼻持ちならない半可通には容赦しない。

097 崇徳院《すとくいん》

【お噺の面々】 若旦那　お嬢さん　熊さん　熊のかみさん　床屋の親方　鳶頭 【お噺の舞台】 とあるお店　熊さんの長屋　床屋

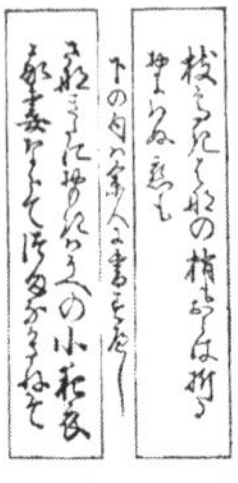

ヒントは短冊の歌

若旦那の具合が悪いから力になってくれと旦那から相談された熊さん。よくよく聞いてみると原因は恋煩い。上野の清水様で一目惚れしてそれっきり、どこの誰とも分からないお嬢さんを捜してくれと頼まれる。手掛かりはたった一つ「瀬をはやみ岩にせかるる滝川の」という歌の文句だけ。

人の多いところで連呼するに限るとかみさんから知恵を授けられた熊さんは町内を歩き回ってふらふらになった夕方、二度目になる床屋で鳶頭の話を耳にする。「清水様へお参りに行って、休んだ茶見世に良い男がいて……重湯も喉を通らねえで、お嬢さんは糸みてえに細くなっちまった。見つけた者には酒樽が二十本出る」「てめえを捜そうとお湯屋へ十八軒、床屋は三十六軒。顔なんざぴりぴりする。てめえをうちのお店に」「なにを、俺のお店へ」取っ組み合いが始まって床屋の親方が仲裁に入るが、鏡を壊してしまう。「親方、心配しなくていい。割れても末に買わん（逢わん）とぞ思う」

噺の豆知識

噂話は床屋に集まる●床屋の奥は『浮世床』（34頁）のように町内の暇人が集う溜り場。湯屋の二階もそうだが、町の噂話が咲き乱れている。和歌一首の手掛かりしかない人探しならそこしかないと熊公の背中を押すかみさんの助言は満点。

098 疝気の虫《せんきのむし》

【お噺の面々】 医者　疝気の虫　患者　患者の奥さん **【お噺の舞台】** 医者の家　患家

疝気に悩む患者を抱えた医者が疝気の「虫」の夢を見た。大好物の蕎麦が宿主のお腹に入って来ると大騒ぎして食べるだけで、害をなすつもりはないという。苦手は唐辛子。出て来たら一目散に別荘（陰嚢）へ逃げ込むと聞いたところで目が覚めると往診の依頼。患家を訪ねると昼に蕎麦を食べた主人が苦しんでいた。

「盛り蕎麦に唐辛子水をどんぶり一杯こしらえてください。蕎麦が来たら奥さんが召し上がるように。ご主人の口元で匂いをさせれば別荘の虫が出てきます」「別荘って何です」「まあいいから」

やってみると今度は奥さんに乗り移った虫が暴れて、唐辛子水の出番です。蕎麦にまみれて浮かれているところへ天敵が登場、疝気の虫は「大変だ、別荘別荘、うっ別荘がねえ」。

噺の豆知識

疝気と蕎麦●昨今は腰痛でも腹痛でも初診でひと言いえば検査検査であっという間に病の本丸が判明するが、漢方医全盛の江戸期には大雑把なまま。尿道炎、膀胱炎、睾丸炎、胆石……原因はいろいろでも下腹部が痛めばそれは「疝気」。冷えから来る男の病とされている。「蕎麦は冷え物」との妄信から生まれた「虫」と好物のお噺。

虫の天敵は蕎麦

099 千両《せんりょう》みかん

【お噺の面々】番頭　若旦那　大旦那　万惣の主人
【お噺の舞台】とあるお店神田多町の青物問屋

暑い盛りに床に伏した大店の若旦那は、蜜柑が食べたいという。「そんなことならどーんと親船に乗ったつもりでいて下さい」と請け負った番頭に大旦那は「今いつだと思う、土用の最中だよ。どこに蜜柑があるんだ。蜜柑がないとなれば息子は死ぬよ、そうなれば主殺しだ。逆さ吊りの磔だ。江戸は広い、どっかで探しておいで」

夏の盛りに蜜柑を探して番頭さん、ふらふらになる。「蜜柑ありませんか。そうですか。あんた逆さ磔、見ましたか」「若い時分に一度。どぎどぎする槍を胸の前でちゃりん。おいおい気を確か

千両箱を蔵に仕舞う番頭。一箱で若旦那の命が救えるなら安いもの

千両の価値●最上格の役者の年給が千両、富くじの最高額も千両。日本橋魚河岸や吉原で一日に動く金も千両という。噺の蜜柑は十房で千両、一房百両だ。

ぐっと桁を落として一両だと米一石、毎食一合換算で一年分が賄える。若旦那が丁寧に筋を取った蜜柑の三房を見つめるうちに、錯乱の番頭。逃亡中我に返れば、しばらくの辛抱で百両かそこらの元手を貰って別家が叶うことに気づいたろうに、残念。

に。蜜柑なら多町の万惣に行くといい」

「御免、蜜柑ありますか」「この温気にどうか。おい、倉を開けてみろ」。たったひとつ無事な蜜柑が見つかった。

「そういう訳ならこれを差し上げますから」「いや、買わせていただきます」「そうですか、こうやって一倉囲った中の一個ですから、千両です」「うーん、これは逆さ磔だ」

大旦那は息子の命が千両なら安いというので買って来る。皮をむくと蜜柑の房は十袋ある。「ああおいしい」「百両。あっ、二百両」「何を勘定しているんです。お前のお陰で蜜柑が食べられるなんて」うーん、うまいと食べて、残した三袋を両親と番頭にという。

番頭は三袋の蜜柑を持ってどろん。

根はいたって真面目な番頭さん

噺の豆知識

主殺し●我が子可愛さからとはいえ、大旦那の脅しは如何なものか。安請け合いの末に蜜柑が見つからず若旦那死亡、若は奉公人の番頭にとって主筋、主を殺せば磔の刑という理屈。武家でも商家でも仕える身分の者が主人を手にかければ惨い死刑となるのは事実。子の親殺し、また密通をした妻が夫を殺しても同じ刑が下る。胸の前でちゃりんと鳴るのは刑に使う二本の槍の穂がぶつかる音です。

↓槍がちゃりん
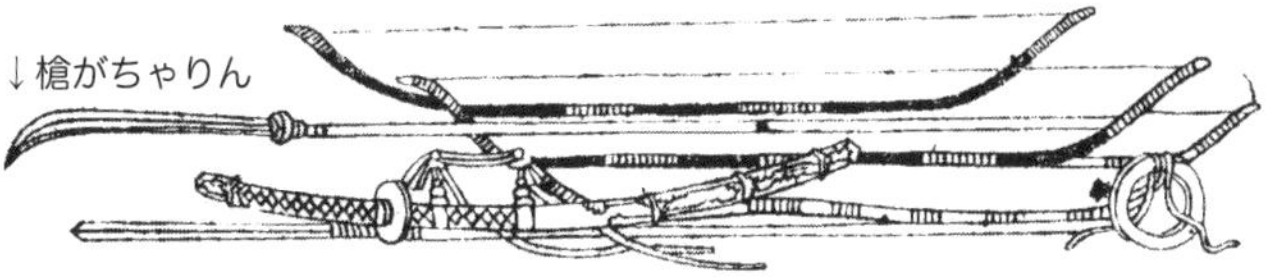

100 粗忽長屋《そこつながや》

【お噺の面々】八五郎　熊五郎　世話役【お噺の舞台】浅草寺雷門前　八五郎と熊五郎の長屋

観音様にお参りをした八五郎が雷門を出ると、行き倒れに人だかりが出来ていた。場を仕切る世話役風の男にいわれて薦《こも》をまくると「熊の野郎だ、俺んちの隣に住んでる」。「身元が分からないが、お知り合いなら死骸を引き取ってもらいたい」

当人に引き取らせるの一点張り。すぐ連れて来ると言い残して八五郎は長屋へ急いだ。

「起きろ熊公。驚くなよ、お前は夕べ浅草で死んでいる」死んだ心持ちがしねえと渋る熊五郎を八五郎は無理矢理連れ出した。

「なんて浅ましい姿になって」「俺も手伝うから、頭の方を持って」「なんだかなあ。抱かれてんのは俺なんだが、抱いてる俺はいったい誰」

噺の豆知識

粗忽●そそっかしい、ぞんざい、うっかり、軽率、しくじり、粗相。早呑み込みをしてお粗末な振舞いをするのが粗忽者。粗忽界の横綱はこの噺の八五郎、熊五郎だろう。もっとも発端の八公は確かにただのうっかり者だが、その後の行動は確信に満ちた変な奴。熊公にいたっては寝起きのぼんやりが落ちまで続く、足りない男だ。お山の帰りに坊主にされて策を巡らす知恵者とは別人に違いない。

粗忽者同士は仲がいい

101 粗忽の釘《そこつのくぎ》

【お噺の面々】亭主　おかみさん　お向かいの主人　お隣の住人【お噺の舞台】とある長屋

重い荷物を背負って引越をする男。新居に着くとかみさんから帚《ほうき》を掛けるから長い釘を打つよう頼まれた。「長いのを打ちゃいいんだろう。おっ、痛え」「親指打ってどうすんのよ」

長屋の薄い壁に瓦釘を打った亭主は、お隣に障りがあってはいけないから行って見てこいといわれ、お向かいへ。「釘を打ったと。長いのを。そいつは大変だ。で、越して来たのはどこです」「あすこ」。改めて隣へ行くが、打った場所の見当もうつかないありさまで、いったん帰ってそこを叩いてみる。「どうです」「ちょいとそこの仏壇見てみなさいよ。阿弥陀様の頭の上を！」

「頭の上……こりゃまた長い釘を打ちましたね。お宅じゃここに帚を掛けますか」

釘のいろいろ

噺の豆知識

粗忽者の勘違い●粗忽亭主の失敗は、まず瓦釘の使用。八寸（約二十四センチ）もある屋根葺き用を使えば隣の壁を突き抜けると思い至らなかったこと。裏長屋の壁は薄い。次に失敗の謝罪にお向かいの家に行った件。図のように、敷地内に似たような間取の別棟が溝を挟んで建っていたのだろう。同情の余地はある、か。

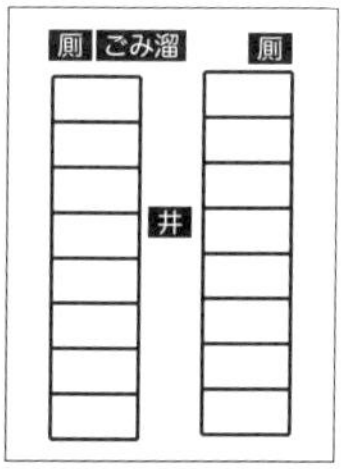

敷地内に複数棟の長屋が立つのはよくあること

102 粗忽《そこつ》の使者《ししゃ》

【お噺の面々】 地武太治部右衛門　田中三太夫　出入りの大工留公　辰公
【お噺の舞台】 赤井御門守の屋敷

地武太治部右衛門《じぶたじぶえもん》という大変粗忽な侍が主の杉平柾目正から使者の役を仰せつかり、赤井御門守の屋敷に赴く。使者お取次の田中三太夫に会うが口上を忘れ、臀部をつねれば思い出すというので、三太夫は指に力のある人を探しに行く。

これを見ていた出入りの大工留公は同僚の辰公に「その侍が口上を思い出せなければ腹を切るてんだ。だから俺が行って閻魔でひとひねりしてやる」。三太夫に申し出た留公は家臣の中田留太夫という体で使者の元へ。「そーら、うん閻魔の子」「もそっと力を。うーむ、これは効いてまいった。これは痛み耐えがたし。うん、思い出した」。三太夫が近づくと「口上を聞いてくるのを忘れた」。

閻魔（釘抜き）

粗忽者は読み上げるべし

噺の豆知識

使者の口上● 『金明竹』（80頁）の使いが商家の言づてを朗々と語るように、口上は伝える内容を諳んじて申し述べることをいう。後ろ向きで馬に乗って出掛けようとする慌て者で、極度の健忘症を患っている治部右衛門には使者の役は荷が重すぎる。殿にはせめて書状をもたせるくらいの配慮があればいいが、うっかり落として情報流出の事態も多いにありそうだ。

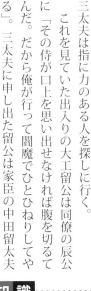

103 そば清《せい》

【お噺の面々】清さん　賭けを持ちかける人々
うわばみ【お噺の舞台】とある蕎麦屋　信州の山中

　とある蕎麦屋に「どーも」と入ってきては十五枚平らげていく蕎麦好きがいた。男はそば清と呼ばれる蕎麦の賭けで家を二軒建てた強者で、客が二十枚で一分の賭を持ちかけると瞬く間にぺろり。賭けた連中は悔しがって五十枚で五両とつり上げた。「四十五枚ならいけるが、後の五枚がわからない」とその場を逃げ、旅に出た。

　信州の山の中で、人一人飲み込んだうわばみが赤い草をなめて腹が萎むのを見た清さんは草を摘んで江戸に帰った。「どーも」と蕎麦屋へ行くと六十枚で十両という賭けになるが五十で行き詰まる。風に当たりたいと廊下へ出て、例の草をなめ出した。おや、清さんがいないよ。「清さん、開けますよ」。見ると蕎麦が羽織を着ていた。

噺の豆知識

うわばみ

うわばみ●『そば清』のほか『田能久』（164頁）『夏の医者』（203頁）などに登場する人を呑むと噂の大蛇がうわばみ。清さんが山で見た赤い草は、人をも溶かす蛇含草で効果抜群な消化薬。人が服用すると惨事を招く落ちは秀逸だが、モデルとされた草は食用になる立派な山菜。

104 蕎麦《そば》の殿様《とのさま》

【お噺の面々】殿様　家来衆
【お噺の舞台】とある大名屋敷

ご親戚で蕎麦打ちを見た殿様は、粉から長いものが出来上がる様子を見て興味を覚えた。家来に問えば皆大好物との由、「さようか、しからばその方らに蕎麦を馳走する」と殿様。自ら打つと聞いてざわめく家来衆に申し付け、蕎麦粉や道具を用意させると、殿は早速陣頭指揮を取り始めた。「粉を入れ、水を少々……ちと柔らかい、粉じゃ」水粉水と足すうちに、家来の汗やら鼻水が混じった得体の知れないものが山盛り。悪戦苦闘の末、蕎麦だか蕎麦がきだか分からないものが出来上がる。お代わりを強いられた皆の衆は、蕎麦もどきが喉元まで詰まって立ち上がれない。「一同下がって休息いたせ」で引き上げたはいいが、皆下痢に襲われ夜っぴて厠通い。御意見番が諫めて蕎麦は止んだが、今度は精進料理が攻込んで家中の災難は続いたというお噺。

噺の豆知識

蕎麦●蕎麦はどこでも採れる救荒作物として各地に伝わったが、食べ方は蕎麦粉を湯で溶いて練っただけの蕎麦がきの方が歴史は古い。殿様が感激した粉から出来上がる長いもの、蕎麦切りの登場は江戸時代初期で幕末の江戸は町内に一軒は蕎麦屋があるほど盛況だったようだ。

深大寺蕎麦

105 ぞろぞろ

【お噺の面々】 茶店の夫婦　床屋の親方

【お噺の舞台】 浅草田んぼの太郎稲荷　茶店　髪結床

草鞋

浅草田んぼの太郎稲荷は近頃はさっぱりはやらないが、前の茶店の年寄り夫婦がかいがいしく稲荷に仕えていた。夕立のあったある日のこと。道がぬかって今まで売れたことのなかった草鞋が全部売れて「神ごとだぁ。明日はお神酒に、赤のご飯」とじいさんは喜んだ。

「おや源さん、今の雨で草鞋は全部売れたよ」「じいさん、首を一回り捩じってみな」。一つあった。また客があり、草鞋を取るとぞろっと新しいのが出てくる。これを見た近所の髪結床の親方が「どうかあたしにも前の茶店の親父と同じ御利益を下さい」と七日の裸足詣りをすると満願の日は客だらけ。「お先の方はどなた様ですか。どんどんやります」と顔をひと剃りすると後から髭がぞろり。

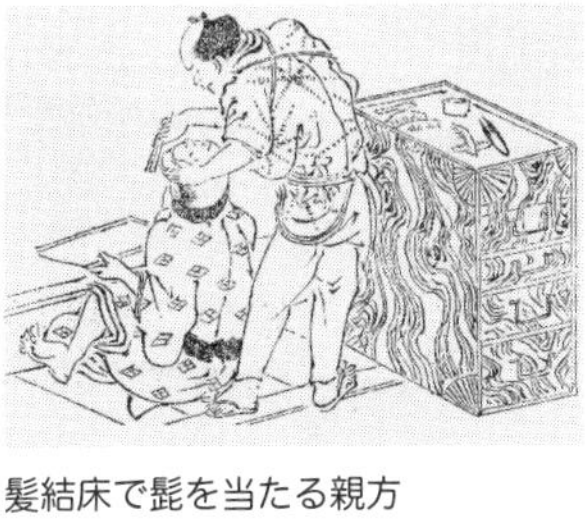
髪結床で髭を当たる親方

噺の豆知識

太郎稲荷●江戸中にあったお稲荷さんの中で太郎稲荷は異色。筑後柳川藩立花家の下屋敷内にあって、町人にも公開していた。近頃さっぱり参拝客がいないと老夫婦はいうが、大繁盛の頃は境内に入り切れない人たちが行列を作ったという。なお、この社は明治になって浅草田んぼから亀戸に移転。

落語を楽しむ
江戸の豆知識
其の四

◆江戸時代の距離と長さ
町の通りは一町、約百メートル

【江戸時代の長さの単位】

1町＝60間＝360尺（約109m）
1間＝6尺（約1.8m）
1尺＝10寸（約0.3m）

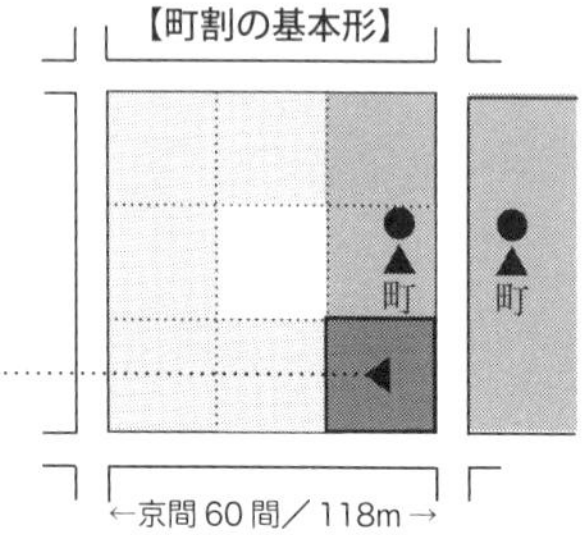

●道を挟んで向かい合う江戸時代の「町」。通りに面して大店が並び、奥には左頁に示したような長屋もある。

距離の単位は町《ちょう》（丁）と間《けん》■城を中心に一から城下町を造り上げた江戸時代初期。町人地とされた地区に道路を通し、町の区画を定めた。道路に囲まれた一区画は京間《きょうま》六十間の正方形（上図参照）。四方の道路から奥行二十間の町地が造成され、中央に二十間四方の空き地が生じた。これが真っ先に実行された日本橋地区の町々のいわゆる「町割《まちわり》」。江戸の切絵図に見るように、通りを挟んで向かい合う形で一つの町ができている。ちなみに、一町四方は三千坪。

道程を測る「里」■三十六町約四キロが一里。諸国の街道に設置された一里塚は、歩いて旅をする江戸時代人にとって励みにもなる目安だったろう。

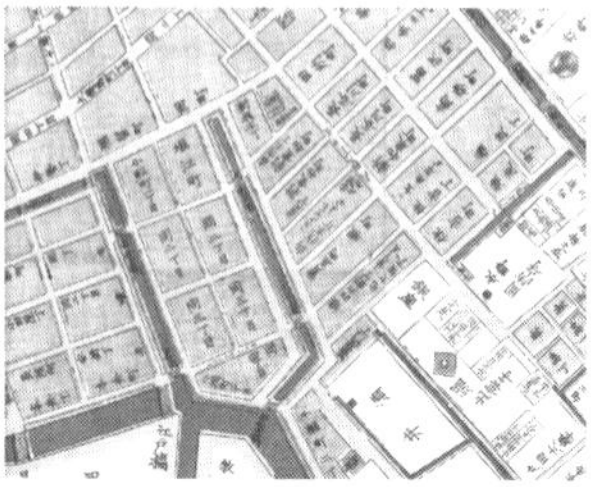

●江戸切絵図の日本橋界隈

落語を楽しむ江戸の豆知識 其の五

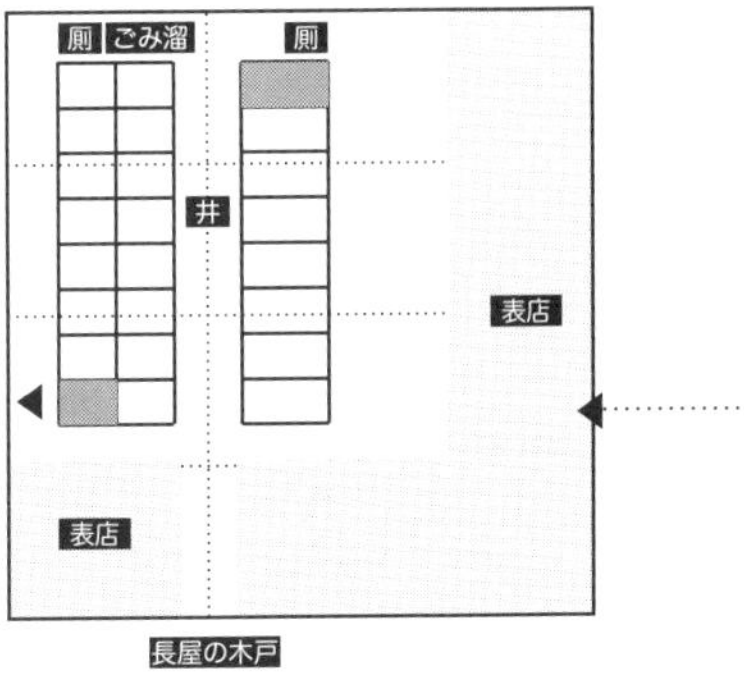

●左側が九尺二間の棟割長屋。右はやや広く、奥行は三間

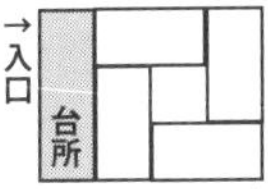

裏長屋●表の木戸から路地が続く。敷地内には井戸や厠、ごみ溜があって長屋の皆で共用。

◆通りの奥にある裏長屋 最狭は四畳半一間に台所

風呂なしの長屋が基本■表通りや横町に面した「表長屋」は『三軒長屋』（112頁）のように二階建てもあって、間取もゆったりしていたようだが、落語国の住民が所帯を持つのは通りから入った「裏長屋」が多い。わずか三坪ほどの俗にいう「九尺二間」の棟割長屋で、入口以外の三方を壁に囲まれ、風呂はない。もっとも、火事が絶えない江戸では家の大小を問わず内風呂はないのが普通。皆町内の風呂へ行った。

●『浮世床』に載る長屋入口の図。前の通りや路地を行く行商人の姿が見える。木戸は大家か月番が晩に閉める

た

た 大工調べ●たいこ腹●代脈●高尾●高田馬場●たがや●だくだく●竹の水仙●たちきり●狸賽●田能久●試し酒●たらちね●短命

ち 千早振る●茶金●茶の湯●長者番付●提灯屋

つ 付き馬●佃祭●壺算●つるつる

て 出来心●鉄拐●てれすこ●天狗裁き●天災●転失気

と 道灌●道具屋●唐茄子屋政談●時そば●富久

106 大《だい》工《く》調《しら》べ

【お噺の面々】大工の与太郎　棟梁政五郎　因業大家　大岡越前守【お噺の舞台】与太郎の長屋　大家の家　奉行所

「与太、道具箱はどうした」長屋を訪ねた棟梁に、与太郎は店賃を溜めたせいで大家に持っていかれたという。「いくらだ」「一両と八百」「一両あるからこれを持って謝ってこい。八百くらいあたぼうだ」。大家は不足分を持って来なければ渡さないという。棟梁は与太郎を連れて大家と掛け合いに行くが埒が開かない。「この丸太ん棒め、そんなら白州に出て黒い白いをつけてやるから」と棟梁の政五郎が願書をしたためて奉行所へ訴え出

店賃の形に取られた大工道具

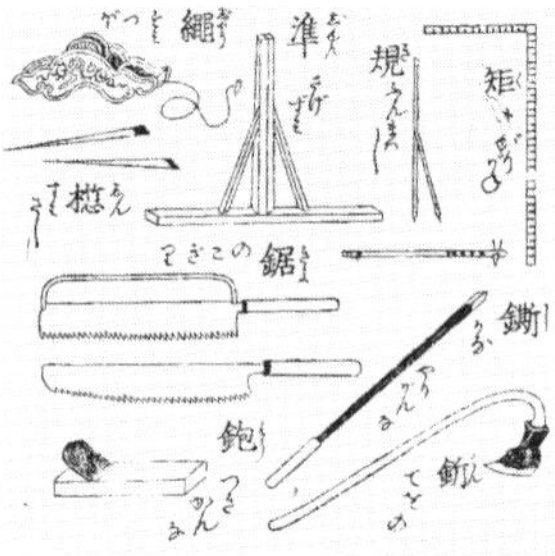

大工の手間賃●奉行に大工の報酬を聞かれて棟梁は日に十匁と答えている。江戸時代の大工は職人の中でも高給取りだが、実際はこの半分が相場。『守貞謾稿』によると、大坂は日に四匁三分。江戸に決まりはないが銀五匁から五匁五分で、大火の後諸国から応援の手が来ないうちは十匁余りになるという。一両は銀六十匁、五匁なら十二日で一両稼げる。ちなみに、昼食を含め三回の休みを取り、実働は二時（約四時間）。

大工

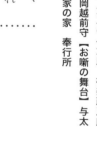

た。早速お呼び出しがあり、お白州へ。「家主、家賃のかたに道具箱を質に取ったのだな。一両持参したのに何故道具箱を渡さぬ」「足りないくせにあたぼうなどというもので」「町役に対して悪口をいったのだな。即刻残りの八百を家主に渡せ、日延べは許さぬ」

　家主は八百を受け取り、再び白州へ。「与太郎がその方の家まで道具箱を持参いたしたと申したな。その方は質株を持っているか。質株のない者が質物を預かる時は重き刑に処するところであるが今回は許す。与太郎は親孝行者、稼ぎの妨げをした分、手当てをしてつかわせ。政五郎、大工の手間はどのくらいだ」「こいつは腕が良いんで日に十匁」「すると二十日で二百匁、金子で三両二分。家主は与太郎に与えよ。これで一件落着。政五郎、一両と八百で三両二分とは儲かったな、さすがは棟梁」「へい、調べをご覧じろ」

噺の豆知識

質屋の営業●大岡越前守忠相が南町奉行在任中に質屋組合が定められ、江戸には二百五十組、二千七百余軒の質屋が営業権を得た。越前が大家に「質株」の有無を訊ねたのはこの営業権のこと。新規開業をするには「空株」を買って組合に入る必要があった。なお当時の利子は一両につき月々銀一匁六分（年利約三割）、百文につき四文（同四割八分）。この噺の越前は単なる言いがかりで大家を脅したに過ぎない。

質屋は金が金生む商売

107 たいこ腹《ばら》

【お噺の面々】若旦那
一八　茶屋の女将
【お噺の舞台】とある茶屋

遊び尽くした若旦那は目下のところ鍼に夢中。結構な道具を揃えて手始めに枕、畳にぷすぷす。猫で試そうとすると、手を引っ掻かいて逃げてしまう。意のままになる生き物……太鼓持ちの一八を思い出し、茶屋へ呼んだ。

「仕立物の針じゃない、鍼医の打つ鍼」「あたしも鍼には目がない。ツボの研究かなんかなさる？えっ、若旦那が打つって、よしましょうよ」。

結局祝儀に目がくらんで引き受けるが、腹は困ると往生際が悪い一八。あまりの痛さに飛び上がったせいで鍼が折れ、迎え鍼を打つがまた折れる。「若旦那、帰っちゃ駄目！」様子を見に来た茶屋の女将は腹の惨状を見て「危ないね。でもお前さんは散々鳴らした太鼓だもの、稼ぎにはなったろうに」「いえ、皮が破れてなりませんでした」

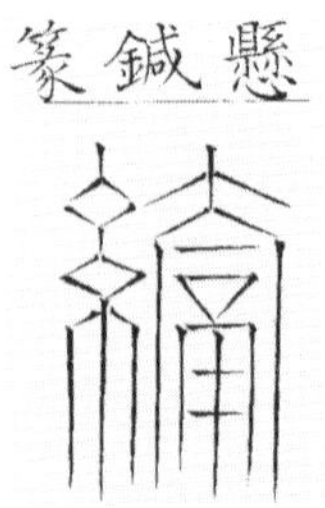

福寿の字を収録した『百体福寿』所載、鍼の「福」

噺の豆知識

太鼓持ちは辛いよ●幇間《ほうかん》、男芸者ともいわれた太鼓持ちは色町で座を盛り上げる芸達者。太夫と呼ばれるような一流から旦那について回ってご祝儀稼ぎに励む野太鼓までいろいろいる。検番を通してお座敷に上がる正規軍に対して野太鼓はもぐり。鍼の犠牲者は過去はともかく芸より媚を売り物にして酷い目に遭った。

108 代脈《だいみやく》

【お噺の面々】名医尾台良玄　銀南
伊勢屋のお嬢さん　お内儀さん
駕籠かき【お噺の舞台】中橋の医者
尾台良玄　蔵前の大店伊勢屋

中橋に尾台良玄という名医がいる。出来の悪い弟子の銀南を呼んで医の道に励むよう諭し、代脈に行かせた。患者は蔵前の伊勢屋のお嬢さん。脈を診る時、大先生がうっかり下腹のしこりに触れるとおならが出たので、聞こえない振りで誤摩化したという。脈だけ診るよう念を押された銀南は駕籠で蔵前に向かった。

先方に着いて、病間へ通された若先生がつい下腹のしこりに手を触れると、案の定お嬢さんは大きなのをひとつ放つ。何事もなかった体で手を洗い、お茶になる。「ときにお内儀、近頃のぼせのせいか耳が遠くて困る。ご用は大きな声でお願いする。さっきのおならも聞こえなかった」

噺の豆知識

医の道に励む●江戸時代の医者はオランダ医学を学ぶ者は珍しく、銀南のように漢方の先生について修業を積むのが常道。医の道を極めるには『傷寒論《しょうかんろん》』という中国の学門書が必須で、漢文学習も怠ってはならない。薬効を知り、製薬もするのが日常の業務になる。銀南、大丈夫か？

薬研で製薬に励むのが医の道の第一歩

109 高尾《たかお》

【お噺の面々】高尾太夫　仙台公
【お噺の舞台】吉原の妓楼三浦屋　仙台藩江戸屋敷　江戸湊屋形船船上

高尾は吉原随一の大見世三浦屋に代々受け継がれた大名跡。なかでも飛切りの器量よしで芸事にも優れた遊女が俗にいう伊達高尾。

俳句を添えた手紙を貰った仙台公が「手蹟も文も見事。金銭で購われるとは不憫、余の屋敷に引取る」と身請をしたはいいが、高尾は意のままにならない。憂さ晴らしに芝汐留の御屋敷から屋形船を仕立て、能楽連中を引船に豪勢な船遊びに興じた。吉原時代の形で塞ぎ込んでいる高尾に盃を差しても一向に受けない。高尾には浪人の島田重三郎という夫婦約束をした思い人がいるので諦めてくれときっぱりいわれた仙台公は刀を抜いた。振り上げた途端に引船にいた能楽連の鼓、太鼓がいやぁ、ひょぉー、てんてん！　釣られた殿が「高尾なぜなびかぬ♪」。

高尾の掛声「いやぁ♪」が入ると、つい「ぽんぽん」と斬ってしまった……。

噺の豆知識

伊達高尾●三浦屋の高尾太夫には諸説あるが、最も有名なのが仙台高尾とも呼ばれる二代目の伊達高尾。「仙台公」は仙台藩三代藩主の伊達綱宗。若くして隠居に追い込まれ、江戸屋敷で天寿を全うしているが、遊女殺傷事件の真偽は定かではない。

高尾太夫の揚屋入り

110 高田馬場《たかたのばば》

【お噺の面々】蝦蟇の油売り　岩淵伝内

【お噺の舞台】浅草寺奥山　高田馬場

浅草観音の奥山には、口上で売る蝦蟇の油売りがいる。今日も一人、二十歳を少し過ぎたばかりの若者が「さあお立会、ご用とお急ぎでない方はよおく見ておいで……手前渡世といたすは蝦蟇の膏薬。四六の蝦蟇だ」。そこへ老齢のお武家が「二十年も前に受けた傷だが利くかな」。古傷のわけを聞くうち親の仇、岩淵伝内とわかり「いざ尋常に勝負！」。伝内は潔く仇と名乗って、討たれはするが主の命を果たすまで待ってほしいという。

明くる日、約束の高田馬場には人が大勢集まるが何も起きない。「あすこで酒飲んでるじいさん、観音様にいた仇じゃねえか。昨日観音様で親の仇っていわれてたの、旦那でしょ」

「いかにも。わしは仇討ち屋だ。だが今日はやめだ」「それじゃ向こうが済まさないでしょ」「なにあれはわしの倅に娘じゃ。高田馬場で仇討ちとなれば人が出る。さすれば料理屋が儲かる。その売上高の二割を貰って楽に暮らしておるのじゃ」

噺の豆知識

高田馬場●都の西北に位置する高田馬場は、江戸時代は文字通り武家の調馬訓練のための馬場で江戸の初期からあり、赤穂浪士の一人堀部安兵衛の果たし合いで知られる。周りは小屋掛けの芝居や茶店が出ている憩いの広場。

高田馬場

111 たがや

【お噺の面々】たが屋　侍　家来　中間
【お噺の舞台】両国橋の橋の上

傍迷惑な侍の御一行

両国界隈が一番に賑わう川開きの日。大混雑の両国橋へ本所の方から供を連れ、中間に鎗を持たせた侍が来る。「寄れー、寄れー」「寄れったってこれ以上は寄れないよ、後は川だ」

両国広小路からは、たが屋が道具箱にたがの端をかけてやって来る。「たがの仕替え、たが屋でござい。すいません通して下さい」

あっちで小突かれ、こっちで突き飛ばされ、正面から来る侍の前に出てしまう。よろよろとした弾みに道具箱の先に掛けてあったたがが跳ねて馬

両国の川開き●たが屋の事件が起きたのは五月二十八日（陰暦）、花火見物に江戸中から人が集まる隅田川川開きの日。両国橋の上流が玉屋、下流は鍵屋が陣取って大花火を揚げた。この日から八月二十八日の川仕舞いの日までの三カ月間、普段は日没に店を閉める茶屋、食べ物商売、寄席なども夜間営業が許され、花火も川開き当日ほどの規模ではないが、期間中毎夜開催。

川開きの両国橋

上の侍の笠をたたいた。その拍子に笠は空高く舞い上がり、頭には台だけが残った。家来がたが屋に「無礼な奴、屋敷まで来い」。「どうぞ勘弁をして下さい」「ならぬ、屋敷に参れ」

「屋敷に行けばあっしの首はついちゃいません。どうか勘弁を……。こんなに謝っても駄目なのかい、この丸太棒め。血も涙もねぇ奴だから丸太棒というんだ」「二本差しが目に入らぬか」「そんな物が目にへぇるかい。気のきいた鰻なら五、六本指している」と開き直るたが屋。

　錆びた刀を抜いて斬りかかる供の侍。たが屋はひょいと身をかわして侍の利き腕に手刀を打つ。ぽろりと落としたのを拾いあげて、えいっ、斬りつける。馬上の侍は斬り払うように刀を振り下げたが少し遅かった。たが屋は飛び上がるように侍の首をすぽんとはねる。

　すかさず一声「たが屋ー」。

噺の豆知識

たが屋●江戸では竹の輪をたがといい、銅や鉄なら金たがというが、桶樽を修理してたがを新しくする職人がたが屋。輪替えともいう。集めて来た桶樽を自宅で直す者もいれば、噺のたが屋のように一切の道具を持って直し歩く者もいた。たがにする細く割り裂いた竹を束ねて持ち歩くのだが、丸めた末尾の留めが甘かったせいで束が弾け、侍の笠を飛ばした。見物は喜んだろうが、たが屋の首も明日はない。

たが屋

112 だくだく

【お噺の面々】八五郎　先生　泥棒
【お噺の舞台】八五郎の長屋

家賃を溜め過ぎて店立を食らった八五郎。すぐ出て行くなら棒引きにしてやるといわれ、道具屋に家財を売っぱらって引越したので家の中はがらんどう。そこで壁に紙を貼り、知り合いの先生に箪笥や長火鉢の絵を描いてもらった。長押《なげし》には槍、火鉢の上には鉄瓶が湯気を上げ、脇には猫があくびをしていて、まっこと芸が細かい。

その晩、八つぁんが寝ているところへ泥棒が入った。開かない引き出しにすぐ絵だと気づいたが、それならと遊び心で「箪笥から結城の紬を出したつもり、風呂敷を出したつもり……一切合切包んだつもり、重くて持ち上がらないつもり」とやっていると八五郎が目を覚ました。

「長押の槍を取ったつもり、脇腹を突いて抉ったつもり」「いてててっ、だくだくっと血が出たつもり」

噺の豆知識

長押の槍●長押は鴨居の上に渡した飾り用の横木で、武家や商家の客間ならともかく、裏長屋にはそもそもない。武家屋敷の長押に先祖伝来の槍を飾ることはままあったようで、八五郎はつもり芝居の最後に演じたのだろうが、新居の裏長屋には火鉢や箪笥すら過ぎたるものといわざるを得ない。

113 竹《たけ》の水仙《すいせん》

【お噺の面々】左甚五郎　師匠の墨縄
玉園棟梁　大黒屋金兵衛【お噺の舞台】
藤沢の旅籠大黒屋金兵衛

飛騨の匠墨縄の門下で腕を上げた甚五郎は師匠の相弟子、京都の玉園棟梁の元へ墨縄の添書を持って出掛けて行く。ある時宮中からの御下命に竹の水仙を彫り上げた甚五郎は褒美をもらった上に左官という官位まで頂だいするが、自侭に暮らしている。ある日、江戸表駿河町の三井八郎右衛門から使いが来て大黒を彫ってくれという。値は百両。手付の三十両を懐に江戸へ旅立つが、藤沢の宿に着く頃には一文なし。毎日酒を飲んでは寝てばかりの長逗留に宿の主大黒屋金兵衛が旅籠賃を催促すると、甚五郎は竹を細工し、昼三度、夜三度水を注せという。翌日、陽が射すと見事な水仙が花開く。これが長州萩の藩主毛利大膳大夫の目に留まり、百両で売れる。正直な主は金を差し出して、あの水仙が百両で売れたことを告げると「それは惜しいことをした。毛利様なら三百両でもよかったのに」と甚五郎。自分はわずかの路銀を手にしただけで江戸へ向かった。

噺の豆知識…

左甚五郎●江戸時代初期の名工、左甚五郎は一説によれば播州明石に生まれ、幼少の頃に飛騨高山で暮らした後京に上り、御所や寺社建築に携わる。その後江戸に出て幕府の堂営大工棟梁として名を上げたという。江戸滞在中の噺が『三井の大黒』(252頁)。

114 たちきり

【お噺の面々】若旦那　番頭　置屋のおかみさん　小糸【お噺の舞台】とあるお店　芸者置屋

色町の花代を線香一本、二本と称《とな》えた頃のお噺。若旦那が柳橋の娘芸者小糸に恋をした。挙げ句店の金に手を付けて、親戚一同相談の結果百日間の蔵住みが決まる。小糸の方はそうとは知らずに毎日毎日手紙を書くが、店の番頭が仕舞い込んで若旦那には届かない。やがて百日の期限が来て解放された若旦那は番頭から小糸の手紙を渡され、最後の一通を見れば「これがこの世の別れ」とある。

駆け付けた若旦那に置屋のおかみは白木の位牌を指し「小糸はこんなことに。若旦那が誂えてくださった三味線を弾いていると容態が急に悪くなって……。供養してやってください、お線香を」。「小糸、小糸、命を詰めてまで思ってくれて。あたしは生涯妻を持たないから」。仏壇に供えた三味線がいつからともなく鳴っていたが、ふっつり止んだ。「若旦那、もう弾きませんよ。仏壇の線香が立ち切れました」

噺の豆知識

線香●かつて色町で遊ぶ際の時間の目安に線香が時計代わりに使われ、線香一本焚き終わることを「花一つ」「花一本」などといった。お座敷が掛ると置屋の帳場で点火、一本ごとに迎えにやるところもあれば複数本もある。ただし花を重ねるのは客の望み次第となる。

線香

115 狸賽《たぬさい》

【お噺の面々】博打好きの男　子狸　博打打ち
【お噺の舞台】とある博打場

子供たちが仕掛けた罠に子狸が掛り、通りすがりの男が銭をやって逃がしてやると、その晩狸がやって来て、いろんなものに化けて恩返しをするという。ちょぼ一に興じている男は、目が操れれば必勝間違いなしと賽子に化けるよう頼んだ。

「目を間違えるな、一の裏が六。一は逆立ちした尻の穴、二は目玉。言う通りに出せよ、頼むぜ」と子狸に教えて出掛けた。男が胴を取って勝ち、今度は皆三に大きく張り込むと「五とくりゃいただきだ」。「待ちな、黙ってやれ。こいつが目を読むとその通りに出る」

「今度は加賀さまの紋だ。梅鉢だぞ、天神様だ！」壺皿を開けると狸が冠を被って笏を持っていた。

噺の豆知識

賽子のいかさま●一つ賽子で出目を当てる「ちょぼ一」は親対子の勝負。思い通りの目が出せる胴親なら、『看板のピン』（73頁）のような一回しか使えないいずるとは違って永遠に負けない。五だの六だの難易度の高い目は狸をよく仕込んで、符牒も分かり易くすべきであった。

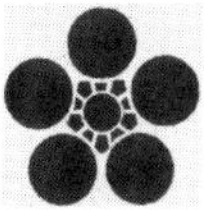
天神様の梅鉢

ピンを出すのは簡単

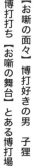

116 田能久《たのきゅう》

【お噺の面々】田能久　大蛇　【お噺の舞台】伊予宇和島の法華津峠　阿波国田能村の田能久の家

阿波徳島のお百姓、久兵衛さんは芝居好き。田能村の久兵衛で愛称は田能久。芝居が達者で田能久一座は評判を取り、隣国の伊予宇和島の芝居小屋から呼ばれて十日間の興行に出た。盛況のうちに千秋楽の舞台を終えたところへ国元から母親の大病を知らせる手紙が届き、一足先に一人で出発した田能久は法華津峠で老人に化けた大蛇に遭遇。呑まれるかと怯えながら田能久と名乗ると「狸？　じゃぁ呑むわけにはいかねえ。狸ならいろいろ化けてみろ」。鬘を被って坊主や女に変化して乗り切ったところで嫌いなものを聞かれ、金と答えると「俺は煙草の脂《やに》。お前のこともしゃべらねえからお前も黙ってろ」。

山を下りた田能久が麓の村であらましを話すと、村の衆は脂を集めて大蛇を征伐。家に帰り着いてさて寝ようかという頃、「開けろ！」。血まみれの老人がじっと見据えている。「よくもばらしてくれたな。仕返しだ、ほれ」。老人の姿が消えると、庭には千両箱が積まれていた。

うわばみ

噺の豆知識

「昔話」の噺●お噺の面々も舞台も一風変わったこの噺は主に中国四国地方に伝わる民話が元。「田之久」「田之九」などの題でうわばみに出くわした孝行息子が長者になる物語。久兵衛さんが大蛇に遭う法華津峠はトンネルが開通している。

117 試し酒《ためしざけ》

【お噺の面々】 久造　近江屋の旦那　近江屋の知り合い
【お噺の舞台】 近江屋の知り合いの家

訪問先の主人に酒を勧められた近江屋の旦那は、下男を表に待たせているからと誘いを断る。下男の久造は五升も飲む大酒飲みだと口を滑らし、飲めるかどうか賭をするはめになった。

飲めたら小遣いをやるといわれた久造は「じゃご馳走になるべぇ。旦那様、ちょっくら待ってもらいてえ。少しばかり表へ出て考えるだ」。

蒔絵の一升盃を用意して待つ事しばし、戻った久造は「中の絵がきらきら、綺麗だなこりゃ」と余裕満々で息もつかずに飲み干した。五杯目になると「おらぁへこたれねえ。でぇじょぶだ。ふー」。

近所の酒屋で試し酒

完敗を認めた主人に、さっき表で呪いでもしたかと聞かれた久造は「心配でなんねえから、表の酒屋へ行って試しに五升飲んで来たよ」

噺の豆知識

噺の来歴●お噺の面々も舞台も一見変わったところのないこの噺は、明治期に一世を風靡した英国人快楽亭ブラックが酒をビールに代えて演じている。ブラックの演出を仕立て直して、ごく自然な江戸落語にしたもので、原話は中国の笑話。

118 たらちね

【お噺の面々】八五郎　清女
大家さん　ねぎ売り
【お噺の舞台】八五郎の長屋

長屋の八五郎に大家が縁談を持って来たが、一つ難点があって言葉が丁寧すぎるというのだ。「あっしがぞんざいだから、そのうちに混ざってちょうど良くなる」というわけでその日の内に輿《こし》入れ。八五郎が名を聞くと「自らことの姓名は父はもと京都の産にして姓は安藤名は慶三、字《あざな》を五光。母は千代女と申せしが、我が母三十三歳のおり、ある夜丹頂の鶴を夢見てはらめるがゆえに、たらちねの胎内を出でしときは鶴女と申せしがこれは幼名。成長の後は清女と申しはべるなり」。

すべてが名前と勘違いした八五郎はひらがなで書いてもらい、少し練習してその夜は寝てしまう。

翌朝、八五郎の枕元で「あーら我が君、あーら

姓と字と名●八公の嫁は自己紹介が長い上に難解。明智十兵衛光秀、黒田勘兵衛孝高のように武士の名乗り風にいえば、父親は安藤（姓）五光（字）慶三（名）。字は近しい間柄で用いる通称で、元服までは幼名で呼ぶ。名は元服後に名乗るいわば本名で、上の者からの呼びかけに限るのが原則。夫の八公は姓は無し、字もへったくれもなく、ただの八五郎さんだ。

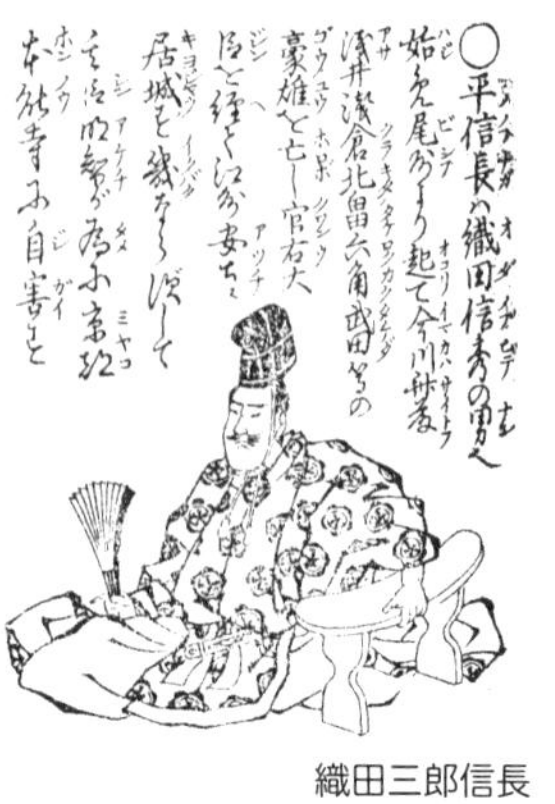

織田三郎信長

我が君。白米のありかは何れなりや」。「虱なんかいないよ。ああ米なら蜜柑箱にへぇっている」

ご飯を炊き、味噌汁の実を迷っているところへねぎ売りが来る。「これこれ、門前に市をなす賎《しず》の男子《おのこ》、男子や男子」とねぎ売りを呼び止める清女。ねぎの銭がいるので「あーら我が君、白根草の値三十二文」。何かというと「あーら我が君、あーら我が君」。「あーら我が君てぇのをやめてくんねえかな。で、なんなんだい」

「もはや日も東天に出現ましませば、うがい手水《ちょうず》をあそばされ、神前仏前に御明かしを捧げられ、ご飯を召し上がってしかるべし、恐惶謹言《きょうこうきんげん》」

「飯を食うのが恐惶謹言なら、酒を飲んだら酔ってぐでんのごとしだろう」

酔ってぐでんのごとし

噺の豆知識

女房言葉●味噌汁をおみおつけ、強飯をおこわ、杓子をしゃもじなどというのは雅な階級の女たちの言葉、女房言葉。江戸時代でも通用したものは多かったろうが、白米をしらげ、灯明を御明かしといわれては堪らない。「恐惶謹言」は候文の手紙の末尾に添える決まり文句で、八公すら知っているが、現代人には馴染みがない。「恐惶謹言仍《よっ》て件《くだん》の如し」を洒落た落ちになっている。

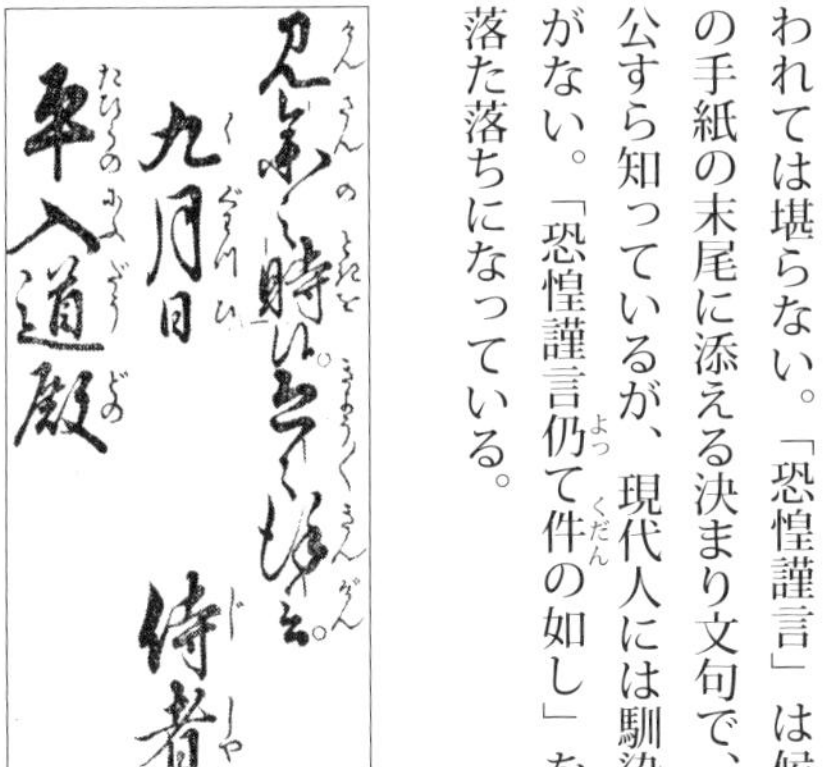

恐慌謹言。しばしば恐ゝ謹言とも書かれる

119 短命《たんめい》

【お噺の面々】隠居　八五郎　おかみさん【お噺の舞台】隠居の家　八五郎の長屋

「伊勢屋の旦那がまた死んじゃった、三度目だ。こんな馬鹿な話はねえでしょう」横町の隠居相手に妙なことをいう八五郎。なんでも旦那は入り婿で、患った挙げ句にぽっくり。三度目の旦那が昨晩亡くなって、悔やみの言葉を教わりに来た八五郎は合点がいかない様子。美男美女の若夫婦、店は番頭が切り盛りして格別することもない二人、ご飯も差し向かい、茶碗を渡すお内儀さん。「指なんぞ触れてみろ、ふるいつきたいような女がいればどうなるか……何でも度が過ぎちゃいけない。暇が短命の元だな」。悔やみの言葉はもごもご言ってればいいと教えられ、帰った八公。「早くお行きよ」「その前に茶漬を一杯。給仕してくれ」「自分でおやりよ、忙しいんだから」。拝み倒して茶碗を受け取ると「ふふ、触りましたね指と指。顔を見りゃ……あぁ、俺は長命だ」

こりゃ長命だ

噺の豆知識

早死にの理由●伊勢屋の婿殿が三人続けて早世したのは、いわゆる「腎虚《じんきょ》」のせいだと隠居はいう。房事が過ぎると腎の臓に溜めた腎水が枯れて衰弱、命が縮まると信じられていたからだが、漢方医学の「腎」は臓器の名称ではなく甚だしい誤解ではある。過労死、ではなかろうか。

120 千早振《ちはやふ》る

【お噺の面々】ご隠居　金さん　竜田川　千早太夫
【お噺の舞台】隠居の家

横町の隠居を金さんが訪ねて来て「千早ぶる神代もきかず竜田川からくれないに水くくるとは」の意味を知りたいという。

大関の竜田川が吉原の花魁千早に惚れたが振られてしまい、妹女郎の神代もいうことを聞かない。きっぱり相撲をやめて故郷に帰った竜田川は親の商売を継いで豆腐屋になって十年。通りかかった女乞食に卯の花を恵んでやろうとしたら、その女は千早花魁の成れの果て。外へ突き出すと千早は店先の井戸に飛び込んで死んだという。「卯の花をやらなかったから『からくれないに水くくるとは』だな」「水くくるまではいいとして『とは』ってなんです」「千早は源氏名で『とは』が本名だ」

噺の豆知識

在原業平

千早ぶる●御本家は『小倉百人一首』の十七番目、在原業平の歌。「千早ぶる」は神に掛る枕詞。「神代」は大昔の神話の時代。「竜田川」は奈良斑鳩の紅葉の名所。「からくれない」はおから(卯の花)ではなく唐紅、見事な紅色。「水くくる」は括り染め。川一面に赤い紅葉が埋め尽くし、信じられない美しさ！　てなことのようです。

121 茶金《ちゃきん》

【お噺の面々】茶屋金兵衛　油屋の八五郎　茶金番頭　近衛殿下　畏き方【お噺の舞台】音羽の滝の茶店　茶道具屋茶屋金兵衛

清水の境内の茶店で名の知れた目利きの茶屋金兵衛、茶金がしきりに茶碗を眺め回し、首を六度傾げた。江戸を食い詰めて京都で油を売る八五郎がこれを見て茶店の親父に掛け合い、金三両と油の荷七両分で茶碗を手に入れた。茶金の店を訪れた八五郎に番頭は「これは清水焼の数茶碗《かずぢゃわん》といって、さらで六文、古くては一文の値打ちもない」。「番頭なんかにゃわからない」と騒いでいると奥から茶金当人が出て来た。「おう、この茶碗に見覚えはないかね。七日前、清水の音羽の滝の前で陽に透かしてみたりして、首をしきりに傾けていた……」「これはどこにも傷がないのに水が漏るので不思議に思ったのだ」といい、茶金は有り金

目利き●茶道具屋の金兵衛が品物を目にして首を一回傾げると百両の値が付くという噂を耳にしていた八五郎の勘違いから噺は始まる。茶金のように物をじっくり見て、真価を見極める振舞いが目利き。鑑定人も目利き、あるいは目利き者という。鑑定書は「極め書き」といい、「極め印」が押される。この担保書類が整って「極め付き」になる。無論数茶碗にこれは付かないが。

目利き

をはたいた八五郎に再び仕事に就けるよう十両を貸した。そうこうしている内に茶金が近衛殿下のお茶席に呼ばれ、この話をすると麿も見たいとおおせられて、御覧に入れると御色紙を書いて下さる。しばらくして、おそれおおくも畏き方からの御短冊と箱書きがついて評判になる。

　これを好事家の会に出したところ、千両で売れる。油屋に十両では可哀相だと考えていると、近所を通りかかった油屋を小僧が見つけて連れてくる。茶金からこの話を聞き、三百両をもらった油屋は「今度は十万両の大もうけだ」。ひょいと見ると大きな水の漏る瓶を車に乗せて、持って来た。

油売りの八五郎

噺の豆知識

数茶碗の出世●日常使いの量産品、数茶碗に、やんごとなき筋からの物語が添えられる。近衛殿下の短冊には「清水の音羽の滝のおとしてや茶碗もひびにもりの下露」。さらに畏き方から箱書きの後押しが来る。箱の蓋には万葉仮名で「波天奈」。はてなの茶碗の誕生である。極め書きだの極め印だのは要らないのか、真贋とは何なのだ、てな噺ではある。

結構な数茶碗ですな

122 茶《ちゃ》の湯《ゆ》

【お噺の面々】ご隠居　小僧の定吉
鳶頭　豆腐屋　手習い師匠
【お噺の舞台】根岸の里の隠居所

賑やかな蔵前から小僧の定吉を連れて根岸に隠居したお年寄り。

「ご隠居さん、お隣の娘さんは自分の爪だけじゃ足りないとみえて、爪をつけてお琴をひっかいてますよ。お向こうの娘さんは花を活けてる。皆風流だなぁ、ご隠居さんも煙草ばかり呑んでいなで何かおやんなさいよ」

「うーん、やりたいことはあるんだが子供の時に習ったんで、忘れた」定吉に言い訳をして始めたのが茶の湯。早速お囲いに入り、茶碗を取り出したが何を使うか分からない。定吉が買って来た青黄粉では泡が立たない。泡の立つ薬という触れ込

茶の湯

怪しいお茶の正体●恐らく現物を見たことがあるのだろう、小僧が買って来た青黄粉は炒った青大豆を挽いて作る黄粉で、遠目には抹茶。泡を立てる椋の皮は椋の木の樹皮ではなく、無患子《むくろじ》の果皮。石鹸の代用にもなり、泡も立つ。皮の中身、種の方は硬くて黒い玉で羽根つきの羽子《はご》にする。結果はともかく、定吉の目の付けどころは悪くない。

茶の湯●商家に生まれたら子供の頃から算盤を習い覚えるのが第一、歌、連歌、俳諧、立花、蹴鞠《けまり》、茶之湯、謡、舞、鼓、

羽根つきの羽子

みの椋《むく》の皮を茶釜に入れると泡だらけ。

そのうち隠居所についている三軒の長屋に手紙を出させ、茶の湯に招待した。呼ばれた豆腐屋と鳶頭は早速引っ越そうとしたが、手習いの師匠が呑みようくらいは知っているというので出かけたが散々な目に遭う。しまいにご隠居は菓子にまで手を出した。芋をふかしてすり鉢で当り、粘る芋に灯し油を塗って猪口で抜いた、名付けて利休まんじゅう。

ある時、蔵前の頃からの知り合いが訪ねて来て「茶の湯をなさっているそうで、せめて呑みようだけでも教わりたい」ときたので隠居は大喜び。呑んだはいいが吐き出しそうになり、口直しの菓子を口に入れたまま「一寸おしもを拝借」と席を立ち、手洗いに飛び込んだ。吐き出して、さあどこか捨てる場所はと見ると裏は広い畑。ぽいと捨てると、お百姓さんが「また茶の湯か」。

噺の豆知識

太鼓、笛、琵琶琴、能、香道といった遊芸は家業に余力のある者が嗜むものだと『商売往来絵字引』は説く。商売に精を出して成功したご隠居に、茶の湯の心得などなくて当然だが、風流の里にはびこる遊芸流行りに便乗すると惨事が起きる。界隈は一中節《いっちゅうぶし》の師匠に恋をするお嬢さんがいたり、お妾さんの嫉妬の火の玉が夜な夜な出現する。

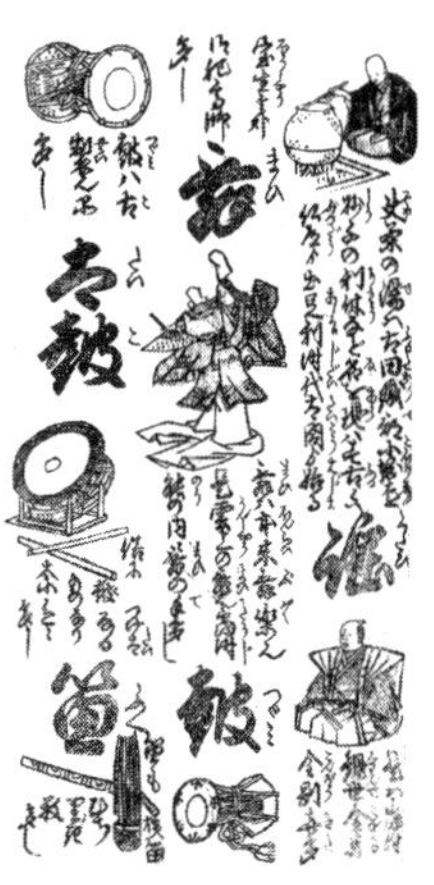

商いに必要なものを絵で教える『商売往来絵字引』。締めくくりが遊芸の心得

123 長者番付《ちょうじゃばんづけ》

【お噺の面々】遊山旅の二人連れ造り酒屋の主人
【お噺の舞台】とある造り酒屋

遊山旅の二人連れが造り酒屋で酒を求めると「二、三升じゃぁ売れねえ。馬に一駄か船一艘。一駄は四斗樽が二つだ」とにべも無い。

「俺たちは江戸の者だ。そんな酒を持って道中ができるか、このうんつくめ、話のわからないどんつくめ」と返すとうんつくの訳を聞かせろという。

長者番付を見つけて「鴻池善右衛門も三井八郎右衛門もひょんなことから運が付いて大金持ちになった。江戸じゃうんつく番付てんだ」と作り話をすると「ほめ言葉だったたんだな。口に合うかどうかわかんねぇが、飲んでくんろ。あんたたちも早く江戸へ帰ってうんつくにおなんなせぇ」「おいらぁうんつくは嫌いだ」「江戸の人は欲がない」

噺の豆知識

遊山旅の二人

長者番付●相撲番付に由来する見立番付《みたてばんづけ》の中でも有名なのが長者番付。旅人が見たのは東西の大富豪が並ぶ一枚ものの番付だろう。相撲同様当時の最高位大関から始まり、前頭までが列挙されるが、鴻池や三井といった別格は中央に「勧進元」「行司」「年寄」として名を連ねるのが普通。これは長者以外でも同じ。「うんつく番付」は真っ赤な嘘で、うんつくは運が尽きるという逆の意味。

124 提灯屋《ちょうちんや》

【お噺の面々】提灯屋
町内の若い者　隠居
【お噺の舞台】提灯屋

提灯屋が開店祝いに出したちらしに、町内の若い者が飛びついた。向う七日間提灯、唐傘に無代で紋を書き、万一書けない紋があれば進呈するとあったからだ。先鋒は「紋帖なんぞ要らねえ、鍾馗様が大蛇を胴切りにした紋、書けるかな。判じ紋だ」。答えは二つに割ったうわばみの片割れに鍾馗様の剣で「剣片喰《けんかたばみ》」。「仏壇の地震」で「竜胆崩し」といった具合に俺も俺もと押しかけては難題を突きつけ、ぶら提灯をせしめて来る。お詫びの印に隠居が出向いて高張提灯を所望する。「丸に柏。難しい顔をして考えるものじゃない、ありきたりの紋ですよ」「うーむ。……分かった！すっぽんに鶏だろう」

噺の豆知識

判じ物●文字や絵で表した断片からその意味を当てる謎掛けや絵解きが判じ物。難儀な客がいう「判じ紋」は、答えを紋所に限った文字（言葉）タイプ。絵解きの方は判じ絵ともいい、こちらは捻った言い回しで難問を作るのではなく、答えの音から絵を作る。「けんかたばみ」なら「喧嘩、田圃、婆、見る」で「田で争う男たちを見る婆さん」の図にするなど。

『江戸名所はんじもの』の本郷（ほんごう）。本が鵜を相手に碁を打つというシュールな世界

125 付《つ》き馬《うま》

【お噺の面々】頭の良い遊客　付き馬の若い衆　早桶屋【お噺の舞台】吉原の遊女屋　田原町の早桶屋

日暮れの吉原。冷やかし風の男に客引きが声を掛けると、男は金貸しの叔父さんの代参で仲之町のお茶屋に取り立てに来たのだという。茶屋で集金の後に勘定でよければ遊ぶとまことしやかな物言いで登楼した明くる朝。「仲之町の茶屋なら手前がお供します」と見世の若い衆。前夜呼込みをしていたこの男は勘定が出来ない客の取り立ても受け持つ「馬」。

集金先の茶屋へ着いても早すぎるとごまかして大門を出ると、一風呂付き合え、腹が減ったと馬の立て替えで良い心持ちの客。雷門まで来るとさ

仲之町のお茶屋

牛が馬になる●格の高い遊女を望むなら茶屋を通すが、中以下の見世は直に登楼できる。見世の前には「ぎゆう」、牛太郎と呼ばれる客引きがいて、長居をする冷やかしを追い払ったり、うまくまとめて客にする。勘定が出来ない客に連れがいれば一人が人質として、『居残り佐平次』（32頁）のように金の工面が出来るまで行灯部屋で待機。一人客にはぎゆうが金策に同行

馬にもなる牛太郎

すがに馬も気づいて「どこ行くつもりなんだ、吉原の茶屋だてえから付いてきたんだ」となる。客は「まあお待ち。田原町の叔父さんとこで勘定しよう、早桶屋なんだが。できたら立て替えの分を引いて、あとはよしなに」と馬の疑念を振り払う。店に入ると、外にいる男の兄さんが腫れの病で急に亡くなり、太ってる上に腫れで並の早桶じゃ入らないから図抜け大一番の小判型を作ってほしいと持ちかけ、自分は姿をくらました。

「お気の毒なことで。出来たらどうします、小僧にでも行かせますか」「いいえ、財布の中に入れて……」「おいおい、しっかりしなくちゃ」なんといってる間に出来上がった巨大な早桶。

代金を払うよう言われた馬は「勘定踏み倒された上にこんなもの担いで帰れるかい。あっしはもう一文なしだ」。「銭がねえだと。おい、吉原まで馬に行ってこい」

噺の豆知識

する。この取立て役が「馬」。夕べの牛が朝に馬と化す次第。

早桶屋●早桶は注文に応じて作る桶型の棺。下々はこの座棺を差し担いで寺まで行き、土葬にする。大きさは普通は並一、小型は並二、大型が大一番。「馬」を騙そうと作らせた図抜け大一番は超特大サイズ。小判型はこれを楕円形にしたもの。菜漬けの樽で代用する無茶な噺があるが、それも可能か。

早桶

126 佃祭《つくだまつり》

【お噺の面々】次郎兵衛　与太郎　船頭　船頭のかみさん【お噺の舞台】佃島の船頭の家　次郎兵衛の家　永代橋

佃祭に出掛けた小間物屋の次郎兵衛は、しまい船に乗ろうとした矢先に袂をつかまれた。

「もし、旦那様。あたくしに見覚えがありませんか。三年前、本所の橋から身を投げようとした女に、三両の金を恵んで下さった旦那様では」

船に乗り損なった次郎兵衛が佃島の船頭に嫁いでいたこの婦人の家に行くと亭主が戻って、しまい船が沈んで一人も助からなかったという。次郎兵衛の家では船が沈んだという知らせにともかく仮通夜をする。すると夜明けと同時に「おや、誰が死んだんです」と次郎兵衛さんが帰って来て、人助けのお陰で助かった話をする。

これを見ていた与太郎が三両の金を工面して身投げを探し始めた。永代橋でやっと見つけた女にむしゃぶりつくと「身投げじゃないんだ。歯が痛いから戸隠様に願掛けてるんだよ」「嘘をつけ、それが証拠に袂にこんなに石がある」「石じゃない、納める梨だよ」

納める梨

噺の豆知識……

佃島●永代橋が隅田川の河口に架かる最下流の橋だった江戸時代。対岸の鉄砲洲からわずか一丁（一一〇メートル）ばかりの佃は、まさに小島だった。当時の住民はほとんどが漁師だが、ときに江戸の市民も渡し船でやって来た。佃祭は住吉神社の大祭。

127 壺算《つぼざん》

【お噺の面々】源さん　弟分　瀬戸物屋の主人【お噺の舞台】瀬戸物屋

水瓶を買って来いとかみさんにいわれて、少し足りない亭主が兄貴分の源さんを頼って来た。

「二荷入りの水瓶か、よし分かった。万事俺に任せろ」という源さんについて行くと瀬戸物屋の店先には一荷入りがずらり。これを値切って一分で買うと「担いでいるうちに一荷入りが二荷入りに化けるから心配するな」。

一回りして店に戻ると、間違えたから二荷入りに替えてくれといい、「倍なら二分でいいな。ものは相談だが、これは引取ってくれるかな」と持ち掛ける源さん。先ほど渡した一分に下取りの瓶が一分で都合二分、勘定は済んだとばかり二荷入りを担いで出て行こうとすると「お勘定が足りないような……」。

呼び戻された源さんは主人に何遍も算盤を入れさせるが、一向に埒が開かない。ついに「一荷入りの方を、どうか持って帰ってください。頂いた一分はお返ししますから」。

噺の豆知識

水瓶の容量●大事《おおごと》になった一荷二荷問題の一荷とは、天秤棒で担ぐ二つの荷一組のこと。水は前後二桶、都合四斗（約七十リットル）を担いで水屋が売りに来るのだが、酒の容量にもこの単位を使う。鴻池の先祖は酒の二斗樽二つを一荷として、担いで江戸にやって来て大名の家々を回ったという。

128 つるつる

【お噺の面々】太鼓持ちの一八　旦那　芸者のお梅ねえさん【お噺の舞台】とある宴席　一八の師匠の家

ちょっと付き合えという旦那に太鼓持ちの一八は、惚れた芸者のお梅ねえさんと約束があるからと断るが「お前はいい芸人だな、芸者と何かしようと客を断る」と皮肉られて「つき合いますがね遅くまではいけません」。ところが一盃飲むと金が貰えるとあってべろべろになった一八。帰ったはいいがお梅ちゃんところへ忍び込むには師匠の枕元を通らないといけない。そこで腰に巻き付けた帯を明かり取りの桟に結びつけて、つるつると下りるという作戦。「お梅ちゃん来ましたよ。酔っても約束を守りました、ふーっ、うん、お梅ちゃん来ましたよ、ぐーっ、ぐーっ」

はっと気がつくとあたりはもう明るい。つるつると下りていくと師匠が飯を食っている。「何をしているんだ」「へい、井戸替えの夢を見ておりました」

太鼓持ちの一八

噺の豆知識‥‥

一八の住まい●『富久』（192頁）の久蔵を筆頭に噺の太鼓持ちは裏長屋でくすぶる御仁が多い中、『つるつる』の一八は師匠が芸者置屋を営んでいて、お抱えのお梅ちゃんと一八は「同居」。検番からの声掛りでお座敷に呼ばれる日々を送る、いわば正統派の幇間といえる。

（192頁）

129 出来心《できごころ》

【お噺の面々】新米泥棒　親分　八五郎　大家
【お噺の舞台】親分の家　八五郎の長屋

どじばかり踏んでいる新米の泥棒が足を洗えと引導を渡されるが、なんとか頼み込んで空巣狙いのいろはを教えてもらって仕事に出た。

頃合いの留守宅がないまま、貧乏長屋の路地に入り込むと不用心な一軒がある。留守には違いないが獲物が一切見当たらず、諦めた矢先に主の八五郎が帰って来た。足跡から察知した八公は大声で大家を呼び「店賃四つ分、泥棒にやられちまった。少し待ってもらいてえ」。「そうか。で、あとは何盗られた。布団か、裏はどんな」。布団から始まり黒紋付に博多帯、帷子《かたびら》、簞笥の果てまで「裏は花色木綿」で押し切る八五郎に「勘弁できねえ、紋付がどこにある、簞笥に裏地だとぉ馬鹿野郎」。縁の下にいた泥棒が怒って悪事が露見。未遂とはいえ親分の教え通り「出来心で」と謝る。「八公どこ行った、出て来い。どうしてお前は作り事をいうんだ」「大家さん、これも出来心で」

噺の豆知識

花色木綿●丈夫で暖かいから布団の裏地は花色木綿という大家さん。気に入ったと見えて八五郎が連呼する花色木綿の花色とは縹色《はなだいろ》、薄い藍色のこと。江戸っ子が田舎侍を馬鹿にしていう「浅《あさ》葱裏《ぎうら》」の浅葱色も同系統の色。

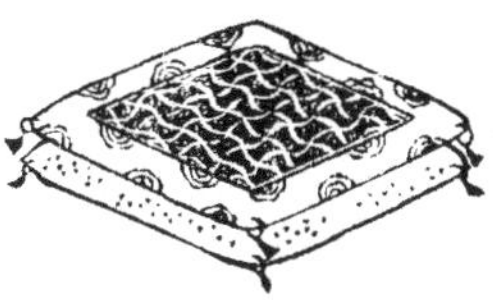

布団の裏地は花色木綿

130 鉄拐《てっかい》

??

【お噺の面々】 唐右衛門　金兵衛　鉄拐仙人　張果老
【お噺の舞台】 上海屋唐右衛門　唐土の仙境

上海屋唐右衛門《とうえもん》は唐土のとある横町で異国相手に手広く商売をしている大店。新年の祝いには各国の出店から人が集まり、余興を楽しむ。珍しい芸を探せとの命を受けて番頭の金兵衛が旅に出たが山中で仙境に迷い込み、鉄拐と名乗る仙人に遭遇。一息吹けば分身が口から出る一身分体の術を持つと聞いて連れ帰る。宴当日、豆粒大の鉄拐が現れるとやんやの喝采。大評判になり、あちこちからお座敷が掛ると、俺も一山当てたいという御仁が出て来る。見つかったのが、いくら飲んでも酒が出るという瓢から馬を出せる張果老。

人気が下火になり、妬んだ鉄拐は張果老の宿に忍び込んで瓢から馬を吸い取った。ところが馬を腹から出す術を知らず「馬上の鉄拐」を吐き出せない。それならと見物を吸い込んで胎内興行に切り替えたところ、「痛い！　中で酔っ払いが喧嘩だ」。大きく咳払いをしたら酔った二人がころっと出た。誰かと思えば酒豪の双璧李白と陶淵明だったとさ。

鉄拐仙人

噺の豆知識

鉄拐●鉄拐は中国の隋代の仙人で姓は李、名は洪水、字が鉄拐。吐いた息から己の雛形を出したり、投げ上げた杖が竜になったりと不思議な技が伝承されている。張果老は時代が下った唐代の仙人。李白と陶淵明《とうえんめい》は酔いどれ詩人。

131 てれすこ

【お噺の面々】 多度屋茂兵衛　奉行　役人
【お噺の舞台】 長崎のとある漁村　奉行所

長崎のある浜に名の知れない魚が揚がって漁師がお上に訴えて出るが、役人にもわからない。

魚の名を知る者には百両をつかわすという貼り紙を見て多度屋茂兵衛と名乗る男が現れて「てれすこ」だという。

やむなく百両を渡した役人がお奉行に言上すると「ではその魚を干してみろ」という。また茂兵衛が来ていうには「すてれんきょうにございます」。「干して名が変わるものか。上を偽る不届き者」というので茂兵衛は牢につながれる。打首を告げた奉行が何でも望みをかなえるというので白州に妻子を呼んだ茂兵衛は、自分は打首でもしかたがないが、子供が大きくなっても烏賊の干したのを鯣《するめ》といわしてくれるなといった。奉行は「その方の罪は許す。上を偽ったのではないことがよくわかった」。

子に残した遺言がものをいい、鯣一枚で命が助かったというお噺。

烏賊の干したの

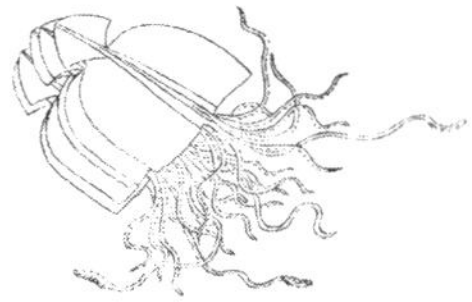

噺の豆知識

お奉行●てれすこ裁判に無罪を言い渡した奉行は長崎奉行。伏見や奈良などの天領に派遣された遠国奉行のなかで、長崎奉行は阿蘭陀《おらんだ》や清との貿易を監察するという他の地方にはない任務がある重要なポスト。最初に漁師が話を持ち掛けた役人は周辺部の民政を担った代官。

132 天狗裁《てんぐさば》き

【お噺の面々】熊五郎　かみさん　大家
奉行　天狗【お噺の舞台】熊五郎の長屋
奉行所　高尾山の山奥

長屋は今日も些細なことでごたついている。「ちょいとお起きよ、どんな夢見てたんだい」うたた寝から覚めた熊さんが夢など見てないといっても、いえないくらいの夢なのかと夫婦喧嘩に発展。燐家の住人や大家が仲裁に入っても、見ない夢は語れない。「この野郎、俺にもいえねえか。店立てだ」無茶な大家もいたもので、この案件は奉行所へ。奉行の前でもいえないから庭の松に吊るされる始末。

夜更けに羽団扇を持った天狗が現れ、熊さんを抱えて舞い上がると、ひとっ飛びして山奥へ。助かったのも束の間、「どんな夢だ、教えないと八つ裂きにする」。どいつもこいつも熊公の夢に執着してやまない。「うーー、助けてくれ！」そこへ「ちょいとお前さんお起きよ、どんな夢見てたんだい」。

噺の豆知識

天狗の噺●裁きと名が付く割に奉行の活躍がないこの噺には続編がある。天狗に脅された男の脱出劇が語られる後段が『羽団扇』(220頁)で、やはりかみさんが起こして目が覚める。ほかにも天狗の噺は上方の『天狗山』『天狗刺し』『天狗風』、江戸の艶笑噺『天狗の鼻』など多数ある。

鞍馬の天狗

133 天災《てんさい》

【お噺の面々】紅羅坊名丸　八五郎　大家さん　熊五郎【お噺の舞台】大家の家　紅羅坊名丸の家

天からの雨風は諦めが肝腎

離縁状を四、五本書いてくれと八五郎が大家のところにやって来た。一本はかみさんに、もう一本は提灯ばばあにやって後のは壁に貼るという八公。呆れた大家は長谷川町の新道に紅羅坊名丸《べにらぼうなまる》という心学の先生がいるから行って来いと紹介状を書いて持たせた。手紙を読んだ先生は「あなたがご本人でしたか。大変気が短い上に親にも手を上げると……。堪忍のならぬ堪忍するが堪忍。堪忍の袋を常に首にかけ、破れたら縫え、破れたら縫えといいましてな」と堪忍の大切さを説く。

「四里四方という広い原にいて、急な雨に宿る木もない。駆けても濡れるが天から降った雨だと思えば諦めもつく」。

目から鱗の八五郎。帰ると熊さんの所へ先のかみさんが来て大騒ぎだったという。「おい熊、心学の話をいたしましょう。奈良の神主、駿河の神主」「なんだいそりゃ」「天災の文句」「ああ俺の所は先妻だ」

噺の豆知識……

心学●紅羅坊名丸先生が教える心学は江戸時代の思想家石田梅岩《いしだばいがん》が唱えた倫理学。神道、仏教、儒教をもとに正直、倹約といった日常生活の心構えを三十一文字の道歌を挙げて分かり易く訓じ、大いに流行った。慈悲まこと正直も皆我身より現はれ出る光ぞと知る（石田梅岩）。

134 転失気《てんしき》

【お噺の面々】和尚　小僧の珍念　医者　花屋【お噺の舞台】とある寺　花屋　医者の家

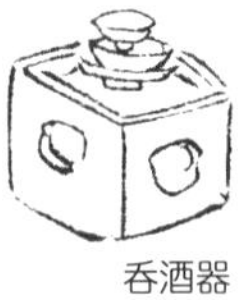

呑酒器

ある寺の和尚が医者を呼んだところ、帰り際に「お住持、転失気はおありか」と聞かれた。無いと答えたが調べても分からないので「珍念や、お向かいの花屋へ行っててんしきを一つ借りて来なさい」と小僧に命じた。

「二つあったが一つは床の間に置いといたら客が褒めるからくれてやった。あとは味噌汁に入れて食べた」という花屋の言葉を告げると、薬を貰いがてら医者に聞けという。医者は「転失気というのは放屁のこと、おならじゃよ。気を転び失う、転失気と書く」。花屋も和尚も知らないと気づいた珍念は「お盃だそうです」。

「盃か。天の下に口を書いて呑、酒に器で呑酒器。なるほど」と和尚は明くる日往診に来た医者に盃を披露する。「これは見事な盃で」「粗末な呑酒器で」「医学の方では放屁、おならを転失気と申しますが、寺方では盃ですか」「あ、いや先生、あまりこれを重ねると周りからぶーぶーが出ます」

噺の豆知識

ぶーぶー●飲み過ぎると周りから出るという「ぶうぶう」は江戸時代の江戸の町人が使った言葉。主に酔っ払いにいう苦情、文句、小言のこと。知ったかぶりの和尚は「呑酒器」のこじつけも語源解説もうまいが、現代人には難しい。

135
道灌《どうかん》

【お噺の面々】 隠居　八五郎　八五郎の友達
【お噺の舞台】 隠居の家　八五郎の長屋

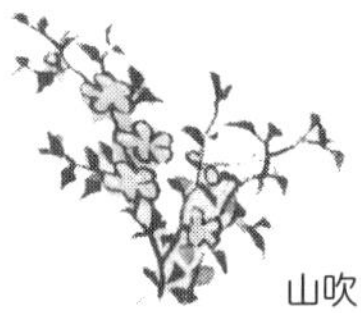
山吹

「どうした八つぁん、何か用かい」「用がないから遊びに来た」ご隠居の家に上がり込んで茶飲み話をするうち「この虎皮の股引穿いた男と洗い髪の女の絵は何です？」。俄雨に遭った太田道灌が雨具を借りようとしたら、乙女が山吹を盆に載せて差し出し、恐縮した絵だという。

「気が利かねえな、蓮の葉でも被しゃいいのに」それも一理ある。家来がいうには、その心は「七重八重花は咲けども山吹の実の一つだになきぞ悲しき」という古歌にあり、実を結ばない山吹と雨具の蓑がないことを掛けて詠んだものだというと謎が解けなかった道灌は「余はまだ歌道に暗い」。歌の文句を書いてもらい、八五郎が隠居宅を出ると外は雨。帰ったところへ提灯を借りたいと友達が来た。

「雨具を貸せといえば提灯も貸す、出直して来い。よし、これ読んでみろ。都々逸じゃねえぞ、おめえ歌道が暗いな」「角が暗いから提灯を借りたい」

噺の豆知識

太田道灌●道灌は室町時代に小田原北条氏と関東の覇権を争っていた扇谷《おうぎがやつ》上杉家の重臣。江戸城を始め川越城、岩槻城を築いたことでも知られる。噺は武辺一途だった青年期の逸話が元になっている。「七重八重」は『後拾遺和歌集』に収められた醍醐天皇の皇子中務卿兼明親王が詠んだ歌。

136 道具屋《どうぐや》

【お噺の面々】与太郎　おじさん　道具屋仲間　冷やかしの客【お噺の舞台】与太郎のおじさんの家　蔵前の路上

与太郎がおじさんに呼ばれた。おじさんは大家の傍ら副業にしている商売をそっくり譲るという。「道具屋にもピンキリがあってな、おじさんのはキリ。仲間内じゃごみなんてえことをいう」「なるほどごみだ。お雛様、首が抜けた。おまけに鼻が欠けてらあ。真っ赤んなった鋸もある」「ここに元帳があるから持って行きな。儲けはやるから好きな物食って構わねえ」

おじさんの道具屋は天道干し。荷を担いで蔵前に着くと「お前仲間か、どっから来た」「神田三河町の杢兵衛んとこから来た与太郎さんだ」。

話に聞いてるアレがこいつだとすぐ呑込んだご同業は店の出し方をこまごまと与太郎に教えた。

噺の豆知識

天道干し●与太郎がおじさんから引き継いだ道具屋は店舗はなく、路上で商う天道干し。昨今のフリーマーケットに近い。

筵を敷いて古道具や古本を売るのだが、『金明竹』(80頁)のような名品はまず並ばない。おじさんが持ち場にしていた蔵前には「床店《とこみせ》」も多く出ていて、これは仮小屋のようなもの。将軍の御成があったりすれば即刻畳まねばならない決まりだった。

天道干しの膏薬売り

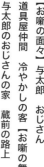

股引は車屋さんの仕事着

「出したての道具屋でござい、道具屋のあったかいの」「変な道具屋が出てんな。その鋸見せろ」

「数の子？　筍？　鋸か。ギリを欠いちゃいけません」「こりゃ焼きがなまくらだな」「生なんてことありません、焼き場で拾ったんだから。あ、行っちゃった」

「今のは小便だ。冷やかしを小便てんだ」と符牒を教えるお仲間。車屋さんが来て「その股引ちょいと見せねえか」「断っときますが、小便は出来ません」「出来ないじゃしょうがねえ」と去り行く車屋に、小便違いを叫んでも後の祭り。

今度はやけに武張った男が来て「そこの短刀を見せんか。なんだ、錆付いて抜けんな」「抜けませんよ、木刀ですから」「すぐ抜けるのはないか」「お雛様の首の抜けるのがあります」

小便する●商家の言葉で売買がまとまった後に反故《ほご》にしたり、見るだけで買わない冷やかしも小便するという。『咄本正直咄大鑑』に「商人の売物にねをつけてまけたるとき、かわぬを江戸ことばにしゃうべんのするといふ」とある。由来は公家衆の一人、左小弁《さしょうべん》道明卿の御家人が値切った末に買わずに帰った逸話からきているという。なお、左小弁は朝廷の太政官職のひとつ。

格子越しに女郎の品定め。見るだけは冷やかし

137 唐茄子屋政談《とうなすやせいだん》

【お噺の面々】若旦那徳さん　おじさん　おばさん　因業大家【お噺の舞台】吾妻橋　浅草誓願寺店

「勘当、ようがす。米の飯とお天道様はついてまわります」ぷいっと家を出た若旦那の徳さん。やがて行き場がなくなり、腹を空かせて吾妻橋まで来る。身投げ寸前におじさんに助けられた徳は翌日から唐茄子の商いに出される。

重い荷を担いで横町へ出て行くが、売り声ひとつ出ない。そのうち奇特な御仁が売りさばいてくれ「後二つだ、これくらい売りなさい」と徳を送り出す。「唐茄子屋でござい」の声も出るようになった頃、誓願寺店に入ると乳飲み子を背負った女が唐茄子を買いに出て来た。身の上話にほだされた徳は売り溜めをそっくり女にやってしまう。帰って訳を話すと「本当だな、嘘をつくと承知しないぞ。向こうへ行きゃわかる」。

来てみると長屋が騒がしい。徳の与えた銭を大家に取り上げられた女が申し訳ないと首をくくったという。幸い命は助かったが徳は収まらない。奉行所へ訴え、やがて大家はきついお咎めを受ける。若旦那は勘当が解けて元の家に戻ったという。

唐茄子売り

噺の豆知識

勘当●同じかぼちゃを売るのでも、能天気な与太郎と勘当の身の若旦那は心持ちが両極。徳さんは親や親類内で決めて非公式に子を追い出す内証勘当の扱いではあるが、改悛の様が認めてもらえなければ路頭に迷う。

138 時《とき》そば

夜鷹蕎麦屋

【お噺の面々】夜鷹蕎麦屋　賢い客　愚かな客　【お噺の舞台】とある町内

「おい蕎麦屋さん、ひとつおくれ。今夜は寒いな」夜鷹蕎麦屋を呼び止めた男が散々世辞を言い倒して、さて勘定。代金の十六文を細かい銭で払った。「ひぃ、ふう、みぃ、よ、いつ、む、七、八、何時だ」「九つで」「とお、十一、十二、十三、十四、十五、十六」と数えて去った。

　これを見ていたいささか足りない男は「変なときに時を聞きやがった。あっ、一文かすりやがった」。俺もやろうと明くる晩、細かいのを用意して待ったが、いたのは褒めようのない蕎麦屋。やっと来た蕎麦はにちゃにちゃでどんぶりは汚い。それでも十六文だ。「……七、八、今何時だ」「へい、四つで」「五、六、七、八、九つ、十……」

噺の豆知識

時の数え方●江戸時代は夜明けから日暮れまでの昼と夜をそれぞれ六等分して時を呼んだ（図参照）。ずる賢い客は真夜中の九つと心得た上で支払い、八まで数えて「今何時だ」。愚か者はいささか早い刻限だったせいでしくじり、四文の損。三の後に時を聞くのが正解だった。

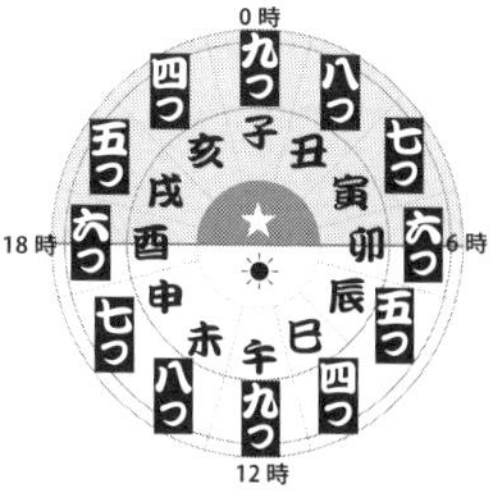

江戸時代の時の呼び方図。暮らしの基本は「明け六つ」と「暮れ六つ」

139 富久《とみきゅう》

【お噺の面々】幇間の久蔵　富札売り六兵衛　芝の旦那　鳶頭【お噺の舞台】久蔵の長屋　芝の旦那のお店　杉の森稲荷

酒のせいで贔屓《ひいき》の旦那をしくじり、途方に暮れていた幇間の久蔵。隠居仕事に富の札を売る六兵衛に出くわして、なけなしの一分で一枚買うと神棚に札をしまい、酒を飲んで寝てしまった。夜中に半鐘が鳴る。「久さん火事だ、芝見当だぜ。こういう時に駆け付けると詫びがかなうものだ、行ってみろ」ってんで芝まで駆け付けると「久蔵か、気にかけてくれればこそ来てくれた。今までのことは許す、出入りをかなえるぞ」。

「何かお手伝いを」と久蔵は火事見舞いの帳面付けに張り切る。やがて「旦那、ここにお酒が二本、一本は燗がつけてあります。あたしは浅草からここまで駆けて来て、のどが渇いて」「お前は酒で

富くじの値段●幇間の久蔵ばかりでなく、『御慶』（77頁）の八五郎を始め噺の主人公は皆例外なくなけなしの一分の金をはたいて富札を買い、千両当てている。一分は一両の四分の一に相当し、最高額の当たりが千両なら一枚一分は相場だが千両富はまれ。小規模な興行になると最高で百両。札一枚が二朱（一分の半額）や一朱、あるいはそれ以下の低額もあるが、現代の宝くじとは比較にならない高額なものだ。

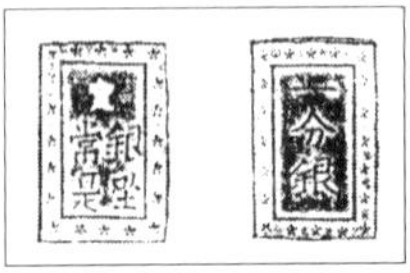

幕末の一分銀。一分金同様４枚で小判１枚の価値がある

しくじったんだよ、一盃だけにしておきな」。久蔵が寝てしまうとまた半鐘。今度は浅草方面だというので取って返すと家は焼けていて、久蔵は旦那のところへ居候することになった。

ある日、人形町あたりをぶらぶらしていると、人が大勢どこかへ行く。「皆さんどこへ」「杉の森稲荷の富だ」「あっそうだ」と思い出し、行ってみると「本日の突き止め、鶴の千五百番」。

千両富に当たっていた。札と引き替えだといわれ、しょんぼりしていると鳶頭に呼び止められる。

酒でしくじっても懲りない久蔵

火事の時に神棚を運び出してくれたというので付いて行くと富札は無事だった。「なに、富に当たった。そりゃよかった、この暮れはいいな」「はい、大神宮様のお陰で近所のお払いができます」

噺の豆知識

大神宮様●大神宮は伊勢の神宮のこと。久蔵が富くじを供えた神棚のお宮には、伊勢神宮の御師《おし》（神職）が年の暮れに配る御札が安置されていて、お祓いの後に札を新しいものに取り替えるところから、「近所のお払い（支払い）」に掛けた落ちになっている。なにはともあれ御札も富の札も無事でなにより。

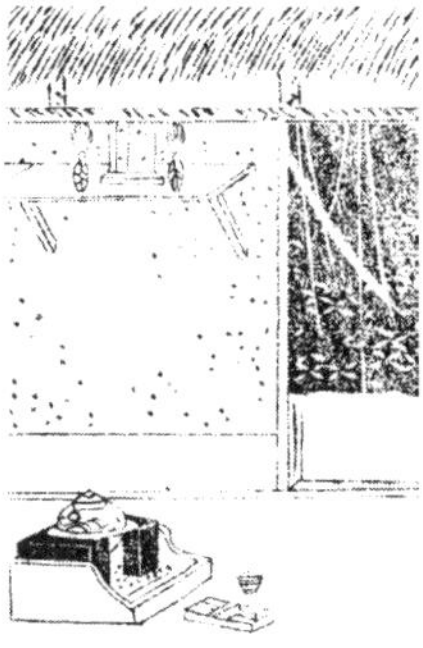

大神宮様。富札を仕舞うにはもってこいの場所

落語を楽しむ
江戸の豆知識
其の六

◆江戸の火事と消防組織
城下町を守る火消組

侍の火消組■江戸時代の江戸は想像を絶する大火に何度も見舞われている。最悪の惨事が明暦《めいれき》の大火。家康が幕府を開いて半世紀、やっと完成した城下町江戸の城も武家地も町人の町も焼き尽くし、消失した市街地は六割、十万人もの死者が出たという。これを機に出来たのが「定火消《じょうびけし》」で任命された旗本が市中十カ

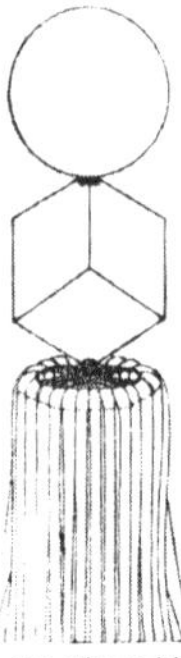
●い組の纏

所の火消屋敷に臥煙《がえん》と呼ばれる火消人足を置いて火の番を担当。城を守り、風下の城下を巻き込まないようにと江戸城の北部、西部に配置された。『火事息子』（63頁）の若旦那が潜り込んだのが定火消の屋敷。

侍から鳶へ■定火消だけでは賄いきれない市中の火事に、町人の手を借りた組織作りをしたのが町奉行大岡越前守。越前の采配で生まれたのが御府内を網羅する町火消《まちびけし》で、地域ごとに持ち場を定めた、いろは四十八組（当初は四十七組）を江戸城の堀の周囲に設定したもの。町奉行管轄とはいえ、鳶人足《とびにんそく》の掛りも含めて運営の費用はすべて町人持ち。

江戸の消火は鳶口《とびぐち》で建物を壊して延焼を止めるのが基本だが、平時の鳶は仕事道具の鳶口で溝浚《どぶさら》いや道の補修といった町内の雑事も引き受けた。組を束ねる鳶頭《かしら》は、落語の世界では町内の世話役として活躍。『お祭佐七』（47頁）が身を寄せたのは「め組」の清五郎。『お若伊之助』（52頁）のお若に習い事の師匠を世話したのは「に組」の初五郎だ。町と人を守る勇みな男たちが町火消。

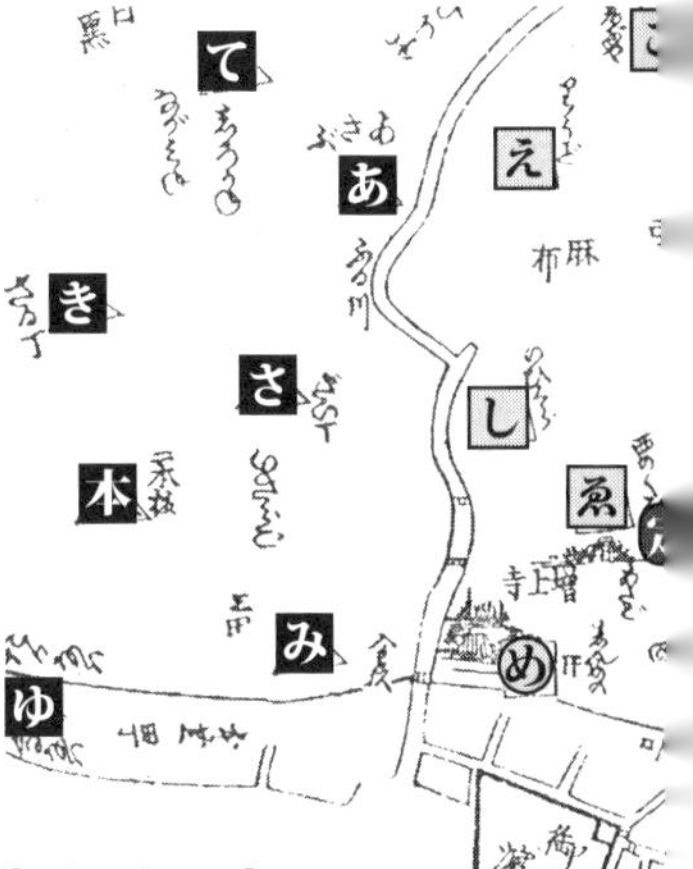

町火消の組●いろは四十八組と本所深川の十六組。火を連想させるひ組を始め、へ、ら、んはそれぞれ万、百、千、本に。さらに一番組から十番組、北、中、南組と大組に分けて、火元周辺の組が合同で活動しやすいように編成。「定」は定火消屋敷。

【大組の組分け】
●一番組　○二番組　■三番組
□五番組　◆六番組　◇八番組
■九番組　▢十番組
◆北組　■中組　●南組

●纏持ちは火消の花形

な

140 中村仲蔵《なかむらなかぞう》

【お噺の面々】中村仲蔵　お吉　侍　師匠伝九郎【お噺の舞台】日本橋の中村座　蕎麦屋

中村伝九郎の門に入った仲蔵が下立役《したたてやく》から役者修業を始めて、頂点の名題《なだい》になって初の舞台が忠臣蔵五段目の端役、斧定九郎たった一役。少ない出番に冴えない拵えで、名題に相応しい役ではない。緞帳《どんちょう》芝居にでも落ちるかと女房のお吉にこぼすと「御客様にも私たちにも、今までなかったような定九郎を見せて喜ばして下さいな」。

思い直した仲蔵は柳島の妙見様に願を掛けた。満願の日、夕立にあって駆け込んだ蕎麦屋に「許せよ」と入ってきたのがお侍。色の白い中高のいい男で雪踏を腰に挟み、紹色艶消しの大小をつかみ差し、伸びた月代を逆さになでたので仲蔵の頬にしぶきがかかった。「ありがたい、これだ」と

中村座顔見世『四天王宿直着綿』の中村仲蔵（右）と市川団十郎

中村仲蔵●仲蔵は数え十歳の時、二代目中村伝九郎（八代目中村勘三郎）の門に入り、初代中村仲蔵の名を貰う。稲荷町と呼ばれた下立役から役者修業を始めて、頂点ともいえる名題になって初の舞

己の定九郎を見た仲蔵は皆を集めてこの趣向を話した。初日、従前の赤っ面を真っ白に塗り、黒羽二重を着こみ、出来上がると風呂場で水をかぶる。やれた傘を持って花道を駆け、与市兵衛をかわして見得を切る。あまりの出来に息をのむ見物。やり損なったと思った仲蔵だが、魚河岸連中の声が聞こえた。「おいら見るたびに家老の倅が山賊はおかしいと思った。ありゃ浪人者だ。遊び過ぎて金に困っての人殺しなら分かるさ。仲蔵は見事に絵解きをしたんだ」。家には師匠伝九郎の使いがいて、一緒に師匠を訪ねると「仲蔵、お前の定九郎は後の世の手本になるよ。この煙草入れをやるよ」。家に戻っておかみさんに手を合わせると「いやですね、拝んだりして。煙に巻かれたようですよ」

「貰ったのが煙草入れだ」

貰ったのが煙草入れだ

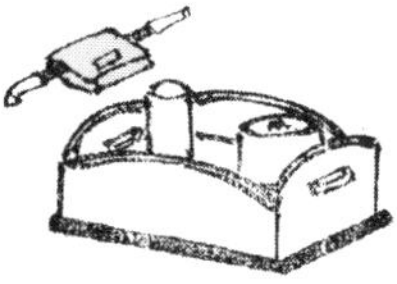

台が忠臣蔵五段目の端役だったが役不足にくさらず、苦労の末に完成したのが後世に残る定九郎の姿。

　役者は名題になると拵えは自前でするが、衣裳狂いの仲蔵は座元に「仲蔵を見習え、名題になったばかりでもあのくらいの金は使って役をこなそうとしているではないか」といわせている。

噺の豆知識

緞帳芝居●仲蔵はお上公認の江戸三座（中村座、市村座、森田座）の名題役者。そこへ端役が来て、気持ちが萎えた仲蔵が女房にこぼす件《くだり》で「緞帳芝居にでも落ちるか」という。緞帳芝居は三座とは比べようのない世界で、引幕が許されず緞帳を使ったためにそう呼ばれた。幕は引くのではなく、上がる。花道や回り舞台もなく、演出は制限された。

141
長屋《ながや》の花見《はなみ》

【お噺の面々】 大家　月番　長屋連中
【お噺の舞台】 とある長屋　大家の家　上野の山

「大家に呼ばれたんだが、顔を揃えて朝っぱらから来いとはろくなことじゃねえ。店賃の催促じゃねえかと思う」と月番。店立てにおびえながら行ってみると、陽気が良いから上野の山で花見をしようという。酒に卵焼きに蒲鉾、全部大家さんの奢りと聞いて長屋連中は大喜びだが「実はこの酒、番茶を煮出して水で薄めたんだ、良い色だろ」と種明かし。大根の漬物が蒲鉾で沢庵が卵焼きと大家にしてやられた面々。

荷物運びを命じられた今月と来月の月番二人は、毛氈《もうせん》代わりの筵《むしろ》に重箱を包んで竹棒を通して担がされた。「おまえとは担ぐのに縁があるねえ。

花見の名所●江戸時代、花見名所の御三家は上野東叡山、飛鳥山、向島。この噺の長屋連中は上野のお山が舞台だが、上野の桜は東叡山寛永寺の法親王が楽しまれるということで植林されている。その後飛鳥山を八代将軍吉宗が整備。『百年目』（232頁）の番頭さんが繰り出す向島は町人の手で植えたものだが、いずれも江戸期の植林以来続く花見の名所。

江戸初期の上野の花見

一昨年羅宇屋のじいさんが死んだときも」「そうよな。二人して差し担いでやったな」

お山に着くと大変な人出。「今日は俺の奢りだから。月番はぼんやりしてないでお酌、お酌」「少しでいいったら。俺に恨みでもあんのか」。卵焼きには「このごろ歯が悪い」、蒲鉾を取ってやると「大家さん、味噌汁の実にもいいし、蒲鉾おろしもおつなもんです」。

「おい熊さん、どうだい一句」「長屋中歯を食いしばる花見かな」「どうも困ったね……。月番、景気良く酔っぱらっとくれ」「ご恩返しのつもりで酔っぱらいます。大家さん、酔いました。べらんめえ」「お前はいい。来月の月番。お、威勢がいいな。どうだ、酒は灘の生一本だ」「宇治かと思った」「口当たりは」「渋口だ」「さあ注いで。おっ、大家さん、近々長屋にいいことがありますよ。酒柱が立ってます」

噺の豆知識

月番二人は差し担いに縁がある

月番●長屋の噺になにかと顔を出す月番さん。月替わりで役に当たる当番制度は江戸時代にはよくあるやり方で、例えば南北の町奉行所でも月番で訴訟案件の受理などをした。長屋の月番は大家との連絡係を務めたり、木戸の開け閉め、溝浚《どぶさら》い、井戸端便所ごみ溜の掃除、祝儀不祝儀の銭の徴収などなど、雑事を一手に担う忙しい役回りだったようだ。

142
泣《な》き塩《しお》

【お噺の面々】侍　娘
焼き塩売り　娘のおじさん
【お噺の舞台】往来

往来で若い侍と娘が何やら話していると、娘が突然泣き出した。「あれは不義密通ってやつだね、奥様付きの女中とお小姓の。永のお暇を頂いたがいっそのこと心中を……じゃないか、な」と暇人が噂の最中、「えー焼き塩」。天秤を担いだ塩売りの爺さんが通りかかってもらい泣き。

近くで見ていた娘のおじさんが訳を聞いてみると、国許から来た手紙を侍に読んでもらったところ「手遅れだ、残念、諦めろ」と。手紙を読んだおじさんは「おっかさんは死んじゃいない。お前の許嫁が年季が明けたんで祝言を挙げるって……。お武家様、何泣いてんです」「残念なのは手紙のことではない。拙者は武芸全般に心を寄せたが学問はからきしで字が読めない。なぜやらなかったか悔やんでも手遅れで、残念。泣けてきた」「それはそうと爺さん、あんたは」「何かあると涙が出る質でして、商売がそうなんです。えー、泣き塩」

噺の豆知識……

焼き塩●江戸市民が消費する塩は近海の行徳で製塩されたが、塩田で作られた粗塩を火にかけて湿気の元になる苦汁を除いたものが焼き塩。塩籠を天秤にかけて、この噺のように多くは爺さんが売り歩いていた。

行徳の製塩

143 夏《なつ》の医者《いしゃ》

【お噺の面々】老医玄伯　病人　病人の息子　おじさん　うわばみ　【お噺の舞台】とある無医村

医者のいない村で病人が出た。倅が隣村の老医玄伯を呼びに行くと、先生は畑で草むしり。

「えかく待たしたな」先生は身支度をして出て来ると「そっちは六里ある、山越えをすべぇ。四里半ほどだ」と使いに薬籠《やくろう》を持たせて出発する。

山中で一服中に急に辺りが暗くなり……二人ともうわばみに呑まれた。「下剤をかけてみべぇ」大黄の粉を振り撒くとじわじわ効いて、そのうち一気に下される。やっとの思いでたどり着くと、病人は萵苣《ちしゃ》を食べ過ぎての腹痛。

「夏の萵苣は腹にさわるだ。なに、薬籠を忘れてきただと。しょうがねぇ、もう一度呑まれてくべぇ」。

先刻のうわばみに「さっき呑まれた医者だが、もういっぺん呑んでくれ」

「駄目だ、夏の医者は腹にさわる」

萵苣

噺の豆知識

大黄の粉●噺にしばしば登場する下剤はうわばみ愛用の「蛇含草《じゃがんそう》」が有名だが、医者が薬籠（薬箱）に常備するのは大黄の粉。大黄は中国原産の植物で、茎と根を乾燥させて挽いたものを煎じて飲む。咳止めや解熱剤としても使われた。萵苣はレタスのようなもので、生で食べて冷えるゆえに「腹にさわる」という理屈。

大黄

144 錦《にしき》の袈裟《けさ》

【お噺の面々】 町内の連中五人　与太郎　かみさん　坊さん　喜瀬川花魁
【お噺の舞台】 与太郎の長屋　寺　吉原

「向こう町内の連中が、いつもの女郎屋でこちとらのことを悪くいったんだ。揃いの緋縮緬の長襦袢で総踊りをして、あいつらにはこういう遊びはできまいって」

なんとか見返したいと知恵を絞る。質屋にある錦を借りて、これをふんどしにして総踊りをしようと決まったが、錦は五本連中は六人。「与太郎だって男一匹だ、与太も行くだろ」「家のおかみさんに聞いてから」。

おかみさんは「女郎買いって柄じゃないよ。鮑っ貝でご飯かっこんで…」「縁の下に駆けこむかい」「やだねぇ、覚えちゃったよ。まぁ一晩くらいはいいよ」。錦の調達は寺で借りて来いと助言。「親

錦

袈裟●お坊さんが衣の上に着ける法衣が袈裟。端切れを継ぎ合わせた手拭様の布を何枚も縫い合わせたもので、いわば超横長のパッチワーク。布の枚数によって五条、七条、九条から二十五条の大衣といわれるものがある。与太郎が借りたきらびやかな袈裟は、何条かは分からないが褌《ふんどし》代わりに頃合いの長さだったのだろう。おかみさんの目の付けどころは素晴らしい。

五条の袈裟

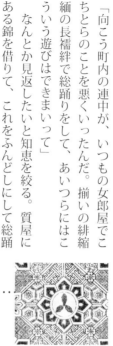

戚の子に狐が憑きまして、ありがたいお坊さんの袈裟を掛けると落ちると聞いたんで貸して下さいというんだよ」。寺では「悪い娘が狐について、お坊さんの錦の袈裟を掛けさせたいんで貸して下さい」とやらかす与太郎だが、明日の法事までには返すといって借りてくる。

吉原では相撲甚句に乗ってすっ裸になると錦のふんどし！。「輪の下がってるのが殿様だよ、相方にはお殿様のお相手だといっておくんだよ」。

明くる朝、ふられた奴が皆を起こして回ると与太郎がいない。与太郎だけが本部屋、次の間付。枕屏風をどけると女が熟睡している。「騒がしいよ家来ども、輪なし野郎。お殿様のお耳障りだ、下がっておれ」「輪なし野郎だって。そういや与太郎のふんどしには輪がついていた。じゃあ先へけぇるよ」「主は今朝は帰しません」「袈裟を返さねえと寺をしくじる」

噺の豆知識

「輪」の御利益●袈裟には飾りの袈裟輪が付くものがあって、これが遊女屋で殿様の印と誤解を受ける象牙の輪。褌にすると、ぶら下がったこの輪が「良い」位置に来て、輪を通せば手を触れずに小用が足せる。てなことを女たちが妄想して「さすが殿は違う！」と相成り、一緒に行った仲間が見向きもされない中で与太郎ひとりがもてた上に、特別室でもてなされる。大広間を屏風で仕切っただけの所で房事に及ぶのと、部屋持ち女郎とでは女の格も違って来る。有難い法衣の御利益といえよう。

輪の付いた袈裟

145 二十四孝《にじゅうしこう》

【お噺の面々】大家　乱暴者の店子　男の母親　【お噺の舞台】大家の家　乱暴者の長屋

平穏な長屋に一人度外れて乱暴な店子がいて、大家を悩ませる。今日も燐家の猫が男の留守に鯵を十三匹盗み、猫の肩を持ったかみさんと母親に毒づいた。母親を蹴飛ばすとは言語道断、そんな親不孝者に家は貸せないと大家は怒り、唐土の二十四孝の逸話を聞かせた。母親のために寒中裸で鯉を捕らえた秦の王祥、雪の中筍掘りに行った孟宗の話に「唐土のおふくろは食い意地が張ってる」。「馬鹿をいうんじゃない。もうひとつ。呉猛という人は母親が蚊に食われないように体中に酒を塗って寝たが、孝行の威徳を天が感じて蚊は刺さなかったという」。

これでいこうと酒を買うが、もったいないので飲んでしまう。朝起きると蚊に食われた跡はない。「当たり前だよ、あたしが夜っぴて扇いでたんだから」

暴れる親不孝

噺の豆知識……

二十四孝●五代将軍綱吉は全国に「忠孝札」という高札を出して親孝行を奨励し、『孝行糖』（90頁）の与太郎のような孝子には褒美まで出た。『二十四孝』は中国の元の時代に親孝行な二十四人の逸話を採録した書物で、作者の郭居敬自身もまた親孝行な人。

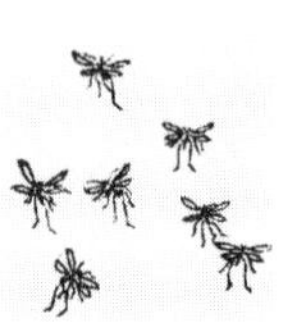

146 二番煎《にばんせん》じ

【お噺の面々】夜回りをする町内の人々　役人【お噺の舞台】番小屋

町内の旦那衆が夜回りをする寒い晩。二組が交代で回り、休んでいる間は番小屋で暖を取ることにした。「皆さん、一の組は回りました。二の組の方ゆっくりどうぞ」と役目を終えた面々は火を囲む。酒を持参の者もいるし、猪鍋の支度まで整っている。鍋が頃合いになると「これ番、番の者はおらぬのか」と役人の巡回が来た。

酒の入った土瓶は風邪薬、鍋は薬の口直しだとごまかす。「薬といい口直しといい、なかなかじゃ」「申し訳ありません、もう薬はなくなりました」「ないとな。それは残念だ。もうひと回りしてくるまでに、二番を煎じておけ」

噺の豆知識

番小屋●町の辻々に設けられた町木戸を開け閉めする番人の詰め所が番小屋。番人の通称番太郎は小屋に住み込んで町内の雑事を引き受ける。夜回りも仕事のうちだが熱心さに欠けるとこの噺のように旦那衆が出張ることになる。番太郎の給金は町内から支払われるが薄給のため草履や草鞋《わらじ》、鼻紙、駄菓子などを売って生計を立てていた。なお、火事が多発する冬場には木戸の番小屋とは別に火の番小屋の仮設もあったようだ。

番太郎が小商いをしながら住み込んでいる番小屋

147 抜け雀《ぬけすずめ》

【お噺の面々】 絵師　老絵師　相模屋の主人　大久保加賀守 **【お噺の舞台】** 小田原宿の旅籠相模屋

東海道小田原宿の夕暮れ。着古した黒紋付の武家風に声を掛けたのが相模屋喜兵衛。

連日朝昼晩一升酒を飲んでは寝ているこの客に内金を催促すると、一文無しの着た切り雀。抵当に五羽の雀を衝立に描いて「帰りに立ち寄って払うから売ってはならんぞ」。翌朝、二階の雨戸を開けると雀らが飛び出し、向かいの屋根で餌を啄んでいて、衝立を見ると雀がいない。

これが評判を呼んで御城下は大騒ぎ。数日後、供を連れた老武家が来て投宿した翌朝。「やがて雀は落ちて死ぬ。止まり木があれば助かるから、わしが描いてやろう」と鳥籠と止まり木を描き上げた。籠から出て戻るとあって大久保加賀守様が直々に御覧になり、二千両で買い上げるという。しばらくして「主、雀は無事か」とやって来たのは立派な姿になった雀の絵師。顛末を聞いて改めて衝立を見た絵師は加筆が父の手だと悟り、「親不孝で申し訳ない、我が父に駕籠をかかせた」と頭を垂れた。

止まり木は必要

噺の豆知識……

鳥籠と駕籠●父親に鳥籠を描かせたことを悔いる息子の台詞が落ちだが、街道筋に跋扈《ばっこ》する素行の悪い雲助、駕籠かきを蔑んでの言葉。江戸中期の小咄には、雪舟の掛軸を見て涙する女中に客が問うと父親が山道をかいて死んだといい、絵描きかと聞けば駕籠かきでございました。

148 ねぎまの殿様《とのさま》

【お噺の面々】赤井御門守　三太夫
【お噺の舞台】赤井御門守の御屋敷
池之端の煮売屋

灘の生一本、符牒は「だり」

「忍びで参るぞ」と向島へ雪見に出掛けた御門守と三太夫。本郷の御屋敷を出て池之端まで来ると「珍なる香りがしてまいった」という殿を三太夫は一軒の煮売屋《にうりや》へ案内した。店に入り、床几《しょうぎ》を命ずると醤油樽が出てくる。樽に腰掛け、ねぎまを所望。熱々を頬張ると、ねぎの芯がするっと抜けて口中へ飛び込んだ。灘の生一本は符牒で「だり」。だりとねぎまにご満悦の殿は味が忘れられず御膳部に作らせると、茹でたねぎに賽の目切りの鮪《まぐろ》は、ねぎまとは似て非なるもの。

店の通りにやり直すと「この香りじゃ、余は満足に思うぞ。あぁ、だりを持て」燗をつけて持参すると「座っていては旨うない、醤油樽を持て」。

噺の豆知識

ねぎま●殿様がそそられたのは葱と鮪をぶつ切りにして醤油で煮込んだねぎま鍋。江戸時代鮪は下魚とされ、醤油漬けの赤身を鮨種にすることはあっても、脂身はしつこく下品と江戸っ子には人気がなく値も安かった。魚の評価はともかく、鍋はまずかろうはずはない。秋刀魚《さんま》の殿様同様に、品はあっても淡白な鯛ばかり食す日々にあっては魅惑の一品であったに違いない。

149
猫怪談《ねこかいだん》

【お噺の面々】 与太郎　大家さん　甚兵衛さん　猫 **【お噺の舞台】** 与太郎の長屋　谷中への道中

黒いものが通り過ぎた

与太郎の養父が亡くなった。大家さんが長屋連中に知らせて、その晩は通夜。夜も深まって長屋のある深川蛤町から早桶を担いで谷中の寺へ向かった。広小路から池之端へ出た所で先棒の甚兵衛さんが肩を代えようした途端に縄が切れ、落ちて底の抜けた桶から仏さんがぬっと出た。直しようもないので、年寄り二人が浅草まで早桶を買いに行った。暗闇で待っていると一尺ばかりの黒いものが通り過ぎた拍子に亡骸がぴょこっと動いて与太郎に笑いかけた。「おとっつぁん、またぴょこぴょこやって」。話しているとすぅーと風が吹いて「おとっつぁん」は消えた。

「なに、仏さまがいねえって。死骸へ魔が差したんだな。甚兵衛さん聞いたかい」

「抜けました」「買って来たばかりでまたかい」「あたしの腰が抜けました」

噺の豆知識

池之端●早桶が壊れて与太郎が番をすることになったのは不忍池の畔、池之端。深川の長屋を出て永代橋を渡り、下谷(上野)広小路まで来た頃には九つの鐘が鳴る深夜。池之端を抜ければ寺のある谷中はごく近い。幸いなことに、池の東には寺がたくさんあった。浅草までの「仏壇通り」には、深夜の客に応じる早桶屋もあったに違いない。

150 ねずみ

【お噺の面々】左甚五郎　鼠屋主人
鼠屋の倅【お噺の舞台】仙台の旅籠
ねずみ屋　虎屋

甚五郎は二代目政五郎の後見をしながらかれこれ十年江戸にいる。ある日、思い立って奥州へ旅立ち、城下町仙台の入口まで来ると「おじさん今日はお泊りでしょ」と声を掛けられた。

小僧は布団すらない貧乏旅籠鼠屋の倅で、布団の代金を前払いすると甚五郎を残して損料屋へ走った。「虎屋の前の鼠屋、ここか。御免なさいよ」。主がいうには「あたしは向かいの虎屋の主人でしたが、ふとしたことで腰がぬけ、鼠の住んでいたこの家に押し込められ、手前と倅二人で宿をやっております」。では客が来るようにと鼠を一匹彫り、盥《たらい》に入れて竹籠を被せ、甚五郎は出立したが、鼠が動いたと評判が立って鼠屋は大繁昌。虎屋の主が伊達公お抱えの彫物師に虎を彫ってもらうと鼠はぴくとも動かなくなり、鼠屋は早速手紙を書く。「鼠の腰がぬけました」再び仙台まで来た甚五郎に訳を話すと「こら鼠、お前は何かい、あんな虎が怖いのか」「えっ、虎、あたしは猫だと思いました」

猫かと思った

噺の豆知識

損料屋●損料とはものを借りる際の使用料のことで、貸本屋や貸衣装屋などは営業品目を絞った損料貸し。旅籠ねずみ屋の小僧が布団の手配に走ったように、損料屋は夜具を始め衣服や道具など多岐に亘る日用品を賃貸しする。

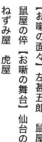

151 鼠穴《ねずみあな》

【お噺の面々】竹次郎　竹次郎の兄
【お噺の舞台】竹次郎の店　兄の店

放蕩の末に親から貰った田地田畑をすっかりなくした竹次郎は、江戸に出て大店の主人に納まっている兄を頼った。

元手は出してやるから商売をしてみろといわれてその気になり、兄の家を出て、貰った包みを開くと中から出てきたのは三文。腹は立っても「ぢびた掘ったって三文の銭は出てこねえ」。この三文で俵の上に載っている、さんだらぼっちを買い、緡《さし》をこしらえて売り歩く。三文が六文、六文が十二文、十二文が二十四文になり、今度は俵ごと買って草鞋を編み、残りを

銭緡売り

三文の価値●駄菓子も饅頭も四文。一枚で四文通用の寛永通宝、波銭が広まるにつれて売値に四の倍数が多くなった江戸時代の三文。商売の元手にと渡されても仕入れは限られる。竹次郎が目を付けたのがさんだらぼっち、桟俵。ほぐして編んだ緡は銭を通してまとめるものだが、『守貞謾稿』によると十緡を一杷、十杷を一束として一束約百文とある。気の遠くなる労働と対価だ。

火事に強い土蔵●厚い壁をさらに漆喰で塗り固めた土蔵は、入口の戸の合わせ目に土で目塗りをすれば火事の際に火が中

緡にして稼ぐ。どうやら商いが出来るようになると朝は納豆、昼は豆腐、晩は稲荷鮨とよくからだが続くといわれるくらい稼いで表通りに蔵が三戸前も付く店が持てた。ある風の強い夕方、番頭に火事になったら蔵の鼠穴だけは一番に塞いでくれといいおいて、久々に兄の家を訪ねた。借りた三文とは別に二両を包んで渡し、兄弟は積もる話をして呑み始め、寝込んでしまう。その晩半鐘が鳴り、竹次郎の店がある深川蛤町辺りだというので急いで帰ると蔵まで全部焼けていた。

いざというときは全財産をやるから泊まっていけという兄の言葉を頼りに訪ねると、兄は取り合わない。娘を吉原に売って金を工面するが、すりにすられ首吊りを……。うーん、うなる竹次郎を起こして兄は「おめえは夢を見ていただ。おめえのところは栄えるぞ。夢は逆夢といって、火事の夢は焼けほこる。夢は土蔵（五臓）の疲れだ」

噺の豆知識

火に強い土蔵でも、鼠穴を放置すれば瞬く間に火は入る

に入るのを防げる。『味噌蔵』（250頁）の主は近所に火が出たら蔵の味噌で目塗りをせよと番頭に命じるが、笑い事ではない。銭緡作りからやっとのことで三棟もの蔵を持つまでになった男が小さな鼠穴を心配するのは当然で、火が入れば身代をそっくり失う。土蔵入口の戸は「戸前」といい、蔵の棟数をいう際の数詞でもある。『一文惜しみ』（28頁）の悪徳質屋は七戸前、この噺の竹次郎は三戸前。

152 寝床《ねどこ》

【お噺の面々】義太夫に凝る旦那　定吉　繁吉　長屋の住人【お噺の舞台】とあるお店

義太夫に凝った大店の旦那が何の因果か人に聞かせたがる。聞けば熱が出るほど凄まじい唸り声は皆の悩みの種。店の繁吉が呼びに行かされて長屋を一回りするが誰も来ない。店の者も番頭は疝気、松どんは刺し、弥之どんは眼病……。ついに腹を立てた旦那は貸家の者には店立て、地所を貸している者には地立て、店の者には暇を出すという騒ぎになり、皆渋々集まった。

旦那は見台につかまって御簾内で語り出すと飲める奴は飲み食いに夢中で「うまいぞ照り焼き」。甘党は菓子を頬張り、そのうち皆寝てしまう。前が静かなのに気がつき、御簾をあげて怒った旦那は「うちは宿屋じゃない。帰ってくれ。番頭、お前が居眠りをしてどうする」とかんかん。ところが小僧の定吉だけ起きていて、しくしく泣いている。どこが悲しかったと聞く旦那に、義太夫を語っていた床を指して「あそこはあたしの寝床です」。

噺の豆知識

義太夫●義太夫節は近松門左衛門と同世代の竹本義太夫を祖とする浄瑠璃のひとつ。後に門人の豊竹若太夫が流派を作り、竹本、豊竹の二派が主流となる。江戸の後期には他に常磐津、富本、清元、一中節、河東節などが流行った。「床」は人形浄瑠璃の舞台上で語りの太夫と三味線弾きが演じる場所。

153 野《の》ざらし

【お噺の面々】 八五郎　先生　釣り人　太鼓持ち　**【お噺の舞台】** 八五郎の長屋　向島

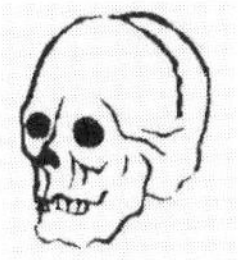
野ざらし

　朝早く隣の先生宅に顔を出した八五郎。昨晩訪ねて来た女が何者か聞くと「あれはこの世のものではない」と先生。向島へ釣りに行ったが雑魚一匹掛からず、帰ろうとするところへ「かたわらの葦から出た。鳥だ。葦をかき分けて見ると人骨、野ざらしがあったな」。

　気の毒に思い、瓢の酒をかけて回向をして帰ると、真夜中に女が礼に来たのだという。「幽太にしてもいい女だった。俺も釣りに行こう」と先生から竿を借りて向島へ。「年増がいいね。餌なんかいらない。いたた、顎を釣っちゃった。針があるからいけない。こんなもの取っちゃえ」。すちゃらかちゃんとはしゃぐうちに葦がガサゴソ。骨が見つかって酒で供養。今夜待ってるからと言い残して帰った。それを聞いた太鼓持ちが祝儀の一つも貰おうと夜更けに訪ねて来る。「お前は何だ」「太鼓です」「そうか、あれは馬の骨だったか」

馬皮の太鼓

噺の豆知識

野ざらし●風雨に晒されて白骨化した髑髏が野ざらし。女の代わりに太鼓持ちが現れ「馬の骨だったか」というのは、馬皮で太鼓を張るところから来ている落ち。分かり難いせいもあって、ほとんど八公の馬鹿騒ぎで終える。

落語を楽しむ
江戸の豆知識
其の七

●見習い身分の遊女を従える花魁道中。見世を出て客の待つ茶屋へ迎えに行く

◆天下御免の色町、吉原
懐具合に合せて遊べる夢の町

吉原とは■明暦《めいれき》の大火（一六五七年）の翌年、日本橋から浅草寺の裏手に移転して元の敷地より五割増しの一画を賜り（広さは東京ドームの倍）、幕府公認の遊女町として栄えたのが吉原。遊女の数三千人、一日に千両の商いがあった御府内《ごふない》最大の遊び場。吉原へは船や駕籠《かご》で行く豪勢な客も珍しくない。『船徳《ふなとく》』（236頁）の徳さんが乗せた二人のように、柳橋や日本橋界隈から船で山谷堀《さんやぼり》まで行き、土手伝いに歩いて大門へ。船賃は山谷堀まで一艘百四十八文、蕎麦九杯分。駕籠なら大門まで行けるが金二朱《きんにしゅ》、長屋の家賃並みの料金。

見世《みせ》のいろいろ■大名道具といわれた最上級の太夫《たゆう》、格子女郎《こうしじょろう》がいなくなった江戸の中期以降から幕末まで、大雑把にいえば遊女屋は二通り。茶屋の仲立ちで遊女を呼んでもらい、ひとしきり酒宴のあと遊女を抱える妓楼《ぎろう》へ繰り出す遊び方がひとつ。これはすべてにおいて上級中級の世界。見世はどれも広く、茶屋の並ぶ大通りの裏手に軒を連ねている（左頁図参照）。片や堀に沿った廓の外れにある「河岸見世《かしみせ》」は布団一枚敷くのがやっとで、遊女も超庶民的。

●駕籠は大門まで行く

●江戸切絵図の浅草。吉原の周りは田圃

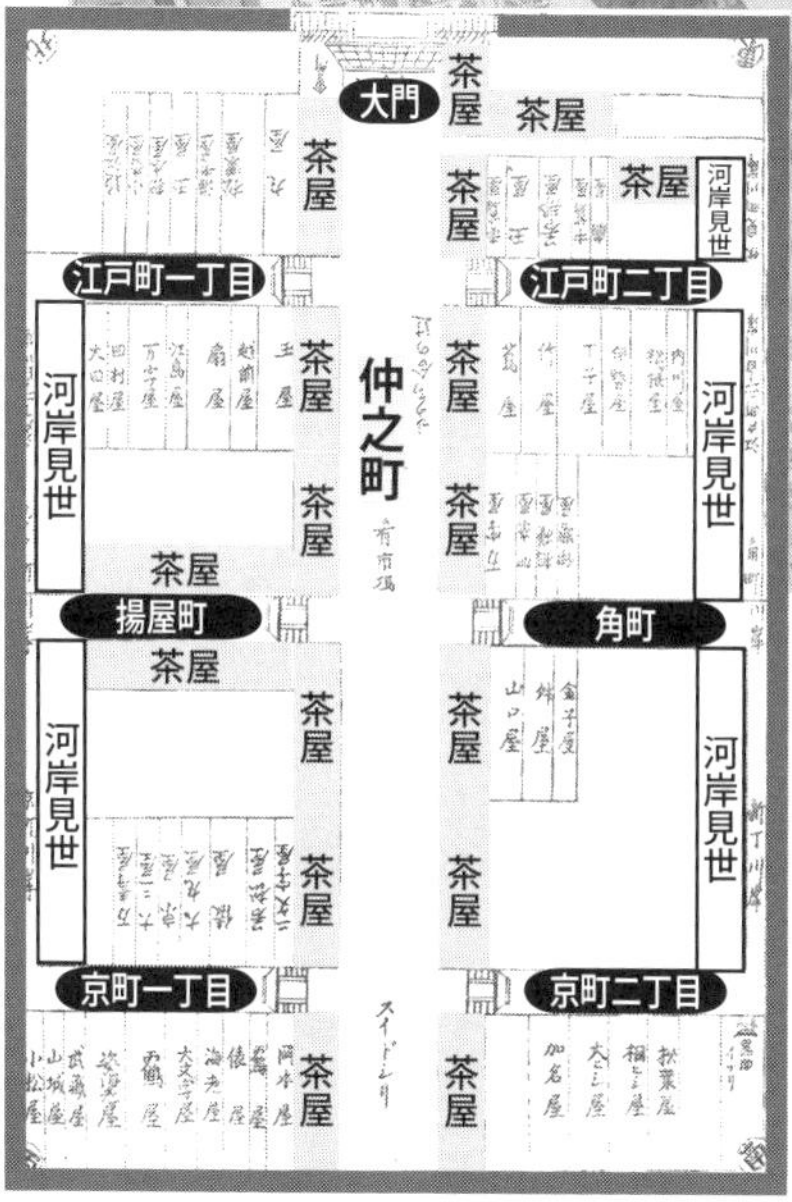

吉原の地図●左は江戸中期天明頃の吉原の様子。周囲はお歯黒溝ともいわれた大溝（堀）が囲み、出入りは大門一カ所。中央の仲之町には茶屋が並び、その後ろが見世。布団持参で揚屋で客を取る制度がなくなり、揚屋町に妓楼はなくなった。溝際の河岸見世は上等とはいえない女郎が待機。

は

154 羽団扇《はうちわ》

【お噺の面々】亭主と女房　天狗
【お噺の舞台】鞍馬山　とある長屋

めでたい初夢が見られるように枕の下に「お宝」を敷いて寝た亭主が弁天様に起こされて……目を開ければ我が女房。せがまれて夢の一部始終を語って聞かせた。寝しなに起こされて夫婦喧嘩になり、お節介な仲裁に引きずり出されて気がつけば山の中。亭主を連れ出した鞍馬の天狗に見た夢を話せと脅されて、羽団扇をもぎ取って講釈師よろしく作り話をする。両国の花火風景を踊りながら語るうちに団扇を扇いでふわふわっと脱出。野を越え山を越え大海原へ出たところで、扇ぐ手を止め墜落したのが七福神の宝船。

「酒飲んで弁天様と踊ったんだ。うたた寝したら弁天様が起こしてくれて……。恵比寿、大黒、布袋に毘沙門、福禄寿と揃って七福神、正月早々縁起がいいだろ」「六福しかない、一福足りないよ」「一ぷくはお前が吸い付けてくれた煙草でのんじまった」

噺の豆知識

七福神の夢●枕の下のお宝は正月二日の宵に売りに来る「宝舟」で、縁起担ぎに皆この刷り物を求めた。七福神、あるいは打出の小槌、分銅などの宝尽くしが描かれている。噺のご亭主は一富士二鷹三茄子の大吉夢ではなかったが、枕の下の神々が現れた。失念した一福は寿老人。

七福神の宝船

155 化物使い《ばけものづかい》

【お噺の面々】隠居　奉公人の杢造
一つ目小僧　大入道　狸
【お噺の舞台】隠居の家

本所割下水に御家人のご隠居が住んでいた。ある日、葭町《よしちょう》の口入屋から杢造という田舎者が奉公に来る。手紙を書くからその間に薪を割り、炭を切り、塀を拭き、どぶを掃除し、書き上がった手紙を品川に届け、ついでに北千住へ寄ってこいと初日から無理をいう。

主の人使いが荒く、奉公人は三日と居着かない家だが、杢造は根が強情者だから頑張る。三年経ったある日、ご隠居が家を買ったというのだが、その家には化物が出るというので杢造はお暇を下さいと願い出た。「お暇をいただければ、もう主でも奉公人でもねえ。いっておくが旦那のは病気だ。豆腐買ってこい、帰ると油げ買ってこい。今度は卯の花買ってこい……。引越しはわし一人でやってしまうから、日の暮れるまでには帰ってきてくれ」

帰ってみると引越しは綺麗に済んでいて、杢造は出ていく。ご隠居は本を読みながらいつの間にかうたた寝をしてしまう。ぞくぞくとして目を覚ますと一つ目の小僧が座っている。

「お前が化物か。このお膳を台所に下げてくれ。茶碗を洗って、すんだら水瓶に水を一杯にして、それから布団を敷け。ちゃん

目を覚ますと一つ目小僧がいた

と敷きなさい、真直ぐに。そしたら肩をたたけ。明日はもう少し早く出てこい」

翌日は大入道が来る。お膳を片付けさせ、水を汲ませ、屋根の草取りをさせ、布団を敷かせる。明くる日、刻限が来ると大きな狸が座っている。これがいうには「旦那くらい化物使いの荒い人はいない」。

噺の豆知識

口入屋●桂庵《けいあん》とも人宿ともいわれる口入屋は奉公人の斡旋所。小僧から勤め上げる年季奉公とは違って、半季あるいはそれ以下の短期雇用の下男下女などを紹介する。武家も下働きの中間や参勤交代の行列を担う人員を口入屋を通して臨時に雇ったりする。噺の桂庵は人間になった元犬や田舎訛りが過ぎる男を仲介して騒動が起きている。

本所割下水●割下水は掘割にした下水道のことで本所に南割下水、北割下水と二本の堀が東西に通っていた。北は寺が多く、武家と町家の混在地。噺の舞台は御家人の屋敷が密集していた南割下水。堀は南北ともに埋立てられ、北は春日通り、南は昨今賑わっている「北斎通り」。通りの名はこの界隈で生まれた葛飾北斎にちなむ。

口入屋

一帯は武家屋敷の本所割下水

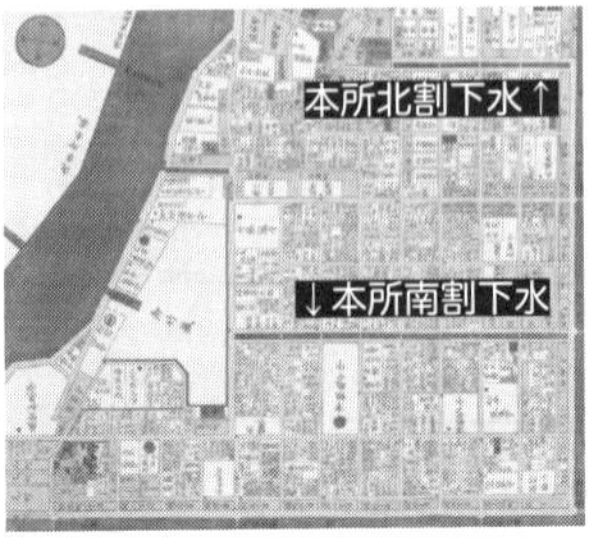

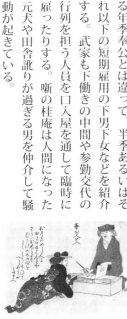

156 初天神《はつてんじん》

【お噺の面々】金坊　おとっつぁん　飴屋　凧屋　酔っ払い【お噺の舞台】金坊の長屋　湯島天神

あたいの凧だよ

あれこれねだらないと「男の約束」をする金坊を連れて、湯島天神まで出掛けた親子。

天神様に近づくと「今日あたい、良い子だよね。ご褒美に買っとくれよ、おとっつぁん」。飴を買ってやると、水たまりに気をつけろというそばから落としたという金坊。「どこにも落ちてねえ」「お腹の中だい」。団子もせしめて今度は凧。帰りに一杯やるつもりの銭をはたいて凧を買い、近くの空き地で揚げていると金坊が酔っぱらいにぶつかった。「それ家の倅なんです、御勘弁ください」と丸く納めたつもりが「あ、痛えな。親子してお れをぶんなぐる」。「どうもすいません、それ家の親父なんです」と金坊。凧揚げに夢中の父に「おとっつぁん、あたいにもやらしてくれよ、あたいの凧じゃねえか。こんなことなら親父なんか連れて来るんじゃなかった」

噺の豆知識

初天神●菅原道真公を祀る天神様の年初の御縁日が初天神。正月二十五日の初天神は江戸は湯島天神、大坂では天満天神が大変賑わった御祭礼。噺の舞台、湯島天神は江戸時代には宮芝居や富興行があって年中盛り場の様相を呈していた。昨今は初詣から初天神、梅見の頃まで学問の神様におすがりする人びとに大人気。

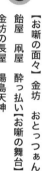

157 派手彦《はでひこ》

【お噺の面々】坂東お彦　佐兵衛　旦那　鳶頭【お噺の舞台】長谷川町お彦の家　小網町船着場

日本橋乗物町の酒屋、松浦屋の番頭佐兵衛は御歳四十二で商売一筋の女嫌い。堅物の番頭がお隣長谷川町の踊りの師匠を見初めた。

　坂東お彦、人呼んで派手彦は芸風が派手な上に器量よし。ひと月ばかり通い詰めて、とうとう寝込んでしまった番頭を見かねた旦那が出入りの鳶頭に口添えを頼んだ。めでたく祝言の運びとなり、お彦と暮らし始めた佐兵衛は恋女房に尽くし、かかあ孝行の佐兵衛さんと評判。

　夏になり、木更津の祭りに呼ばれたお彦を見送りに小網町まで行った佐兵衛は、船が遠ざかると「お彦やぁ」とか細い声で呼ぶ。「大変です、番頭さんが固まっちまいました」「おめえ何の石になった」「女房孝行で重石に」。

　大伴狭手彦の船出に悲しんだ松浦佐用姫《まつらさよひめ》は石になり、松浦屋の佐兵衛は漬物石になったというお噺。

女師匠が踊りの稽古

噺の豆知識……

松浦佐用姫●最愛の大伴狭手彦が朝鮮に出征することになった佐用姫は、領巾を振りながら別れを悲しみ石になったという伝説があり、偲ぶ歌物語が万葉集に残されている。「海原の沖行く船を帰れとか領巾振らしけむ松浦佐用姫」（大伴旅人）。領巾は薄い布でできた肩掛けのような物。

158 花見酒《はなみざけ》

【お噺の面々】熊五郎　辰公
【お噺の舞台】辰公の長屋
向島の土手

長屋でくすぶっている弟分の辰公のところへ熊公が訪ねて来て、花見で銭儲けをしようという。「横町の酒屋に掛け合って三升ばかし借りた、釣り銭の十銭もついでにな。花見の客に、倍に売れば倍儲かる」。さっそく二人で差し担いで花盛りの向島へ向かったが、樽底の灘の生一本がぷうんと匂ってきた。「一杯買って二人で半分ずつ飲めば俺もお前も儲かる。この十銭で買えばいい」「なるほどな、兄貴は頭が良いや」てんで辰も納得。熊公が飲み干すと「買えばいいじゃねえか、お前も」。良い心持ちで向島へ着いた時には「あれ、売り切れだ、仕入れてこないと」「売上げを出してみろ。十銭とはどういうわけだ」

「兄貴と俺で代わりばんこに買ってるうちに売り切れた」「してみると無駄はないな」

噺の豆知識

向島●隅田川の東岸、浅草の向かいに位置する向島は『野ざらし』（215頁）や『百年目』（232頁）を始め噺にしばしば登場する。江戸の切絵図を見ると広大な田園風景に寺社と料理屋が点在するばかりで町家はなく、堤に沿って植わる桜並木がしっかり描かれている。時季には葭簀張りの水茶屋（茶店）がたくさん出て花見客で賑わった。

桜の向島

159 花見《はなみ》の仇討《あだうち》

【お噺の面々】建具屋の半公
六部の八つぁん　巡礼兄弟　侍
【お噺の舞台】半公の長屋　上野の山

建具屋の半公の長屋で花見の出し物を練る男が四人。浪人者を巡礼兄弟が敵討ちをする、そこへ六部が分けて入るという趣向に決まった。花見の当日、半公は浪人者のこしらえで、早々に上野の山の清水堂に出張って、桜の根方で煙草をふかしている。

巡礼兄弟の富さん、芳さんは御成街道で仕込み杖を振り回し、立ちまわりの稽古。振りかぶった瞬間、侍の頭を打ってしまい「無礼者、手打ちにいたす」。仲間の侍がふと見ると、巡礼の杖から光るものがのぞいている。「その方らは大望のある身ではないか」助太刀をしてやるとまでいわれ、

巡礼兄弟

六部●仲裁役の八公が演じる六部は、六十六部の略称で回国ともいう。諸国を回って写経した法華経を一部ずつ六十六の霊場に奉納する行者のこと。鼠木綿の服に手甲脚半甲掛け、胸に鉦を吊し、笈を背負うのが姿の基本だが、時代が下ると格好を真似て金品を乞う輩も多かったという。あちこちの霊場を巡る点では六部と似ているが、巡礼は祈願の参拝をして歩く俗人。お遍路さん。ちなみに巡礼にも物乞い目的の偽巡礼がいる。

諸国を回る六部

二人は慌てて駆け出す。お山に着くと巡礼は浪人のそばに近寄り「卒事ながら火を御貸し下されﾞ」。煙管を近付けながら深編笠の浪人の顔をみて「汝は父の仇、黒煙五平太よな、いざ尋常に勝負」。「おーい、敵討ちだー」と人だかりができるが、浪人と巡礼はくたびれてきて「おい六部が出てこないじゃないか」。六部は来ない。途中で耳の聞こえないおじさんに捕まり、回国するとはとんでもないと説教を食らって家に連れ込まれていた。事情をいうにも家人は留守。持参の酒を飲ませて寝かそうとしたが、逆に八公が大いびき。

人だかりの中にいた先ほどの武家が「おう巡礼兄弟、敵に出会ったたな。目をつぶって突いていけ、そこだ」「冗談じゃない、俺は逃げ出すぞ」「じゃあ俺も」と、敵同士で逃げ出す始末。

「これこれ巡礼、試合は五分と五分だ」

「いえ六部がまいりません」

噺の豆知識

上野の花見●この噺は王子の飛鳥山を舞台にする演者もいる。実際江戸時代には敵討ちの茶番で大暴れは飛鳥山ならいいが、徐々に緩和されたとはいえ東叡山寛永寺の山内ということで鳴りものや桜の下での飲食が禁じられていた上野では難しい。半公が待ち受ける見晴らしの良い清水堂や巡礼兄弟が仕込み杖を調達する御成街道の武具店の情景描写などは上野ゆえにできることなのだが。

寛永寺の清水堂。すぐ前に不忍池が見渡せる

160 反魂香《はんごんこう》

【お噺の面々】八五郎　島田重三郎　高尾太夫　お崎　【お噺の舞台】八五郎の長屋　薬屋

カーン、カーン。隣の坊主が夜な夜な叩く鉦に八五郎が文句を付けると、亡き妻の供養だという。士分だった頃に吉原に出掛け、そのときの相方三浦屋の高尾太夫と夫婦約束をしたが高尾は仙台侯のものに。身請されても操をたてて死ぬ覚悟、回向のためにと取り交わしたのが反魂香。この香を火鉢にくべると高尾が現れ「そなたは島田重三郎さん……」。感心した八五郎は自分もやろうと香を買いに薬屋へ駆け込んだが名前が思い出せない。「よろずきんたん」「それは万金丹です」「越中富山の反魂丹。これだ、これを三百くれ」

　長屋へ戻った八五郎が反魂丹をどっさりくべると煙が立ちこめる。「お前はやもめの八五郎さん。そちゃ女房お梅じゃないか」「ちょいと八つぁん」「そちゃお梅」「あたしは隣のお崎だけど、さっきからきな臭いのはお前のとこじゃないかい」

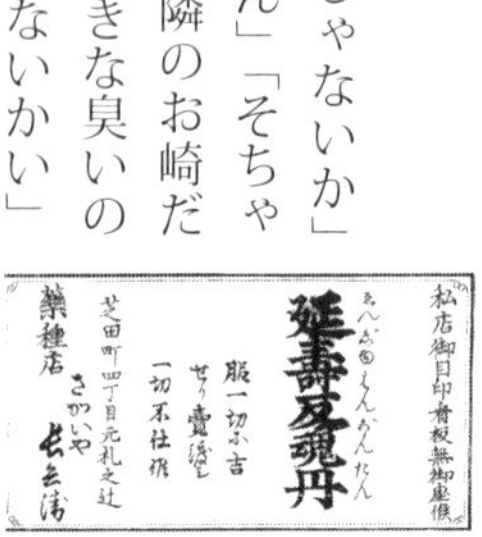

『江戸買物独案内』に載る薬屋

噺の豆知識

反魂丹●八五郎が買った反魂丹は越中富山の薬売りが売り歩いた丸薬で、胃痛腹痛に効く常備薬。名前を思い出せなかった反魂香は恋しい人の魂を呼び戻す中国の伝説のお香。これを焚くと煙の中から死んだ人の姿が現れるとされた。『高尾』（156頁）の思い人は八公の長屋に住んでいる坊主だったとは。

161 引越《ひっこし》の夢《ゆめ》

【お噺の面々】 源兵衛　佐兵衛　旦那　女中のお梅 **【お噺の舞台】** とある大店

したたかなお梅

大勢の奉公人がいるとある大店。若い衆から番頭の果てまで女中に手を付け、居着かない。そこへ口入屋を介してやって来たのが海千山千のお梅。祝い事のあったある晩のこと。酔い潰れて高鼾の面々を尻目に、夜中に目覚めた源兵衛がお梅の元へ行こうとしたが寝所へ上がる梯子が引き上げてあった。

「梯子はねえし、こう暗くちゃ……。あっ痛え」。吊ってある鼠入らずに頭をぶつけた源兵衛は「待ってよ、こいつに手を掛けて二階へ上がれねえこともない」。ぶら下がった途端にがたがたっと鼠入らずが半分落ちて来た。

肩で支えて難儀していると「おかしいな、梯子がない」と似たようなのがまた一人、がたがたっともう半分落ちて来た。

「佐兵衛どんだね。明日権助が起きたら吊ってもらおう、それまでの辛抱だ」。小僧の知らせで起きて来た旦那、「馬鹿野郎、二人してそんなもん担いで鼾かいてるやつがあるか」「へへ、引越の夢を見ました」

噺の豆知識

鼠入らず●台所に置く食器戸棚のこと。この噺のように天井から壁に寄せて吊り下げ式にすれば、下に瓶などが置けて狭い空間が有効に使える。九尺二間の狭小長屋（畳部分は四畳半の広さ）では食器用の棚が要るほどの暮らしではないが、吊り方式の押入れ戸棚を設えたりする。

162 雛鍔《ひなつば》

【お噺の面々】植木屋　若様　三太夫
植木屋のかみさん　金坊**【お噺の舞台】**
とある大名屋敷　植木屋の家

ある大名の御屋敷で出入りの植木屋が仕事中に若様が何かを見つけた。「爺、これは何じゃ。丸くて真ん中に穴が空いて、裏に波が彫ってある。お雛様の鍔ではないのか」。不浄なものだと三太夫にいわれ、ぽんと捨てて駆けて行く若。

家に帰って屋敷の出来事を話し、彼の君とあまりに違う我が倅をぼやく植木屋。父母のやり取りをそっと聞いていた金坊はお店の隠居が訪ねて来ると菓子の出る頃合を計ったように帰って来る。

「こんなもの拾った……お雛様の刀の鍔かなぁ」

「あれはお前さんの倅かい、銭を知らないのか。氏より育ちだね」隠居は嬉しくなって小遣いをやるというが、銭を知らないなら手習いの道具を褒美にやるという。「礼をいえ、そんな不浄なものはうっちゃっちまえ！」「やだい。これで焼き芋買うんだい」

噺の豆知識

穴空き銭●若様が拾ったのは寛永通宝の波銭。裏に青海波の模様があり、四文に通用する。一枚で駄菓子、四枚で蕎麦が手繰れる下々のお宝だが、殿でさえ手に触れることはないだろう。波銭の穴は四角、鍔は刀身の断面同様細長い三角だが、若様の見立ては冴えている。

鍔

寛永通宝波銭

163 干物箱《ひものばこ》

【お噺の面々】若旦那　大旦那　善公【お噺の舞台】若旦那の家　善公の長屋

「おーい、いるかい」貸本屋の善公を訪ねたのは遊び人の若旦那銀之助。大旦那の監視がきつく、湯に行くといって出て来たが吉原へは行けない。身代わりになって二階でおとなしく寝てくれという。「お前声色《こわいろ》に凝って、取り分け俺の物真似が上手らしいな」「柳橋の宴会で余興にやったら、廊下にいた大旦那が間違えたくらいで」。

「ただ今帰りました」と忍び足で二階へ上がった善公に「おい銀之助、尾張屋さんから貰った干物、何処に仕舞った」「あすこの……干物箱に。……おやすみなさい！」。花魁が寄越した手紙を見つけると善公の悪口が書き連ねてあり、思わず怒声を張り上げて万事休す。謝っているところへ若旦那が戻って来た。「忘れ物して帰って来やがる。銀之助、この罰当たりめ」「善公の奴、器用だ。親父にそっくり」

噺の豆知識

声色●役者の声を真似る芸が声色。芝居の初日に戸口で声色を遣う木戸芸者や寄席芸人はれっきとした玄人だが、往来に立って声色一つ八文で商売にする者もいた。善公のように身近な人物の真似なら教本は要らないが、役者を真似たい声色好きは芝居が変わる度に作られる「鸚鵡《おうむ》石《せき》」という台詞を書いた冊子を求めた。

声色好き

164 百年目《ひゃくねんめ》

【お噺の面々】大番頭治兵衛　旦那　太鼓持ち【お噺の舞台】とある大店　向島の土手

「鼻に火箸なんぞ突っ込んで遊んでるんじゃない」「手紙くらい小僧任せにしないで自分でお出し」と小僧から番頭にまで一渡り小言をいうと、番町まで行くと店を出た大番頭の治兵衛。内緒で花見に行こうとしていた治兵衛は、近所の駄菓子屋の二階ですっかり姿を直し、大家の旦那という拵えになり、芸者、太鼓持ちを引き連れて柳橋から屋根船を出した。堤へ上がろうという芸者衆に「おれは一人で飲んでるから」と大番頭は渋る。太鼓持ちが扇で顔を隠す工夫をして向島の土手へ上がらせると、旦那も

鬼ごっこに興じる大番頭

大番頭●商家の噺で重要な役を演じる番頭は、小僧から手代を経て行き着く奉公人の頂点。大店ともなると二番番頭、三番番頭と何人もいて、その番頭の中の番頭が大番頭。『お神酒徳利』(48頁)の善六さんのように所帯を持って通い番頭になる手もあるが、治兵衛は店で寝起きする独り身。十一の歳で奉公に上がって以来三十余年、帳面にごまかしは一切なく店をしっかり儲けさせる治兵衛は「番頭も外では面白い男」の川柳を地でいく好漢だろう。

堅物の権化、大番頭

太鼓持ちを一人連れて花見に来ていた。

鬼ごっこに興じる治兵衛がよろけた拍子にぶつかった相手を捕まえ、扇を取ってひょいと見ると、そこにいたのは店の主。

びっくりして店に帰り、風邪だといって床に入る。一晩じゅう寝ないで夜が明ける。店に出ても虚ろな大番頭が奥から呼ばれて行ってみると、暇を出されるどころか旦那は日頃の仕事ぶりを褒めた上で、少しは店の者を労るように諭す。梅檀という立派な木と下草の南縁草は持ちつ持たれつの間柄で、下草を刈れば梅檀も枯れるという。

「うちの店でいえばお前さんが南縁草であたしが梅檀。お前が店に行けば今度は店の者が南縁草だ。この頃南縁草が少し枯れているようなので、露を下ろしてやって下さい。それから昨日土手でお久しぶりといったがあれはどういう訳だ」「あのざまを見られたので百年目だと思いました」

噺の豆知識

屋根船●隅田川を行き来する船には吉原通いによく使われた快速の猪牙船《ちょきぶね》があるが、これはボートのようなもの。屋根船は花見や涼みに利用された屋根付きの小船で、噺の大番頭のように障子を閉めれば中の様子は行き交う船からは見られない。混同されがちだが、屋形船は供を大勢連れた大名や豪商などが乗った大型船。仙台公が『高尾』(156頁)を連れ出し、豪勢な船遊びをしたのが屋形船。

隅田川の屋根船

165 普段《ふだん》の袴《はかま》

【お噺の面々】道具屋　侍　八五郎
【お噺の舞台】とある道具屋　大家の家

普段の袴

墓参の帰り、供にはぐれたという侍が道具屋に立ち寄った。店先で煙草を吸いながら掛軸を見て「よく描けておる。谷文晁でなければあぁは描けん」といった途端、袴に火玉が落ちる。袴を案ずる道具屋に侍は「いや、これはいささか普段の袴じゃ」と行ってしまう。

　これを見ていた八五郎、「ひとつ俺も」と大家の所へ行って袴を借り、道具屋へ引き返す。煙草盆を持って来させ、「いい鶴だ。なに？　文鳥てのはもっと小さい鳥だぜ」と真似てみるも、煙管の手入れが悪いせいで火玉は飛び出ない。ふっと吹くと舞い上がった火玉は頭へ！「あなた様、煙草の火が」「いいんだ、これはいささか普段の頭だ」

噺の豆知識

庶民の袴●袴は祝儀不祝儀の時にどうしても要るなら損料屋（211頁参照）で借りれば済むからか、八五郎は袴を持っていない。お世継ぎを産んだ妹に会いに大名屋敷を訪ねる『妾馬』（254頁）の八公も侍の真似を目論むこの噺も、大家に頼んで借りている。八五郎は大家が自身番に行く時穿く「窮屈袋」を貸せと迫る。自身番は奉行所の出先のようなもので、公務中は袴が欠かせないため、役を担う大家には必需品。『御慶』（77頁）では千両富が当たって、めでたく裃を買っている。

166 不動坊《ふどうぼう》

【お噺の面々】吉公　大家　長屋の独り者連中　売れない噺家
【お噺の舞台】吉公の長屋

長屋で一番のしっかり者、小間物屋の吉公に大家から嫁取りの話が来た。相手は越して来た時から憎からず思っていた同じ長屋のお滝。不動坊火焔という講釈師の亭主がいたが、借金を残したまま巡業先で亡くなったという。借金の肩代わりを引き受けてめでたく話はまとまり、善は急げとその晩早くも仮祝言。

聞きつけた長屋の独り者、漉き返し屋の徳さんは「明日の朝には破談にしてくれ」って吉公が大家に泣きつく筋書きを考えたんだ」と同長屋の鍛冶屋の鉄さん、ちんどん屋の萬さん相手に企みを話す。近所に住む売れない噺家を幽霊に仕立て、屋根の引窓《ひきまど》から吊るして脅そうという趣向だが、吊られた噺家はとちるし、萬さんの太鼓は賑やか過ぎて吉公が目を覚ました。

「恨めしい〜」「何だお前、金をやったのにまだ浮かばれねえで宙に迷ってんのか」

「いえ、宙にぶら下がってます」

噺の豆知識

引窓●明り取りの天窓のこと。人魂もどきを吊るして振り回す『樟脳玉』(135頁)にも登場する。両隣が壁で仕切られた棟割長屋は入口の腰障子があるだけで窓はない。採光と換気に欠かせない造作が屋根に設けた引窓で、引綱で開閉する。

不動坊火焔は講釈師

167 船徳《ふなとく》

【お噺の面々】若旦那徳兵衛　船宿のおかみさん　親方　若い衆　船客二人
【お噺の舞台】柳橋の船宿　隅田川　大桟橋

船宿の二階に世話になっている若旦那の徳さんがどうしても船頭になりたいといい出す。船宿の若い衆に「おなんなさい。柄がいいし、乙な形してちょいと裏河岸の一回りも回りゃ芝居に出てきそうな船頭ができるね、おっ音羽屋！」とおだてられ、なってはみたが危なっかしい。四万六千日の暑い盛り、二人連れの客が来て大桟橋まで行きたいという。船頭は皆出払って「徳さん、大丈夫かい」「大丈夫ですよ、この頃は」と請け負って船を出す。

「若い衆さん、そろそろ艪に

形を決める船頭の徳さん

噺の豆知識

船宿●川遊びの客に船を仕立てる遊山船宿と荷物運搬専門の荷船宿の二通りある。江戸後期には六百軒余りの船宿があったが、ほとんどが川遊びの船宿で男女が密かに出会ったり、客が頼めば宴会の場所を提供もしていた。船宿の親方は猪牙船や屋根を掛けた屋根船を何艘か揃え、船頭を待機させて客の注文に応じた。『夢金』（275頁）では親方の制止を振り切り、強欲な船頭が屋根船を出している。

船宿の看板

変わったらどうだい。おい、どうでもいいけどこの船は回るね」「へい、日に三度っつ回るんです」「まっつぐは行けないのかね。今度は岸に近づくよ、あぁーぶつかる」「そちらの旦那、傘持ってるお方、そこを突いて下さい」「あーぁ、傘傘」「もうあそこには二度と帰れません」

吉原の入口まで隅田川を遡って行く徳さんの船は、岸にぶつかり流されもする。

「汗が目に入って先が見えないんです。大きな船が来たらよけて下さい」「船頭がのびちゃった。おい船頭、もう少しだ、頑張れよ」「もう駄目です」「しょうがない、お前さんをおぶってって上がりますよ。おお、浅いと思ったら深いね。船頭はどうした。おーい、船頭大丈夫か」

「すいません、岸に上がったら柳橋まで船頭を一人雇って下さい」

猪牙船●徳さんが悪戦苦闘するのは小型の猪牙船。船足が速く揺れるので修業中の身には制御が難しい。客はせいぜい二人乗り、艪を操る船頭は一人で吉原や深川に行く遊び客を乗せて隅田川を行き来した。柳橋の船宿を出ると吉原入口の山谷堀まで三十町（約三キロ）、遡るとはいえ大した距離ではない。船賃は蕎麦が十六文の時代に一艘百四十八文だが駕籠よりは格段に安い。

吉原へ向かう猪牙船

168
風呂敷《ふろしき》

【お噺の面々】 焼き餅焼きの亭主　女房　鳶頭　新さん
【お噺の舞台】 鳶頭の家　夫婦の家

「鳶頭、大変なんです！」町内のおかみさんが助けを求めに来た。「新さんが上がり込んで、雨になったから表戸締めたの……」そこへ遅くなるといって出掛けた亭主が酔って帰り、退っ引きならないというので一肌脱ぐことにした。

先方に着くと、ひとまず亭主の愚痴を聞いてやり、身振手振りで一芝居打つ。他所の揉め事という体で「野郎の留守に近所の若い者が……そいつを押入れに押込んでかみさんが助けてくれって俺のところに来たんで、始末をつけた帰りだ」

「どうやって」「お前みたいに押入れの前に胡座かいてる亭主の頭にこの風呂敷を被せて、その間に間男を逃がした」といいながら鳶頭は目の前にいる酔っ払いの頭から風呂敷を取る。「そりゃうまく逃がしたな」

罪作りな新さん

噺の豆知識

間男●夫のある身で不義密通をするのが間男で、相手の男もそう呼ぶ。江戸時代は、亭主が見つけて憎い二人を殺めても無罪！　成敗せずとも夫側からは多額の示談金が請求できるので、密通はまさに命がけだった。この噺の新さんとはただの知人で亭主が極度に嫉妬深い設定だが、『紙入』（68頁）の新さんは未遂とはいえ怪しい。

169 文七元結《ぶんしちもっとい》

【お噺の面々】左官の長兵衛　佐野槌の女将　お久
近江屋卯兵衛　文七
【お噺の舞台】吉原の佐野槌　吾妻橋　長兵衛の長屋

左官の長兵衛

本所達磨横町に腕は良いが博打に凝って借金だらけの左官の長兵衛という人がいる。十七になる娘のお久がいなくなり、かみさんともめているところへ吉原の大見世「佐野槌」から番頭が来て、お久は見世にいるという。

佐野槌に出向いた長兵衛に女将は「お久がいうには親父は博打に凝って仕事をしない、負けて帰るとおっかさんを殴る、蹴る。見ているのもつらいので私のようなものでもいくらかに買って頂いて、親父に意見をして博打を止めさせてくれというじゃないか。あたしはね、昨日はもらい泣きをしたよ」。

お久を形に借りた五十両、出直すための金子を懐に吉原を出て吾妻橋まで来ると、身を投げようとしている若い男がいた。男は鼈甲問屋の奉公人で集金した五十両を盗まれたという。「そうも死にたいか。まあいいや、ここに五十両あるからお前にやる」とお久が身を売ってこしらえた金を投げつけて帰ってくる。

これが元でよっぴて夫婦喧嘩をしているところへ鼈甲問屋近江屋卯兵衛が文七を

伴って訪ねて来て、盗られたと思った五十両は忘れてきたのだという。「見ず知らずの者に大金を与える心持ちの親方と親類付き合いをさせていただきたい」と卯兵衛は頼む。金が出た祝いだというので角樽《つのだる》に入った小西の酒の切手と、肴として、四つ手駕籠に乗った文金高島田に結ったお久を差し出す。やがてお久と文七は夫婦になり、麹町貝坂に元結屋の店を出す。

噺の豆知識

元結●髷を結うのに欠かせない、髪を束ねる紐が元結。古くは組紐や丈夫な麻糸が用いられたが、江戸時代は紙縒《こより》が主流。髪結床に常備されるほか、紅、白粉などと一緒に小間物売りが風呂敷包みにして売り歩いた。水引の一大産地、信州飯田で江戸の初期に作られた「文七元結」が評判を取ったというが、噺の文七は商品と同名の江戸の商人。

切手●郵便切手とは違い、酒や菓子などを贈る際のいわば商品券のことで、贈られた人は好きな時に品物に変えられる。江戸時代には菓子を贈るのによく使われ、『守貞謾稿』には切手一枚で饅頭十個の「虎屋饅頭切手」が紹介されている。祝いの酒を切手を添えて贈る場合、「角樽」の中身はもちろん空。後日酒屋の小僧が引き取りに来る。

祝いの角樽

170 へっつい幽霊《ゆうれい》

【お噺の面々】八五郎　道具屋　元左官の幽霊
【お噺の舞台】とある道具屋　八五郎の長屋

へっつい

道具屋から幽霊が出ると噂のへっついをただで手に入れた八五郎。湯に入って酒をちびりちびりやっているうちに寝てしまうと出るものが出た。「親方に頼みがある。あっしは娑婆にいた時は左官でしてね。博打が好きで、ある時百いくらかという金が手に入ったんで、へっついをこしらえて塗り込めた。あたる時は怖いもので、ふぐにあたってころり。地獄の沙汰も何とかで金が要るんだ。親方、出してもらえないか」「壊し賃いくら出す」「五十両ずつ山分けに」。
壊すと成程百両の金が出てくる。「どうです親方、賭けをしませんか」「おういいだろう」と賭けると幽霊の負け。もう一度と頼まれて「もう銭はねえじゃねぇか」。
「いや幽霊ですから足は出しません」

噺の豆知識

へっつい●土間に置いて煮炊きをする竈のことで上部の穴に鍋釜を据え、正面の焚き口から薪をくべる。薪を燃した後には消し炭が残り、次に火を起こすのに役立った。九尺二間の最小長屋でも生きるのに必須の道具がへっつい。壁塗りが本職の左官屋は竈塗りも請け負い、博打の上がりを塗り込めるなど朝飯前だろう。

171 棒鱈《ぼうだら》

【お噺の面々】酔っ払いの江戸っ子　田舎侍　芸者
【お噺の舞台】とある料理屋

江戸っ子二人が料理屋で一杯やっていると隣座敷から田舎侍の声がして、えぼえぼ坊主のそっぱ漬だの赤べろべろの醤油漬だのといっている。「赤べろべろはさすむのことだとよ。今度は変な唄だ」。お正月が松飾りぃ、二がちぃがてんてこてん、三がちぃがお雛さま……。顔を見てやろうと襖に寄り添った途端、襖ごと向こうの座敷へどさり。「なんだぁ、人間が降って来た」「べらぼうめ、赤べろべろでも食らえ」「こやつさすむをかけおったな。無礼者、斬り捨てる」。

右往左往する芸者に呼ばれて、下で鱈もどきを作っていた料理人が薬味の胡椒を持ったまま上がって来て「旦那様お静かに。あなたも隣へ。姉さん危ないから下へ」と止めに入る。「はっくしょん畜生。この野郎、何か俺に掛けたな」「よして下さい、はくしょん」「無礼な奴め、はくしょん」「喧嘩はこれまでだ、故障（胡椒）が入った」

噺の豆知識

棒鱈●三枚に下ろした鱈をかちかちになるまで干して棒状になった干鱈のこと。酔っ払いや木偶《でく》の坊を罵倒する江戸っ子の言葉でもあり、暗に田舎侍を揶揄する江戸っ子の心根が透けて見える。落ちの「故障が入る」は邪魔が入ったの意味。

えぼえぼ坊主

172 星野屋《ほしのや》

【お噺の面々】星野屋の旦那　お花　お花のおっかさん　重吉
【お噺の舞台】お花の家　吾妻橋

お花は星野屋の旦那の囲い者。ある日、手切金を前に別れを切り出され、そんなことなら死んでしまうという。「本当かい、実は俺は死ななきゃならないんだ。お前がそういうなら一緒に死のう。後で迎えに来るから」

その晩お花が酒を飲んでいると旦那が現れ、吾妻橋から飛び込むという。嫌がるお花の手を取って橋まで来ると旦那は先に川の中へどぶん。お花は「旦那、私はまだ死ねないの、どうせ一度は死ぬんだから、失礼」と家へ帰るか帰らない頃、旦那に世話をしてくれた重吉が飛んでくる。「旦那は来なかったか、幽霊が出たんだよ。お花は薄情な奴だ、死ぬ約束をしながら俺だけ死なして逃げた。俺はお花に取りついてやる、毎日出て取り殺すって。来なかったんなら気の迷いだろう」「重さん、旦那が浮かぶ法はないかねぇ」「髪の毛を切って墓に供えるんだ」

ぷっつりと髪を切ると、お花はきまりが悪いのか手拭を頭に載せて「重さんこれを供えておくれ」。「もしあそこで身を投げてみろ、すぐに救い出してお前を後添えにする段取りがついていていたんだ。旦那、もう出ていいですよ。髪の毛をこのとおり」

「重さん、お前の目は節

髪の毛をこのとおり

贋金は見つかれば死罪

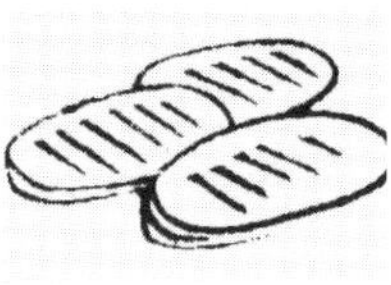

穴かい。それは髪文字だよ」「さっき旦那が渡した金は贋金だ。使えばふんじばられる」

「おっかさん贋金だって。返しておしまい」「ばか、これが贋金なら旦那が先に捕まる」「おっかさん、本物だって」「と思ったから三枚取っておいたよ」

髪文字●髪を結う際に、あんこにしてボリュームを出す添え髪、仮髪《かはつ》のこと。『守貞謾稿』に、仮髪を髢《かもじ》というのは女言葉で烏賊をい文字、蛸をた文字というのと同じなら髪を髢というべきだが、仮髪だけを髢というとある。ごもっとも。女の忠義を試すために『品川心中』（124頁）のお染や『大山詣り』（42頁）のかみさん連中はぷっつり切ってみせるが、この噺のお花はちゃっかり者で、髪文字で済ませている。

噺の豆知識

吾妻橋●江戸時代に隅田川に架けられた五橋の中で最後の橋が吾妻橋。安永三年（一七七四）に完成するまでは、浅草から本所、向島方面へは渡し船で行き来していた。昨今は橋の東西ともに一大観光地になっているが、当時は江戸の外れ。市中の喧噪から遠いせいもあるのか、橋の上で身投げ寸前の思い詰めた輩が噺には多数登場する。

吾妻橋

髪文字

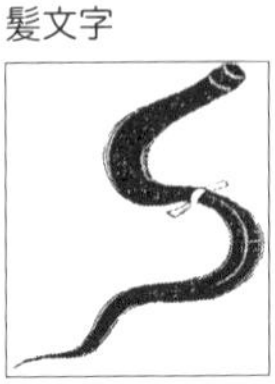

落語を楽しむ江戸の豆知識 其の八

◆お上公認の芝居小屋、江戸三座
芝居町は日本橋から浅草へ

7代目市川団十郎

江戸三座■幕府から興行の許可を得た中村座、市村座、森田座が江戸三座。江戸の芝居は寛永元年（一六二四）に猿若（中村）勘三郎が櫓を揚げたのが始まりで、日本橋人形町界隈に中村座、市村座、東銀座に森田座が小屋を構えて二百余年。その間、諸般の事情で森田座が控え櫓の河原崎座に譲ることもあったが、お城に近い商いの町で三座の芝居は隆盛を極めた。節約を旨とした天保の改革のあおりで一時は廃絶の危機に直面したが、当時の北町奉行遠山金四郎景元の尽力で浅草猿若町に移転して存続。『淀五郎』（280頁）は猿若町の市村座が舞台になっている。

●天保の改革で浅草猿若町に移転した中村座。当時の三座は、他に市村座と森田座控えの河原崎座

●桟敷席を賑やかす見物

ま

ま まんじゅうこわい
み 水屋の富●味噌蔵●三井の大黒
め 妾馬●目黒のさんま
も もう半分●元犬●百川●紋三郎稲荷

173 まんじゅうこわい

【お噺の面々】町内の若い者
松公【お噺の舞台】とある若い衆の家

町内の連中が寄り合って茶飲み話をしていると「遅れて済まない。来る途中蛇が出て、呑まれるかと思った。よく見たら古縄で」。

これをきっかけに皆で怖いもの談義が始まる。蛞蝓《なめくじ》、蛙、蟻、おけら、蜘蛛、馬、南京虫。隅で黙っている松っちゃんに聞くと、蛇はしごいて鉢巻、蟻は赤飯の胡麻代わり、納豆に蜘蛛を二三匹入れりゃよおく糸を引く……怖いものなどないと勇ましい。しつこく問われた末に松公は「実は饅頭が怖い。話だけで動悸が激しくなった、横になる」と隣室へ。普段から兄貴風吹かして気に入らねえ、饅頭責めにしてやろうと枕元に積み上げる。外から様子を見ていた一人が「あっ、食っちゃった。一杯食わされちゃったよ」。揃って部屋に踏み込むと「てめえ本当は何が怖いんだ」「へへ、ここいらでお茶が一杯怖いや」

噺の豆知識

饅頭●室町時代に中国からの渡来人がもたらしたという。江戸中期の『本朝世事談綺』には「林浄因、奈良に住んで塩瀬と名を改め饅頭を作る。奈良饅頭という。これを京都で作り、烏丸塩瀬の祖なり」とある。塩瀬の名は今に続いている。

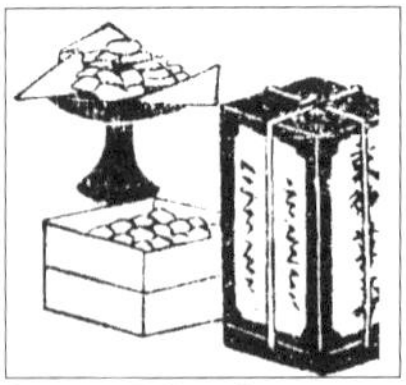

饅頭の歴史は古い

174 水屋の富《みずやのとみ》

【お噺の面々】水屋　向いの遊び人
【お噺の舞台】水屋の長屋

独り者の水屋が千両富に当たり、八百両を持ち帰った。前後に二つ水桶を担いで得意先を回る水屋の商売、利は薄いが売り物が水だけに休めない。神棚、仏壇、戸棚、隠し所を思案した末、畳を剥がし縁の下に吊るして商売に出るが、出会う人が皆悪人に見えて心配でならない。何度も引き返し、商売道具の竿で探ってはコツンと当てて一安心。疲労困憊で寝れば泥棒に刺される夢を見る。

「今日一日、これっきりで行くのをやめる」決意の朝、コツンとやって出掛けると、向いに住む町内の札付きが水屋のうろちょろを見ていた。

「昨日からあいつ何してる。行ったり来たりで縁の下を竿で……」。忍び込んだ男は八百両を持って逃げてしまった。一日を終えた水屋は「くたぶれた。あれはあるかな」と竿を振ったが手応えがない。中に入って畳を剥がし「ない。あぁ……これで苦労しなくてすむ」。

噺の豆知識

水屋●水屋が売るのは湧き水や掘り抜き井戸の水で利が薄く、半荷一樽（二十升）わずか四文。「水道の水で産湯をつかった」と江戸っ子が自慢するのは神田上水、玉川上水の水道井戸の水。その供給が及ばない地区では飲み水は水屋を頼ることが多かった。

甘味飲料水を売る水売り。1椀で4文

175 味噌蔵《みそぐら》

【お噺の面々】赤螺屋吝兵衛
番頭　定吉
【お噺の舞台】味噌屋

味噌屋の旦那吝兵衛に男の子が生まれ、連れ合いの里に祝いに行くことになった。

「番頭さん、近所から火が出たら蔵の味噌で目塗りだけはして下さい。塗った味噌を捨ててはいけませんよ。お前さんがたの菜にするから」と言いおいて、旦那は小僧の定吉を供に出掛けた。

「家の旦那はけちだね。こないだも実のない味噌汁に実は入ってるって言い張る。台所のすりこ木が減るのは何故だい、すりこ木のかすが実だとよ」

「あたしも何年ぶりかで蜆《しじみ》が二粒入ってるんで喜んでつまんだが箸にかからない。よく見たら自分の目だった」

店の者は主の吝嗇《りんしょく》ぶりを言い募り、鬼の居ぬ間

噺の豆知識

土蔵造りの店舗

目塗り●蔵に火が入らないように、戸の合わせ目を土で塗り込むのが目塗り。江戸の土蔵には京坂では使わない折れ釘（直角に曲げた釘）が壁の四面すべてにあり、補修の際の足場作りに使うが、火災時にも役立つ。折れ釘に紐を掛け、目塗りの粘土を入れた桶を二階の窓までするすると運び上げたり、『火事息子』（63頁）では番頭を帯で吊るして両手を自由にしてやる場面がある。味噌屋主人は吝

に存分に食べようと番頭に持ち掛ける。「やろう、あたしも今は懐が寂しいから帳面の方で何とかする。好きなものをいいな」「あたしはおでん、味噌田楽」「じゃ長松、豆腐屋に頼んどいで」「おい、刺身で飲むなんてこの家に来て初めてだ」「いい心もちだね、あたしがここらでさのさを。お師匠さん、三味線の方を」

賑やかにやっていると旦那が「どこだい、おっそろしく騒いでいる家がある。あれは家の番頭の声だ、早く開けさせなさい。皆さん何をしているんです、何ですこの騒ぎは。早く寝ておしまいなさい、すべては明日の事にします」。

そこへ間の悪いことに豆腐屋が「焼けてきました!」。「何処から」「横丁の豆腐屋から」「近いな、どのくらいだ」「二、三丁です」

がらっと戸を開けると、ぷーんと味噌の焼ける匂い。「味噌蔵へ火が入ったか」

嗇といいつつ商品で目塗りをせよと言付けるが、蔵を持つほどの商家では目塗り用の「用心土」を桶に入れて火事に備えるのが普通だった。

田楽豆腐●串に刺した豆腐に味噌を塗って焼くのが田楽豆腐。七尺もある棒に乗って跳ぶ、竹馬のような田楽法師の芸を後ろから見た姿に見立てたのが名の由来。蒟蒻や茄子も田楽にするが、魚は江戸では略して魚田。京坂では略さない。

味噌田楽焼けてきました

算盤玉に見立てた田楽

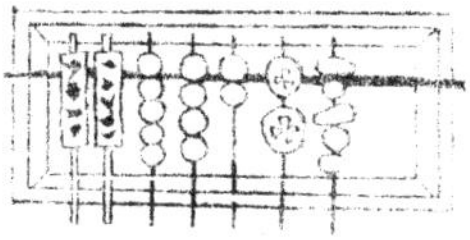

176 三井《みつい》の大黒《だいこく》

【お噺の面々】甚五郎　棟梁政五郎　お内儀　三井の手代【お噺の舞台】神田藍染川の普請場　政五郎の家

京都から江戸に出てきた甚五郎が神田藍染川の帳場で大工の仕事ぶりを見ていた。「鼻の頭にほくろの奴が一番下手でぞんざいだ。鉢からげをした奴はいじればどうにかなる」などと呟いたせいで甚五郎は皆に殴られ、棟梁が止めに入った。

「どうもすまなかった、気の荒い奴ばかりなもので。痛かったでしょ。あたしは大工の政五郎という者だが、お前さんの仕事は。番匠、てぇと大工だ。お前さん、家へ来ないか」。これが縁で甚五郎は政五郎に厄介になる。

「ところでお前さん名前は。名前を忘れたと。誰かつけてやれ」「ぽん州てのはどうです」「いいね」「おい、ぽん州」「あいよ」といった調子で、翌朝

駿河町の三井●仕上がった大黒様を受け取りに来た三井の使いに甚五郎は「お手代さん、久しぶり」という。これは『竹の水仙』（161頁）で依頼されて以来久しいの意味で、噺は繋がっている。発注元の「駿河町の三井」は越後屋の屋号を持つ日本橋の呉服商で、現在の三越百貨店の前身。掛け売りが当たり前だった時代に「現金掛値なし」の看板を掲げて大成功するが、甚五郎の江戸滞在の時期とは合致しないようだ。

駿河町の三井越後屋

前日の帳場に行く。「丁稚、わしの道具箱を持て。天子様の轡《くつわ》は関白職でないと取れんぞ」「ぽん州、板を削れって」「そうか丁稚、砥石を持て」

これから半日かけて四丁のかんなを仕上げ、二枚のこぶだらけの板を仕上げる。これをぴたっと合せて小僧に剥がしてみろというが離れない。ぽん州は帰り、それからは仕事をしない。

ある時、大黒を彫るといいだし、見事に作り上げると三井へ手紙をやり、自分は湯に入って帰ってくる。「やあ、お手代さん、久しぶり」「これは甚五郎先生、これは残りの七十両、それにお酒を一樽、肴料に十両」

「それで、運慶の作には何か歌のようなものがあったと」

「はい、商いは濡れ手で粟のひとつかみ」「では、守らせ給え二つ神達。三井の大黒」

大黒様

噺の豆知識

番匠●政五郎に仕事を聞かれた甚五郎が「番匠」と答える。図の「番匠」に「だいく」と仮名が振ってあるように江戸時代、番匠は大工と同義。本来順番に交代で務める「番上」の匠を意味する言葉で、奈良平安の頃に大和や飛騨から交代で京に上って宮廷の新改築、修理を担った大工のこと。時代が下ると大工全般をいうようになるが、京で御所の仕事もした甚五郎には番匠の呼称が似合うようだ。

177 妾馬《めかうま》

【お噺の面々】八五郎　お鶴　大家　侍【お噺の舞台】八五郎の長屋　大家の家　赤井御門守の屋敷

「この裏を支配するのはここか。今、殿がお通りの節、見目良き乙女が出てまいったが」と用人が大家を訪ねた。「お鶴と申して、兄貴はやくざ野郎ですが当人は大変親孝行で」「よかったら支度金をつかわす」てんで、御奉公に上がると、殿のお手がついて玉のようなお世取りを生む。

やがて兄の八五郎が御屋敷に招かれて行くと、殿様の傍らには金切れを着たお鶴がいる。

「おふくろがいってたぞ。身分が違うというのは悲しい、孫の顔も見られねぇって」。この言葉から、八五郎は士分に取り立てられ、母親共々、屋敷に上がる。ある日御用を申しつかり、慣れない馬で出掛けた途中、昔の仲間と出会う。

「八公か、侍になったと聞いたが」「石垣杢蔵左衛門蟹成だ、一別以来じゃな」「本物だよ」といっているうちに馬が駆け出したから大変。「どこへ行く」「前へ回って馬に聞いてくれ」

馬に聞いてくれ

噺の豆知識

士分●侍身分のこと。大名の赤井御門守に召し抱えられ、拝謁も叶った上に馬に乗って使者の役目をする八五郎は立派な藩士。同じ士分でも徒士《かち》は騎乗が許されないし、足軽は武家奉公人の中間同様最下層の待遇。

178 目黒《めぐろ》のさんま

【お噺の面々】 殿様　欣弥　家来衆
【お噺の舞台】 とある大名屋敷
目黒界隈　他家の屋敷

よく晴れた秋の朝方。紅葉を愛でたいという殿に家来の欣弥が遠乗りを勧め、下屋敷に近い目黒へ野駆けに出掛けた。乗り馴れない馬に尻は痛いし腹も空いたが弁当はない。秋空には鳶が回っている。殿は「あの鳶は弁当を食したか」と寂しそう。

そこへ近くの農家で焼く秋刀魚の匂いが漂ってきた。焼きたてを二十四、炊きたての飯を一升ばかり分けてもらって殿は上機嫌。ある日親戚筋に招かれ、秋刀魚を所望したところ、台所はひと騒動。早馬を出し、日本橋の魚河岸で極上を求めたが「この脂がお体に障ったらえらいことだ」と蒸して脂を取ると秋刀魚はぱさぱさ、小骨も抜いて見る影もない。椀に仕立てて供すると「これが秋刀魚か、本当か」。蓋を取ると微かに匂うその香りに「おお懐かしや、そちも堅固でなにより」と一口食べる。「ううむ。この秋刀魚は何方より仕入れた。なに、魚河岸とな。いかん、秋刀魚は目黒に限る」

噺の豆知識

下屋敷●大名の江戸屋敷は江戸城近くの上屋敷と郊外の別邸下屋敷がある。上屋敷は在府中に大名が住む公邸で人質扱いの正室、嫡男が常住。下屋敷は海浜、街道沿い、あるいは秋刀魚の殿の屋敷のように郊外に設けられた別邸。『三味線栗毛』（130頁）の次男坊は当主になると同時に上屋敷に移っている。

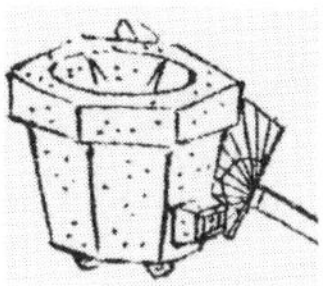

秋刀魚は七輪に限る？

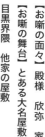

179 もう半分《はんぶん》

【お噺の面々】居酒屋の主とかみさん　客の爺さん
【お噺の舞台】とある居酒屋

永代橋近くの居酒屋で、縄のれんを潜った爺さんは「いつもの通り、半分貰いたい」。旨そうに茶碗酒を空けると「もう半分」。一杯ずつ三杯より半分ずつ六杯の方が余計に飲んだ心持ちがしまして」。爺さんが帰った後、居酒屋の主人は風呂敷包みの忘れ物に気づく。中には金子が五十両。追いかけようとする亭主に「およしよ」と女房。

　慌てて戻った爺さんにもなかったと言い切る。娘が身を売って拵えた金を失い、爺さんは橋から身を投げた。ほどなく夫婦に男児が生まれるが、「歯があるよ。白髪が生えて……もう半分の爺さんにそっくりだ」。驚いた拍子にひっくり返ったかみさんは帰らぬ人となる。

　猫ばばした金で店を直し、女中も置いて商いは大繁盛だが、乳母が居着かない。聞いてみると、夜中に赤ん坊が行灯の油を舐めるという。自分の目で確かめようと襖の隙間から見ていると、油皿を手にした赤ん坊が振り返って「もう半分」。

噺の豆知識

茶碗酒●一合枡で計った酒を大振りな飯茶碗や湯呑みに注ぐのが居酒屋の一杯。半分の五勺は目分量になるため、「もう半分」の爺さんは余計に注がれたような気がするのか定かではない。料金は一合十五、六文ほど。

一合枡
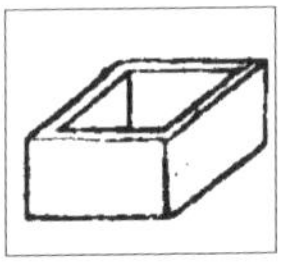

180
元犬《もといぬ》

【お噺の面々】しろ　吉兵衛　ご隠居　女中のもと
【お噺の舞台】蔵前八幡神社　隠居の家

浅草蔵前にある八幡様の境内に一匹の白犬が紛れ込んで来た。「しろや、今に人間に生まれ変わるから楽しみにしていな」参詣人にいわれたしろは願掛けをする。満願の日、成就したはいいが裸は困る。近くに住む桂庵の吉兵衛が通りかかり、訳を話すと奉公口を世話してやるという。

羽織を借りてひとまず吉兵衛の家に行き、身繕いの後、紹介先のご隠居を訪ねた。「少し変わったのを連れてきました。田舎者で言葉に少し難がありますが、お含みを願います」「結構結構。おもとや、お連れさんをこちらへ。玄関の敷居に顎を載せてますって、大丈夫かい吉兵衛さん」。

色白ないい男だとご隠居はまんざらでもないが、吉兵衛を帰して名を聞くと「只のしろ」「只四郎か。お茶でも入れよう。鉄瓶がちんちんいってる、蓋を取っといておくれ」「ちんちん……。やるんですか」「もういい。そこの茶焙じを取って」「茶焙じ。焙炉！」「わん」「気味が悪いね。もとや、もとは居ぬか」「今朝人間になりました」

噺の豆知識

桂庵●口入屋、人宿ともいう奉公人を斡旋する稼業。半年単位で働く半季奉公はたいがいこの人材派遣業者が仲介する。『百川』（258頁）の百兵衛さんを始め、『化物使い』（221頁）の下男、『引越の夢』（229頁）の女中も皆桂庵の紹介。

181 百川《ももかわ》

【お噺の面々】百兵衛　河岸の客連中
外科医鴨池玄林　料理屋主人
【お噺の舞台】料理屋百川

日本橋浮世小路の百川という料理屋に、葭町の千束屋からの口利きで百兵衛という男が奉公人に上がった。「二階に河岸のお客さんがあるから、ご用を聞いてきておくれ」と言い付かり、「うへっ」と返事をしながら上がって行くと「わしゃ、主人家の抱え人でごぜぇやす」。

田舎言葉が分かりづらく「あたしは河岸の若い者で初五郎という者だが、何か四神剣の掛け合いでおいでなすったとか」と客の一人が早飲み込み。去年の祭りの後、質屋に入れたことを告げ、ひとつその具合を呑込んでくれという。慈姑《くわい》のきんとんを丸

慈姑ひとつ呑込んでくれ

江戸の料理茶屋

百川●百川は明治初年まで続いた実在の料理屋で、幕末にペリーが浦賀に来航した時には横浜まで出張って一行のもてなしをしたという。山谷の八百善、深川平清、柳橋亀清などとともに、江戸時代の料理茶屋番付に名が出る名店のひとつ。大工の日当が銀四、五匁の時代に、こう

ごと呑込んだ百兵衛は下に降りてきて目を白黒。また呼ばれて行くと今度は長谷川町の三光新道へ常磐津の師匠を呼んでこいと申し付けられる。
三光新道に着いて「か」の字のつく有名な人と尋ねると、高名な外科医の鴨池玄林を教えられる。「百川から来たが今朝がたから河岸の若いのが四、五人来ている」といったところが、「袈裟がけに四、五人斬られている」と間違えられ、晒四、五反と焼酎を一升、鶏卵を二十個ほど用意しとくようにと言い付かり、百兵衛は薬籠を持って帰ってくる。追って鴨池先生が来て怪我人はどこだという。三味線の箱だと思ったのは先生の薬籠だと分かり、百兵衛を呼んで「常磐津の歌女文字と鴨池先生と間違いやがった。まぬけめ」散々口汚く罵ると、大きな間違いではないという。「そんなに抜けてはいない。か、め、も、じ。か、も、じ。たった一字だけだ」

噺の豆知識

した料理屋では一人十匁はかかる。百兵衛さんが担当する河岸の連中は結構な稼ぎがあったに違いない。

四神剣●朝廷の儀式の際に立てられた神獣を描いた四旒の旗のことで、正式には四神旗。四神剣ともいい、少し訛れば「主人家」にも聞こえる。神獣はそれぞれ四方を象徴し、東が青竜、西白虎、南朱雀、北は玄武（蛇・亀）。江戸の祭でもよく使われ、終わった後はいくつかの町内が持ち回りで預かる。預かり当番が質入れなどしてはただでは済まないだろう。

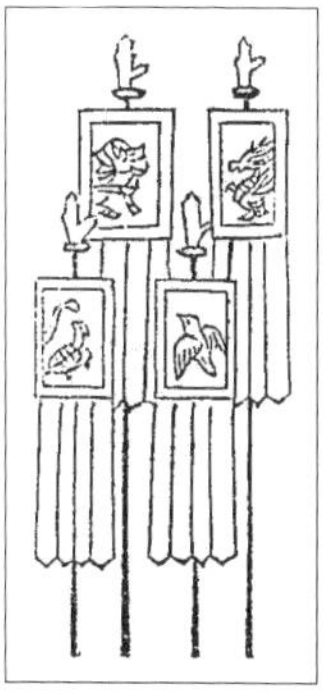
四神剣

182 紋三郎稲荷《もんざぶろういなり》

【お噺の面々】 山崎平馬　駕籠かき
本陣の主人　狐の夫婦
【お噺の舞台】 水戸街道松戸宿

常陸国笠間の牧野越中守の家臣、山崎平馬が江戸へ向かった。取手の渡しを過ぎた辺りで駕籠屋に出くわし、松戸まで乗ることにしたが、しばらくして平馬が居眠りをしていると「おい相棒、今日は少し変じゃねえか。いつもなら八百にしろの、五百で行けというのをいい値の一貫で酒手が二百。今見ると、脇から妙な物が出てるぜ」と駕籠屋の話が耳に入った。

平馬は羽織の下に狐皮の胴着を纏っていたが、羽織の間から尻尾が少々出ているようで、これはおもしろいと狐に成り済ますことにした。

松戸の本陣に来ると駕籠屋は旦那を呼び出し、

狐は稲荷神のお使い

紋三郎稲荷●茨城の笠間稲荷の別称。笠間は噺の山崎平馬が仕えた牧野越中守八万石の領地で、領民は皆お稲荷さんに厚い信仰を寄せている。牧野家一門の牧野門三郎なる人物は取り分け信仰心が深く、「紋三郎」の由来はその門三郎にちなむという。稲荷神社は京都の総本山伏見稲荷に佐賀の祐徳稲荷、愛知の豊川稲荷、笠間稲荷が名高い。

笠間藩士の道中

お客は紋三郎稲荷の眷属《けんぞく》だと教える。早速信仰心の厚い主人は紋付袴に威儀をただし、挨拶をする。

「これはこれは。手前は長年信仰をしております。うちにも紋三郎様のお社がありまして、ご眷属様がおいでてございます」「さようか」「召し上がり物は」「当地はなまず鍋がうまいと聞いた。それから上等のお神酒をな。食事は鯉こくでいたす」

なまず鍋でお神酒を召し上がり、よい心地になっていると向こうの座敷が騒がしい。

「信心の者が拝みたいというので集まっております」「そうか、次の間までならば許すぞ。賽銭なども出したい者は出せ。明朝は早立ちじゃ」といって平馬は寝てしまう。

明くる朝早々に食事をすまして「世話になったな。また縁があったら寄るぞ」「お待ち申しております」と出掛けたが、庭の狐が「おっかぁ、近頃化かすのは、人間の方がうまいな」。

噺の豆知識

松戸の本陣●松戸は水戸街道の宿場で日本橋からは三つ目。水戸の藩主は参勤交代が免除されて常時江戸屋敷にいたが、家臣は水戸街道を頻繁に往復。百キロ余りと短い距離ながら武家の宿、本陣が整備されていた。とはいえ松戸まで来れば江戸の入口千住はもう目と鼻の先、武家の足なら泊らずに屋敷まで行けそうな距離ではある。水戸に隣接する笠間から江戸へ向かうには途中の府中宿で水戸街道に合流する。

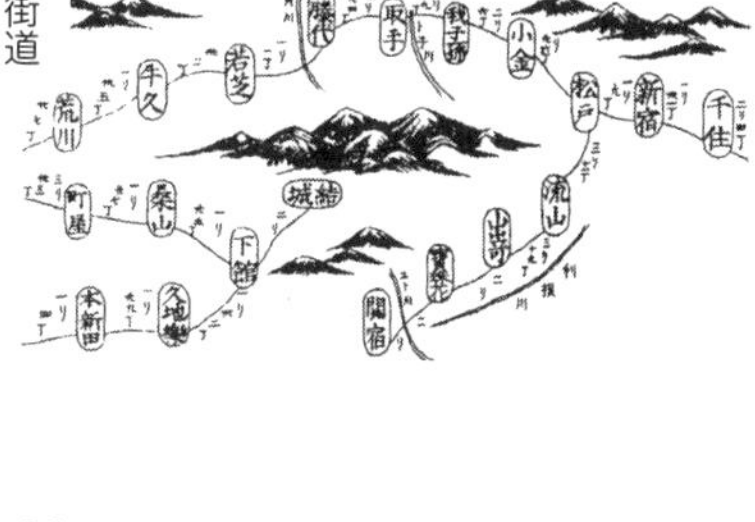

上の道が水戸街道

一月二月三月◆睦月如月弥生••••

春

落語を楽しむ江戸の豆知識
其の九

◆江戸の暦・落語の暦 落語には四季折々の風情がある

日本橋大店前の初春風景

江戸の暦

落語暦●春
正月元旦／かつぎや（64頁）御慶（77頁） 2日／羽団扇（220頁） 25日／初天神（223頁）
2月初午／王子の狐（38頁）◆2月中・下旬桜見頃／長屋の花見（200頁）花見酒（225頁）
花見の仇討（226頁）百年目（232頁）

江戸の暦■江戸時代の暦は月の動きを元に作られた太陰暦。二十九日の小の月と三十日の大の月を決め、一年は十二カ月で三百五十余日。五年に二度ほどの閏月を設けて季節のずれを修正している。月の形から何日頃かはある程度分かって、暦はなくても暮らせそうだが、月末の掛取が重要な商家では裏表に「大」「小」の文字を書いた札を壁に掛けていた。明治五年（一八七二）に改暦されて太陽暦を採用している現在と旧暦は示す日が異なり、おおよそ四十日遡った頃が旧暦のその日。立春の前日、二月三日頃の節分の日は年末年始のあたりになる。ちなみに、江戸時代の春は正月から。

四月五月六月◆卯月皐月水無月・・・・

夏

5月28日涼み船が出る川開きの両国橋

落語暦●夏

5月28日両国川開き／汲みたて（86頁）たがや（158頁）6月28日佃島住吉神社祭礼／佃祭（178頁）◆盛夏／青菜（16頁）千両みかん（140頁）唐茄子屋政談（190頁）夏の医者（203頁）

七月八月九月◆・・・・
文月葉月長月

秋

お盆の頃、仲間を募って大山詣り

落語暦●秋

7月10日浅草寺四万六千日／船徳（236頁）8月15日深川八幡祭礼／永代橋（37頁）◆お盆の頃／大山詣り（42頁）錦秋／目黒のさんま（255頁）

・・・・十月十一月十二月◆
神無月霜月師走

冬

暮れから正月に来る春を迎える節分

落語暦●冬

11月下旬／猫怪談（210頁）12月13日煤取り／お神酒徳利（48頁）大晦日／掛取万歳（60頁）節分／厄払い（267頁）◆寒い冬／按摩の炬燵（22頁）尻餅（136頁）富久（192頁）二番煎じ（207頁）ねぎまの殿様（209頁）雪とん（274頁）夢金（275頁）

や

183 やかん

【お噺の面々】隠居　八五郎
【お噺の舞台】隠居の家

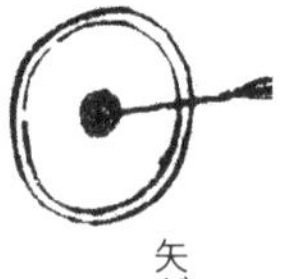
矢が飛んで来てかーん

森羅万象問えば答える無敵のご隠居。八五郎が訪ねては愚にもつかないことを聞く。泥でこしらえた瓶だから土瓶、鉄なら鉄瓶。やかんは真鍮か銅だろうという八公に、その昔は水湧かしといって主に陣中で使ったと語る。

突然真夜中に鬨《とき》の声が上がり、一人の若武者が鎧を着けたが兜がない。目に留まった水沸かしを兜代わりに被ったところ、敵方の大将は水沸かしの化け物と勘違いして射止めよと命じる。「矢が命中するとかーーーんという音がした。矢が飛んで来てかーん、でやかんになった」

「蓋は」「ぽっちをくわえて面の代わり」「口が邪魔になる」「敵の名乗りがよく聞こえる」「強情だね、耳なら両方にありそうなもんだ」

「ない方は枕をして寝る」

噺の豆知識

やかん●薬缶、薬鑵は元来薬を煎じるのに用いた道具で、「やくかん」が訛ってやかん。次第に茶を煮出したり湯沸かしに用途が移って「湯鑵」と呼ばれるようになるが、葬儀の際の「湯灌」と同音なのを嫌ったせいか、やかんが主流になったいったようだ。その形状から禿頭をやかん頭という。

薬缶

184 厄《やく》払《はら》い

【お噺の面々】 与太郎　おじさん　玄人の厄払い
【お噺の舞台】 厄払いの与太郎を呼んだ家

与太郎はおじさんから節分の厄払いに行くようわれるが、口上がうまく覚えられないので紙に書いてもらって出掛ける。

「御厄払いましょう厄払い」という威勢の良い呼び声の厄払いの後を追うと、付いて来るなとおどかされる。やっと呼んでくれた家で「ああら、めでたいなめでたいな」と始めるが、読めない字が出てくる。鶴は千年、亀はよろず年、東方朔は八千歳……朔の字にお手上げで「東方、東方……。困ったな、東方、東方、ああ次がわからない。逃げちゃおうか、よし逃げちゃえ」「表が静かになったなぁ、厄払いが逃げていくよ」「なるほどさっきから、逃亡、逃亡といっていた」。

噺の豆知識

東方朔

厄払いの祝詞●与太郎が言えなかった続きは「東方朔は八千歳、浦島太郎は三千年、三浦の大介百六つ、この三長年が集まりて、酒盛りいたす折からに、悪魔外道が飛んで出て、さまたげなさんとするところを、この厄払いがかいつまみ、西の海へと思えども、蓬莱山のことなれば、須弥山の方へ、さらりさらり」。厄払いには煎り豆に銭十二文を添えて渡すのだが、逃げては話にならない。

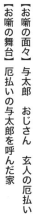

185 宿屋の仇討《やどやのあだうち》

東海道神奈川宿の旅籠に万事世話九郎と名乗る侍がやって来て、静かな部屋に案内せよと申しつける。番頭の伊八は奥の部屋へ通したが、後から来た江戸っ子の三人連れが大騒ぎを始める。伊八に注意をさせて静かになったと思いきや、なかの一人が不穏な話を始めた。三年前、川越藩士の奥方と良い仲になったが侍の弟に見つかって……。

これを聞いた世話九郎は「番頭、隣座敷の三人を逃がすな。逃がせばその方と主人を打ち首にする」。訳を聞くと三年前、妻と弟を殺され、五十両取られた敵が隣座敷にいるから仇を討つという。番頭は三人を縛って蔵に押し込め、寝ずの番をする。翌朝侍は宿銭を払い、また縁があったら会おうという。「お侍様、昨日から縛っておいた者はどうなさるおつもりで」「あれか、あれは嘘じゃ。ああでもしないと夜っぴて寝られない」

【お噺の面々】 万事世話九郎　番頭伊八　江戸っ子の客

【お噺の舞台】 神奈川宿の旅籠

噺の豆知識

仇討ち●親を殺された子が相手を討つ、また血縁はなくとも家臣が主君を殺めた仇を討つのが仇討ち。花見の余興や盛り場での見世物のような仇討ちとは違い、この宿泊客を巡る因縁は真実味がある。とはいえ、仇が殺したのは侍の妻と弟。目下とされた年下のきょうだいや妻子の復讐をお上は認めていないので、ただの殺人者となる。

186 宿屋《やどや》の富《とみ》

【お噺の面々】 宿屋の客　宿屋の主人
【お噺の舞台】 馬喰町の旅籠　椙森神社

宿屋が軒を連ねる日本橋馬喰町。取り分け汚い一軒に逗留を決めた客は、粗末な身形ながらも五百人の奉公人がいるだのあちこちの大名に二万両、三万両と貸しているだのと豪語。それがために貧乏宿のかたわら富札を売る主から一枚買わされ、もし当たれば半分やると約束。

なけなしの一分を取られて不貞寝の翌日、椙森神社を通りかかると大勢人がたかって当たりくじの読み上げに一喜一憂している。「何番だ俺のは。子の千三百六十五番……あっ、あぁ当たった、千両」。売った主も手控えを見て当選を知り、「五百両貰える！　ああ寒気がして来た」。宿へ帰ると「当たりました！　旦那、起きてください。一杯飲んでくださいよ」「下駄履いて上がって来る奴があるか、貧乏人は情ねえ」。客の布団をまくると、草履を履いたまま寝ておりました。

富札

噺の豆知識

富くじ売り●富興行がある寺社の門前町には富札店があって、主催者が売りに出す定価に一割ほど乗せて売るが、価格制限はない。本札を札屋が持ち、一枚の札を複数人に分けて売る「割札」もある。『富久』（192頁）の六兵衛やこの宿の主のように副業で売る者もいる。当たりには両袖付（前後賞）、印違い（組違い）もある。

187 柳田格之進《やなぎだかくのしん》

【お噺の面々】柳田格之進　万屋源兵衛　徳兵衛
【お噺の舞台】柳田の長屋　両替商万屋源兵衛

江州彦根の藩士柳田格之進は讒訴をされて浪人の身の上。手習いの師匠をしながら浅草阿部川町の裏店に娘と暮らしている。娘の勧めで碁会所へ行き、出会ったのが両替商の万屋源兵衛。

源兵衛の家で月見の宴があった翌日、万屋の番頭徳兵衛が来て、小梅の水戸屋敷から集金した五十両がなくなったという。後日、工面した金を受け取りに来た番頭に「徳兵衛、わしは知らぬが、そこにいたのが不運だった。もし五十両が出たらどうする」「私の首と主人源兵衛の首を差し上げます」。「ばかなことをした」と源兵衛が急いで柳田の家に行くと、すでに立ち退いた後。

年も押しつまり、煤とりの当日に額の間から

噺の豆知識

手習い師匠は学問のある浪人に相応しい。図中の「実語教」は道徳の教え

浪人●仕えるべき殿を失った元侍が浪人。お上の怒りに触れて取り潰された藩では大量の浪人が出たが、「就活中」の体で帯刀は見逃されていた。ただ再仕官の先が見つからなければ日雇い仕事でも何でもしなければ生きていけない。『井戸の茶碗』（30頁）の千代田卜斎や柳田格之進のように、身につけた素養を活か

煤取りは暮れの年中行事

五十両が出てくるが、柳田は行方知らず。年が改まった二日、年始回りをしていた徳兵衛が湯島の坂を下りてくると、立派な身なりのお武家が駕籠脇に寄り添って上ってくる。侍は徳兵衛を見つけると湯島の料理屋に呼び入れ、酒を飲み交わす。

「柳田様、あの時の五十両が出ました」「そちは忘れまいな、明日、首をもらいに参る」。翌日、万屋を訪ねた柳田は「あの五十両は娘が身を売って作ったもの。帰参が叶った時、すぐに引き請け、屋敷に連れて来たが、あの里に身を沈めたことを恥じ、顔を見ない。その後ろ姿はまるで老婆だ。許せん、斬る」。柳田角之進は鞘を払い、主人源兵衛の首を打ち落とそうとするが、振り返って碁盤を真っ二つにする。座敷に飛び散った白黒の石。これから新しい春が両家をめでたく結びつける。

して糊口を凌ぐ御仁には武家の矜持が見て取れて、清々しい。

小梅の水戸屋敷●御三家のひとつ水戸藩三十五万石の下屋敷。浅草から吾妻橋を渡ってすぐの向島にあり、大きな額をやり取りするには格好の相手先と見えて、次頁の『山崎屋』でも店の集金先として登場する。ちなみに、殿と妻子が住まう上屋敷は小石川御門外の後楽園、現東京ドーム界隈。『孝行糖』（90頁）の与太郎が酷い目に遭うのがこの上屋敷で敷地は広大、東京ドーム七個分の広さ。

格之進の太刀は碁盤に！

188

山崎屋《やまざきや》

【お噺の面々】若旦那徳三郎　大旦那　番頭　佐兵衛　鳶頭　花魁【お噺の舞台】日本橋横山町の大店山崎屋　鳶頭の家

山崎屋の若旦那徳三郎が吉原の花魁に惚れ、番頭に金を工面を頼むと、いっそのこと夫婦になればいいという。「惚れているなら明日にでも親許身請をして、花魁を鳶頭のとこへ預けます。その間三月、長ければ半年の辛抱です」

番頭佐兵衛の書いた筋書きは若旦那が掛取に行き、受け取ったあと鳶頭に預けて金は落したと告げる。そこへ鳶頭が拾った体で届けに来る段取り。

小梅の御屋敷へ行って二百両の掛取という大役を任された徳三郎が帰って来る。「おお徳か、勘定は」「頂戴してまいりました、ここへ。あれっ」「お前、落としたんじゃないか」「そういえば……」。そこへ鳶頭が登場。番頭が受け取り、自分は手が

噺の豆知識

親許身請●金で買われた遊女は、抱え主（買い主）に対して身を売った代金分を稼いで返済し、完済すれば自由の身になれる。客が残金を引き受けて足を洗うのが身請だが、正式な身請は妓楼で働く人たちへの祝儀その他で金額が膨れ上がる。売り払った親が娘を買い戻す形の「親許身請」にすることで、余分な出費をせずに済む。『悋気の火の玉』（286頁）でも同様の手口で花魁を妾にしている。

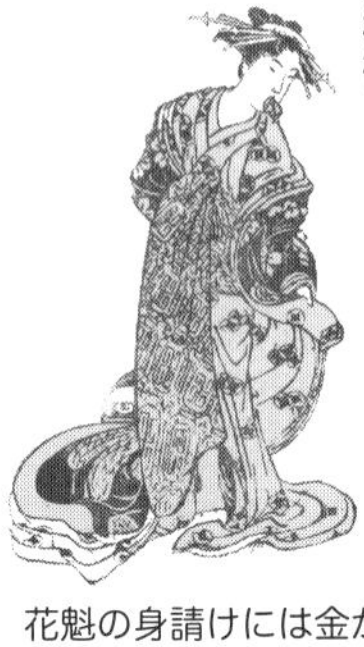

花魁の身請けには金が掛る

離せないので大旦那に御礼に行くよう頼む。早速鳶頭を訪ねた大旦那は「名代でお礼に来ましたよ。二十両包んで来た」「礼なんて。おかみの御定法でも一割ですがね。ま、お茶をおひとつ」「お、きれいなお女中だな」。歳は十九、御屋敷奉公を下がらしたという触れ込みの「お女中」を徳の嫁にもらいたいという。二人は首尾よく夫婦になり、大旦那は根岸の里で隠居暮らし。

「誰が来た、お時かい。どこの御屋敷に奉公していたんだい」「北国《ほっこく》ざます」「加賀様か。参勤交代で道中をするんだろうね」「道中するざます。夕暮れに出て伊勢屋へ行って、尾張の、長門の、大和の、長崎へ」「何だって。お前は何だね、六部に天狗がついたのか」「いいえ、三分で新造がつきんした」

新造は花魁の妹分。花魁の代わりも務める

諸国を行脚する六部

北国ざます●ざます、ありんすなどは訛りが露呈しないように作られた吉原独特の遊女言葉だという。北国とは吉原のことで加賀国ではない。伊勢、尾張云々は見世の名で、共に足が速い「六部に天狗」でなくとも夕方一回りするのは容易い。「三分で新造」とは揚げ代のこと。妹女郎の新造が供をして三分（一両の四分の三）という上級花魁の価格。この落ちに至る件《くだり》はイヤホンガイドが要る難易度。

189 雪《ゆき》とん

【お噺の面々】田舎の若旦那
船宿の女将　お糸　お祭佐七
【お噺の舞台】船宿　お糸の家

江戸見物に来た若旦那の様子がおかしいので、逗留先の船宿の女将がそれとなく聞いてみると恋煩い。相手は日本橋本町の糸屋の娘、お糸。

見かねた女将がお糸の女中に手を回し、翌日会う算段をする。夜更けの四つ時に裏木戸をとんとん叩くのが合図。大雪になったその晩、若旦那は道に迷って一晩中歩くも、いっこうに木戸は開かない。そこへ役者と見紛う若い男が通りかかり、お糸の家の塀に足駄をとんとん。挟まった雪を落としたところ、女中が勘違いして男を引き入れた。

翌朝朦朧とした若旦那の目に、木戸から出て来る男の姿が映った。後を追うと船宿へ。「あんまりいい男だから、歩くそばから女たちが付いて来る。祭のようだと付いた渾名がお祭佐七さ」と女将。「お祭か、それでだし（山車）にされたのか」

噺の豆知識

お祭佐七●佐七が通ると女が集まって歩けない、自身番で金棒を借りて女たちを払って通ったという優男。おまけに武芸の達人で木遣りがうまい。余りのいい男ぶりに同輩から讒訴されて暇を出された元侍とは何ごとか。この噺は、そんな佐七の人となりが描かれる『お祭佐七』（47頁）の後日談ともいえる一席。

足駄をとんとん

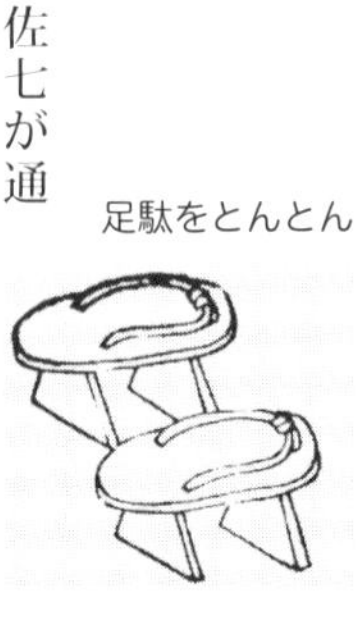

190 夢金《ゆめきん》

【お噺の面々】熊さん　船宿の親方　侍
【お噺の舞台】船宿

「二百両ほしい、百両でもいい……」

　雪の晩、船宿の二階で寝ていた熊さんの寝言を聞きつけたか、深川まで屋根船を仕立ててもらいたいと女連れの侍が来た。疝気を装って渋る熊だが、酒手につられて引き受ける。

　船が堀から大川へ出ると侍は「実はあの女、店の若い者と駆け落ちして男とはぐれたようで、懐には大層な金が……」と切り出し、殺して山分けにしようという。先にある中洲に船を漕ぎ入れると、侍は飛び降りたが、船頭は船を元へ戻し、お嬢さんを家まで送った。礼を貰い、帰って開けてみると五十両の包みがふたつ。こいつはしめたと握りしめると痛いのなんの。両方の金をしっかり握っていた。

「熊、静かにしろ」「夢か」

酒手の誘惑に負けて屋根船を出す

噺の豆知識

酒手●船賃や駕籠賃とは別に払う心付け、ご祝儀が酒手。『紋三郎稲荷』（260頁）の侍のように気前よく酒手を出す客もいれば、酒手を餌に無理を通そうとすることもあるようで、『蔵前駕籠』（88頁）の客は物騒な道を吉原まで行くのに駕籠代の倍額の酒手を弾んでいる。強欲な『夢金』の船頭は雪が降ろうが酒手には弱く、いわくありげな二人を乗せることになる。

雪とん
夢金

191 夢《ゆめ》の酒《さけ》

【お噺の面々】大黒屋の若旦那　女房のお花　大旦那
【お噺の舞台】大黒屋の奥　向島の女の家

冷やは頂けません

「今起こしたのはお前かい。良い心持ちで寝ているところを……これからって時に」「ご馳走さまってなんでしょう。どんな夢？」

　夢で会った年増の話を聞かせると女房のお花が取り乱し、「この騒ぎは何だ、奉公人の手前面目ない」という大旦那に若旦那は夢の話をする。

夢で会った年増

　向島のお宅へ行って、夢に出て来た女に小言の一つもいってくれとお花は大旦那に頼み、「今夜といわず今お休みなって」と昼寝を促した。

「先ほどは倅がお世話さま」「急に用が出来たとかでお帰りになりました。旦那様、存分に召し上がってくださいませ。燗がつくまで冷やで一杯」「冷やは頂けません……」。そこへお花が「おとっつぁん、お小言はおっしゃいましたか」「いやぁ、冷やでも良かった」

噺の豆知識

夢の噺●女房は亭主の夢を知りたがり、「どんな夢？　どんな夢なの」と詰問したがるものなのか、『天狗裁き』（184頁）、『羽団扇』（154頁）でも見た夢を話して聞かせる。聞いていて落ちの寸前まで夢とは気づかずに気を揉んでしまうのが『鼠穴』（212頁）や『夢金』（275頁）。夢と現実のあわいを行き来する噺は実に多い。

192 湯屋番《ゆやばん》

【お噺の面々】若旦那　棟梁　湯屋の主人　湯屋の客
【お噺の舞台】棟梁の家　湯屋

道楽三昧のあげくに勘当を食らい、居候身分の若旦那は肩身が狭い。安心しておまんまが食えるなら奉公もいいと棟梁の口利きで日本橋槙町の湯屋に行く。力仕事を厭い、主人の代わりに番台に上がった若旦那は妄想に耽る。お囲い者に見初められ、遊びに行く……「上がると膳が運ばれてくるね。ぐいっと盃を空けてご返盃。女が飲んでご返盃…。あらお兄さん、いまのお盃、ゆすいでないのよなんてね、弱ったなあ」。呆れた客が「ばか、間抜け。おれは帰るよ。下駄がない！」。「隅の本柾を履いてお帰りくださいい。中にいるお客さんのですけど」「文句いうだろ」「怒ったら順繰りに履かせて、しまいは裸足でお帰りいただく」

噺の豆知識

男湯。足が二本出ているところが石榴口。奥に湯船がある

湯屋●京坂では風呂屋、江戸では湯屋という。文政期（一八一八～三〇）には江戸の湯屋は六百軒を超えて、たいがいどの町にも一軒はあり、湯銭は大人八文、子供は四文。蒸し風呂だった江戸の中期までは男は褌、女は腰巻きを着けていたが、裸で浴槽に浸かるようになって混浴は禁止。以来男湯女湯が分かれ、噺の若旦那のような女湯見たさに湯屋番を夢見る輩も出て来る次第。

193 四段目《よだんめ》

【お噺の面々】 定吉　旦那　番頭　お清 **【お噺の舞台】** とあるお店　お店の蔵

使いから戻った小僧の定吉が旦那に呼ばれた。京橋の伊勢屋で片付けものを手伝ったというと、「その座布団に伊勢屋さんが座って今まで碁を打っていた。お前はまた芝居を見ていたのだろう」。「あたしは芝居は嫌いです」

「それはよかった。明日、皆で芝居見物をする。市村座の忠臣蔵は四段目の猪がよいそうだが、お前は留守番をしていなさい」

「四段目に猪は出ません。あたしは今日見てきた」と失言して、定吉は蔵へ閉じ込められた。

「四段目はよかったな。九寸五分を三方に載せて力弥

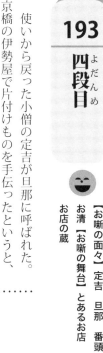

←九寸五分

四段目。右が塩冶判官

四段目●定吉がこっそり観て来たのは『仮名手本忠臣蔵』の見せ場、四段目の判官切腹の場。『忠臣蔵』は赤穂事件から半世紀後に人形浄瑠璃や歌舞伎になったが、当時は徳川幕府に関することは一切芝居にはできなかったため、南北朝時代の『太平記』に設定を移している。浅野内匠頭は塩冶判官、大石内蔵助は大星由良之助。切腹の場は鎌倉の塩冶館としている。ちなみに、大石は赤穂城から江戸へ駆け付けてはいない。

が出てくる。力弥は、おとっさんはどうしたのだろうという思い入れから、いまだ参上つかまつりませぬ……。あぁ、腹がへったな、死にそうだ。存生に対面せで無念なと申し伝えよ、御上使、いざお見届け下され。腹に突き立てて青い顔になる、ちゃりんと揚幕が開いて大星由良之助が出てくる。腹がへった。むすびはどうした、番頭の奴」

ついに蔵にあった裃を着けて判官になり切った定吉が力弥を呼んで……。この姿を覗き見て中働きのお清は驚いた。「旦那、旦那、落ち着いて下さい」「お前が落ち着くのだ」「定吉どんが蔵の中で短刀を持って、お腹に突き立てようと」「なに、定吉が。それはいけない、忘れていたのはこちらの不覚。おい、なんでもいい、飯櫃ごと持って来い」

慌てた旦那は蔵の鍵を開け、大急ぎでご飯の御櫃を突き出し、「御膳（御前）」。「蔵の内でか」「はっはー」「うむ、待ちかねたぞ」

噺の豆知識

市村座●お店の皆さんが芝居見物に行くという市村座は中村座、森田座とともに「江戸三座」といわれたお上公認の小屋（245頁参照）。お店の場所は定かではないが、京橋にいたという小僧の嘘から祭するに、日本橋の芝居町にあった頃の市村座ではなかろうか。旦那、若旦那から小僧の果てまで芝居好きな落語国の商家では、好きが高じて素人芝居もしばしば催されている。

市村座の櫓。座紋は丸に橘

194 淀五郎《よどごろう》

【お噺の面々】沢村淀五郎　市川団蔵　中村仲蔵【お噺の舞台】猿若町市村座

浅草猿若町の市村座で『忠臣蔵』の初日が迫っていたが、塩谷判官役の沢村宗十郎が急病。大星由良之助と高師直を務める座頭市川団蔵の「判官は弟子の淀五郎にさせよう」という鶴の一声で若手が大役を射止めた。

初日、四段目判官切腹の場。腹に短刀を突き立て、細い息をしながら由良之助を待つ判官。花道から駆け付けた由良之助が主君の最期を見届ける、はずだったが団蔵は花道の途中で座ったきり。近う近うといわれても、淀五郎の傍へ行こうとしない。あとで団蔵の部屋を訪ねると「淀さん、あれじゃ行かれない。あの腹の切り方じゃ。そうだな、本当に切ってもらおうかな」。

座頭●陰暦十一月の顔見世から始まる、芝居の一年を仕切る座の中心的な役者。下っ端から修業を積んで上り詰める「立役」の中でも最高峰が座頭。『中村仲蔵』（198頁）などは例外で、名門から出ることが多かった。座頭は配役、演出面ですべての権限を持つので『淀五郎』のように看板役者急病の事態には一存で代役も決めるし、演目の変更も出来る。噺の市川団蔵は芸が渋く「渋団」と呼ばれた五代目団蔵。

口上を述べる座頭（中央）

二日目も来ない。明日は本当に腹を切って死ぬ、団蔵も斬ると物騒なことを考える淀五郎。芝居がはねた隣の小屋から出て来た見物が「結構な踊りだね、仲蔵は本当にうまい」。それを聞いて淀五郎は世話になった親方に暇乞いに行く。

団蔵の仕打ちを委細語ると「ちょいとやってごらん、悪いところは直してあげよう」。やって見せると、欲が前に出過ぎて台詞も所作もいただけないと仲蔵は腹を切った後の手の置き所まで細かく稽古をつけてくれた。

三日目。高師直になった団蔵は喧嘩場を終えて「あの野郎いつの間に。本当に斬られるかと思った」と驚く。案の定四段目もいい。バタバタッと出て行って花道の七三で平伏する団蔵に「大星由良之助とはその方か、苦しゅうない、近う近う」「ははっ。一夜のうちに大した判官だ……御前っ」。「由良之助か、待ちかねたぁ」

噺の豆知識

猿若町●天保十二年（一八四一）十二月晦日に町奉行所に芝居関係者の呼び出しがあり、江戸三座に浅草へ移るよう命じられた。場所は観音様の斜め後ろで江戸芝居の元祖、猿若勘三郎の名にちなんで猿若町と呼ばれるようになる。町の一丁目に中村座、二丁目市村座。三丁目は森田座だったが、当時は控え櫓の河原崎座が務めている。『淀五郎』は実在の人物や場所を元に語られるが、演者によって細部は異なる。「渋団」の五代目団蔵と同時代の仲蔵は三代目になるが、円生は噺の要になる仲蔵を初代とし、通常五代目とする団蔵は四代目。噺の舞台も移転前の日本橋。

四代目市川団蔵

195
寄合酒《よりあいざけ》

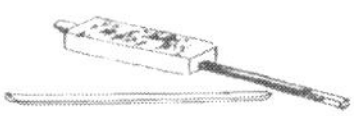
味噌田楽

【お噺の面々】町内の若い衆
【お噺の舞台】兄いの家

一杯やろうと呼ばれた町内の若い衆が集まると兄貴分は「酒はあるから肴だけ都合してきてくれ」。皆一斉に出掛けて次々に戻って来る。一番乗りは鬼ごっこの輪にいた乾物屋の子に、角にするからと騙し取った鰹節。干鱈、鯛、数の子、味噌……どれもほぼ猫ばばだが、材料は揃う。ところが、鰹節のだし汁で褌を洗うわ、数の子は茹でるわの大騒ぎ。やがて味噌田楽が出来ると、「ん」の字がつく言葉をいって一本食べる「ん廻し」の趣向。我も我もうんうん言ううち、強者が「半鐘がじゃんじゃん、じゃんじゃんじゃんじゃん」。

「いつまでやってる、生の豆腐を食え。お前のは消防の真似だろ、だから焼かずに食わすんだ」

噺の豆知識

ん廻し●「運」が付くよう「ん」の字が入った言葉をいう遊び。褒美の田楽を競う噺は古くからあり、落語の根源といわれる安楽庵策伝の『醒睡笑』にも載っている。比叡山の僧に混じって稚児たちがやれ三本だ八本だとやっている。山号寺号の「○○さん△△じ」は結構な制約で難しいが、「ん」の字だけならいくらでもいけそうだ。新幹線、在来線、山手線、中央線、総武線、上野東京ライン。

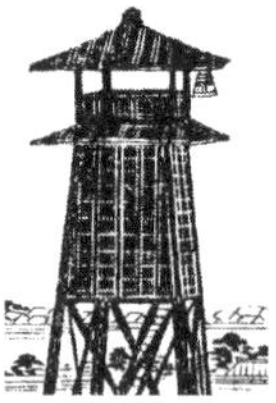
半鐘がじゃんじゃんじゃんじゃん

196 らくだ

【お噺の面々】屑屋　らくだの馬さん　らくだの兄貴分　大家　願人坊主　【お噺の舞台】らくだの長屋　大家の家　焼き場

らくだと呼ばれた馬さんは図体が大きく、大変な乱暴者。ある日兄貴分が訪ねると、らくだがのびている。「野郎河豚にあたって死にやがった。俺も博打で取られて百もねえ」

そこへ現れたのが屑屋。家財を売って弔いの費用に充てようとするが、「この家のものは何一ついただけないんです。火鉢は底に鉢巻がしてあって持ちあげれば崩れます。土瓶は口が欠けています」。それなら月番のところへ行って香典を集めてもらえという。月番の後は大家。「通夜のまね事をするから酒を三升、はんぺんに蒟蒻、芋を少し辛めに煮て皿に二杯、米を二升炊いて持って来るように、いやだといったら死人にかんかんのうを踊らすとそういえ」

大家に断られた屑屋が戻ると、兄貴分はらくだの亡骸を屑屋に背負わせて「いいから歩け。ここだな大家の家は。さあ、かんかんのうを歌え」「かんかんのう、きゅうろれす、きゅはきゅでせー」。「わかりましたすぐ届けます」としみったれの大家が酒と煮染め、飯を持ってくる。この兄貴分、今度は八百屋で菜漬の桶を貰って来いという。またまた屑屋はかんかんのうを踊らせて桶と縄をせしめて来た。兄気分に駆け付け三杯だといわれて飲むうちに、酔いが回った屑屋は、あべこべに兄貴分をおどか

大男はらくだといわれた

して焼き場まで運ぶのだが、途中で転んで、らくだの代わりに願人坊主を火屋へ入れる。酔って寝ていた願人坊主、「ここはどこだ」。「火屋だ」「冷やでもいいからもういっぱい」

噺の豆知識

らくだ●本家駱駝が初渡来して以後、からだばかり大きくて役に立たない者を「駱駝のような奴だ」というようになった。図体の大きい馬さんがらくだと呼ばれたのもそこからだろう。オランダ船で駱駝が長崎に着いたのは文政四年（一八二一）。大坂でひとしきり見世物に出た後、江戸に下って両国広小路や浅草奥山の見世物小屋で大ブレーク。見物料は二十四文とも三十二文ともいうから安くはないが、珍し物好きな江戸っ子が押し寄せた。上野のパンダ現象の走りか。

駱駝も象も人気になった

かんかんのう●乱暴な兄貴に屑屋が脅されて踊ったのは大流行した「唐人踊り」。『守貞謾稿』によれば、文化（一八〇四〜一八）末年、大坂堀江荒木座芝居で放蕩の挙げ句に破産した輩が集まって、唐人の格好をしてこれを唄って踊り、名付けて唐人踊りというとある。「かんかんのう。きうのれす。きうハきうれんす。きうハきうれんれん。さんしょならえ。さァいおう。にィくわんさん。いんぴんたいたい。やァあんろ云々」と歌詞は語呂がいい。

かんかんのう

197 悋気《りんき》の独楽《こま》

【お噺の面々】 旦那　定吉　お内儀さん　お妾さん　**【お噺の舞台】** とあるお店　妾宅

とあるお店のお内儀さんは焼き餅焼き。晩になると出掛ける旦那を怪しんで、小僧の定吉に小遣いをやって後を付けさせた。案の定、女中の後から若い女が顔を出した。饅頭を馳走になり、丸め込まれた小僧は何食わぬ顔で戻る。

見失ったと誤摩化して寝ようとすると肩を叩けとお内儀さん。叩いていると妾宅で貰った独楽が三つ、袂の中でコチンコチン。「見せて御覧、何だいそれは」「辻占の独楽といって黒いのが旦那、赤いのがお妾さん、色の薄いのがお内儀さん」

三つ同時に回して、旦那の独楽がぶつかった先に泊ると聞いて定吉に何度も回させるが、黒は計ったように赤に寄って行く。

「定吉、よく調べて御覧」

「あっ、旦那の独楽、肝腎な心棒（辛抱）が狂ってます」

噺の豆知識

悋気●嫉妬。自分の男の移り気が許せず、相手の女に抱く当事者の女の気持ち、といったところか。こんにち、余り触れることのない言葉だが、「悋気は女の慎むところ」と「疝気は男の苦しむところ」が対になって噺にはよく出て来る。疝気は男子の病とされていて、この対句はどちらも「仕方ないから諦めよ」の匂いがする。

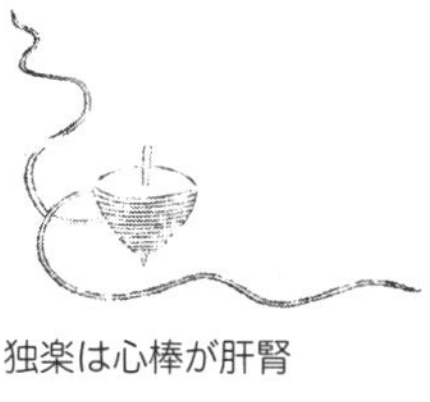

独楽は心棒が肝腎

198 悋気《りんき》の火《ひ》の玉《たま》

【お噺の面々】 囲い者　お内儀　旦那　木蓮寺和尚
【お噺の舞台】 浅草花川戸の本宅　根岸の妾宅　浅草大音寺前

浅草花川戸の鼻緒問屋橘屋の旦那はいたって堅物だが、寄合の流れで行った吉原で味をしめる。やがて身請けをすれば安上がりと気づいて根岸の里に花魁を囲った。月の十日は根岸、二十日は御本宅、次第に御妾宅が二十日になり、帰らない月も出てくる。気取ったお内儀が藁人形に五寸釘を打って根岸の女を呪い殺そうとする。根岸の囲い者も負けずに六寸釘……。功を奏したか二人とも相次いで亡くなると、火の玉が出ると噂が立つ。お経をあげて成仏してもらおうと和尚を頼んで火の玉が出るという大音寺前に一緒に出掛けた。火道具を忘れて煙草も呑めない旦那が木の根に掛けて待っていると根岸の方から陰火が一つぽっと出た。「よく来てくれた。今火がなくて困ってる、ちょいとこっちへ」。すると御本宅の方からも火の玉が。「おおいここだ。堅いこといわないでこっちへ。煙草をね」と煙管を差し出すと火の玉はすぅとよけて「あたしのじゃうまくないでしょ、ふん！」

……噺の豆知識

大音寺●独楽の代理戦争とは違って、火の玉合戦は対面戦ゆえに殺気が凄まじい。とはいえ呪い釘を打ち込むかちぃん、かちぃんという轟音はなく、いたって静か。大音寺は吉原の西、徒歩数分のところで、浅草寺東の御本宅と根岸の妾宅の間にあり、やや根岸寄り。

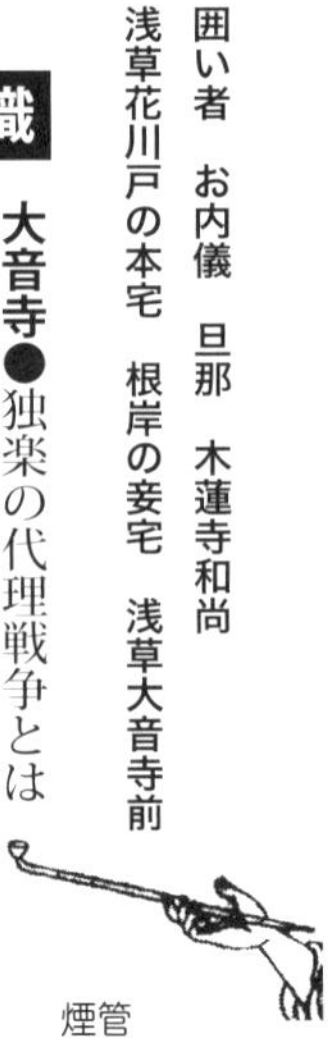

煙管

199 ろくろ首《くび》

【お噺の面々】 与太郎　おじさん　ろくろ首
【お噺の舞台】 与太郎の長屋　お嬢さんの御屋敷

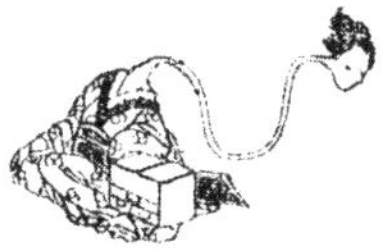

「あたいも兄貴みたいにかみさんが持ちたい」という与太郎におじさんが婿の口を世話する。器量は良くても夜になると首が伸びるというお嬢さんだが、話はまとまりお床入りの晩。寝付かれずにふっと気がつくと、引き回した屏風を越えて首が行灯《あんどん》の油皿の所にある。「伸びたー、伸びた。おじさん、これは駄目だ。開けておくれ」「初日からとは驚いたな。どうした、御近所はもうお休みだ、騒ぐんじゃない。承知で行ったんじゃないか」「おふくろのとこへ行って寝るよ」「駄目だよ、やっとおまえが何とかなったんで、早く孫の顔が見たいと今日か明日かと首を長くして待っているよ」「なに、おふくろも首を伸ばす、これは駄目だ。おふくろの所へも帰れない」

噺の豆知識

ろくろ首●轆轤といえば陶器を成形する道具を指すことが多いが、本来は回転運動をする器物の総称。図のような滑車も轆轤といい、吊り上がる様からの連想で長く伸びる首を喩えたのだろう。見世物小屋のろくろ首は黒幕の後ろに控えた別の女の首が伸びる仕掛け。本当に伸びて油まで舐められたら逃げたくもなる。

轆轤

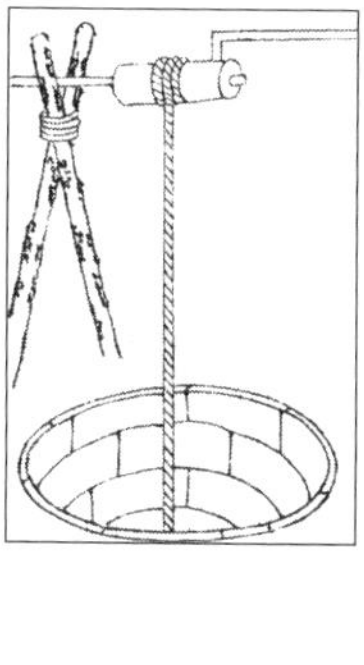

200

藁人形《わらにんぎょう》

【お噺の面々】お熊　西念　甥の甚吉

【お噺の舞台】千住宿の若松屋　西念の長屋

神田龍閑町の糠《ぬか》屋の一人娘お熊は、男にしくじり千住宿の若松屋で板頭を張っていた。近くに住む願人坊主の西念が時々現れては念仏を唱えてお布施を貰っていたが、ある日お熊から相談を受けて二十両の金を用立てた。「これでも昔はか組の嘉吉、鳶の者。火事場の喧嘩で人を殺《あや》め、改心して坊主になった。仲間が花会をしてくれて貰った二十両、瓶に入れて縁の下に埋けてあるんで、掘り出してきます」

　西念がその晩遅くやって来ると「まあ嬉しい、今夜は泊っておいでなさい」とお熊は歓待。

　風邪をこじらせて四五日寝込んだ西念が久しぶりに若松屋へ行くと、二十両はあの晩の勘定だと

千住宿●日本橋から二里余り、奥州街道・日光街道の最初の宿場が千住で、千住大橋を挟んで南北に旅籠が軒を連ねた。北の上宿には武家の公用宿本陣があり、旅籠も一般客を泊める「平旅籠」が多かったが、南の下宿は大橋南詰めの小塚原を始め宿場女郎を抱える旅籠とは名ばかりの宿が盛った。恐ろしい女、お熊がいるのは南の小塚原。

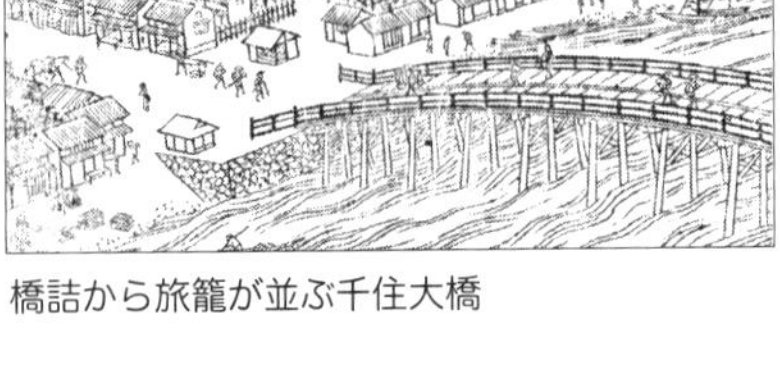

橋詰から旅籠が並ぶ千住大橋

うそぶくお熊。西念が小金を持っているかどうか仲間内で賭をしてお熊が勝ち、皆に奢ってもうないという。因縁をつけるなと追い出され、転んだ弾みに眉間を切った西念は血が出るに任せ「お、お熊、覚えてろよ」。

しばらくして長屋に籠る西念のもとへ甥が訪ねて来た。「甚吉じゃねえか、嬉しいね。まあ蕎麦でも。すぐに帰るがその鍋の蓋は取るんじゃない」と言いおいて出て行く西念。油の匂いが気になった甚吉が蓋を取ると中に藁人形！「蕎麦、すぐ来るよ。おや、見たね。蓋の置き方が違う」「誰を呪い殺そうとしてるんだ。若松屋のお熊……。俺が乗り込んで、おじさんは騙されても路頭には迷わせない、お前も困ったら相談に来いって祝儀を叩き付けてやればこっちの勝ちだ。それにしても油炒めってのは珍しい」「釘じゃ効かねえんだ、相手の女は糠屋の娘」

噺の豆知識

か組●頭を丸める前の西念坊主がかつて所属した町火消の組。か組は神田佐久間町から湯島一帯を受け持ち、ほ組わ組た組と合せて四組で神田川以北の外神田、湯島本郷池之端界隈を担当する「八番組」の一つ。嘉吉時代の西念は纏持ちにまで出世。引退に当たって鳶頭が全組に回状を回して餞の花会を開いてくれたのもむべなるかな。もっとも、その結果の二十両であり、お熊事件を引き起こすのだが。

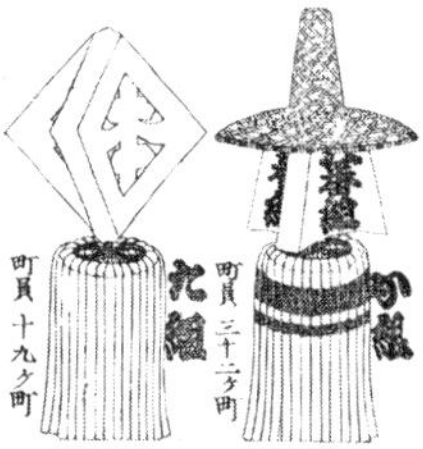

か組の纏。左は同じ八番組のた組

あとがき

今も現役の噺を二〇〇席、ないものはともかく全編落ちまで付けてお届けしました。昨今流行りの「ネタバレ警察」など、おととい来やがれでございます。落語でそれを言ったらおしまい。演者が変われば趣向も違い、同じ演目を何度聴いても面白いものは面白い。

「はじめに」でもふれたように、聴く予定の噺があればこの本の該当頁をちらっと覗いてみてください。落ち、書いてますけど。時に落ちの解説までしてますけど。「六部に天狗でもついたかい」「いえ、三分で新造がつきんした」（山崎屋）って、いったい何のことかと思います。枕で情報を得たにしても超難解。さあお立会、ご用とお急ぎでない方は、「噺の豆知識」をとくと御覧あれ、腑に落ちること請け合いだ……落ちない、それは困った。

二〇一七年　十一月吉日　　著者

参考資料

＊永代節用無尽蔵　＊萬代大雑書古今大成　＊浮世床　＊倭節用集悉改袋　＊漫画早引
＊近世奇跡考　＊都名所図会　＊小野馬鹿村嘘字尽　＊女用訓蒙図彙　＊増補江戸年中行事
＊商人軍配記　＊世志此銭占　＊守貞謾稿　＊茶湯早指南　＊洒落本大系　＊神仙秘事睫花
＊一口笑　＊都風俗化粧傳　＊江戸名所図会　＊狂言画譜　＊江戸歌舞伎図鑑　＊民家育草
＊女大学　＊東講商人鑑　＊東都歳事記　＊人倫訓蒙図彙　＊木曾路名所図会
＊商売往来絵字引　＊春色恋染分解　＊新造図彙　＊宝船桂帆柱　＊女遊学操鑑
＊黄表紙廿五種　＊諸職人物画譜　＊今様職人尽歌合　＊絵本庭訓往来
＊弘化二年吉原細見　＊昭和古銭価格図譜　＊寛永通宝見本帖　＊標準紋帖
＊狂歌倭人物初編　＊小野篁歌字尽　＊北斎画譜　＊諸家地紋式初編　＊あかん三才図会
＊家内安全集　＊戯場節用集　＊江戸切絵図　＊百体福寿　＊絵本江戸土産
＊絵本続江戸土産　＊番匠往来　＊川柳江戸吉原図絵　＊校本庭訓往来　＊諸職画鏡
＊素人庖丁　＊江戸土産　＊歌舞妓年代記　＊成形図説　＊質屋すずめ　＊春柳錦花皿
＊神事行燈　＊萬物雛形画譜　＊人情腹之巻　＊江戸大節用海内蔵　＊絵本江戸みやげ
＊江戸買物独案内　＊後藤家彫物目利彩金鈔　＊絵本士農工商　＊戯場訓蒙図彙
＊和漢三才図会　＊頭書増補訓蒙図彙　＊両點庭訓往来　＊童子専用寺子調法記
＊訓蒙図彙　＊浮世風呂　＊客者評判記　＊

【さ行】

人物索引

【ま行】

【や行】

【た行】

【か行】

索引

著者
飯田泰子（いいだやすこ）　東京生まれ、編集者。企画集団エド代表。

江戸時代の庶民の暮らしにかかわる書籍の企画編集に携わる。

主な編著書は『江戸あきない図譜』『江戸あじわい図譜』『江戸いろざと図譜』（以上青蛙房）。『江戸の暮らし図鑑』『江戸萬物事典』『江戸商賣絵字引』『江戸歌舞伎図鑑』『江戸落語図鑑　落語国のいとなみ』『江戸落語図鑑 2　落語国の町並み』『江戸落語図鑑 3　落語国の人びと』（以上芙蓉書房出版）など。

落語愛好歴は 40 年。ホール、独演会を中心に聞いている。贔屓は 6 代目三遊亭円生、8 代目林家正蔵（彦六）、3 代目古今亭志ん朝、当代（10 代目）の柳家小三治。

江戸落語事典 ―古典落語超入門 200 席―
2017 年 12 月 20 日　第 1 刷発行

著　者　飯田泰子
発行所　㈱芙蓉書房出版（代表　平澤公裕）
〒 113-0033 東京都文京区本郷 3-3-13
TEL 03-3813-4466 FAX 03-3813-4615
http://www.fuyoshobo.co.jp
印刷・製本　モリモト印刷
 ISBN978-4-8295-0730-8